KB262115

대중 매체와 언어

이석주 · 이주행 · 박경현
민현식 · 이은희 · 고창수

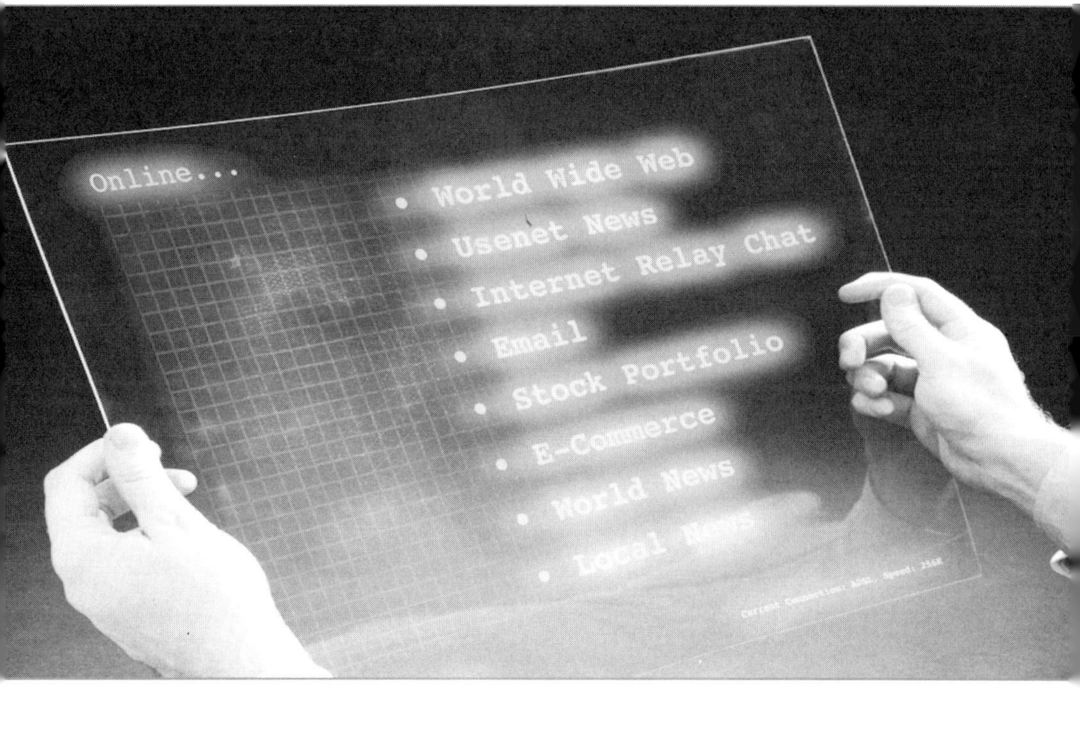

도서출판 역락

머리말

미래학자들은 21세기는 문화 경쟁과 충돌의 시대라고 한다. 우리 나라와 우리 국민이 냉혹한 국제 경쟁 사회에서 존재하려면 다른 나라의 사람들이 선호하고 수용하려고 하는 우리의 문화를 창조하여야 한다. 문화를 표현하는 수단 가운데 가장 강력한 기능을 하는 것이 언어이다. 국어를 갈고 다듬어야 세계에 자랑할 수 있는 언어 문화를 창조할 수 있는 법이다.

오늘날 우리 나라의 사람들은 대중 매체가 생성하여 내는 온갖 언어 환경에서 생활하고 있다. 우리는 방송·신문·광고·인터넷 통신 언어 등을 통하여 국어 생활에 지대한 영향을 받고 있다. 인터넷을 이용할 줄 모르는 사람은 라디오와 텔레비전 방송인들이 구사하는 언어의 영향을 받고, 신문 기사문과 광고문에 쓰인 언어의 영향을 직접·간접으로 영향을 받는다. 이른바 네티즌들은 인터넷 방송과 전자신문의 영향을 받는다. 대중 매체의 발달과 컴퓨터 이용자의 폭발적인 증가와 더불어 나날이 우리의 말과 글은 정체성·순결성·품위성 등을 잃어가고 학대를 받고 있다. 국적 없는 언어와 천박하고 저속한 언어가 범람하고 있다. 이 지경에 이른 것은 정부 당국자의 무관심, 국어 순화에 관한 학교 교육의 부재, 방송사와 신문사에 종사하는 사람들과 그 밖의 일반인들의 국어 사랑의 결여 등에서 기인한다고 볼 수 있다.

이 책의 저자들은 중병에 걸려 신음하는 국어를 방치하여서는 안 되고 치료를 하여야 한다는 당위성을 절감하여 다방면에서 문제점을 찾아 그 치료 대책을 제시하기로 뜻을 모으고 이 책을 집필하였다.

이 책은 모두 6장으로 이루어져 있다. Ⅰ장은 이석주 교수, Ⅱ장은 이주행 교수, Ⅲ장은 박경현 교수, Ⅳ장은 민현식 교수, Ⅴ장은 이은희 교수, Ⅵ장은 고창수 교수가 집필하였다.

Ⅰ장에서는 매체의 변화에 따른 의사 소통의 확장 양상과 바른 국어 생활 방안에 대하여 기술하였다. Ⅱ장에서는 신문의 본질·신문 기사의 유형·신문 기사의 구조·신문 언어의 특성·신문 기사 언어의 문제점과 개선 방안

등에 대하여 기술함으로써 앞으로 기자가 되고자 하는 사람이나 현직 기자들에게 이상적인 기사문을 작성하는 데 도움을 주고자 하였다. Ⅲ장에서는 일반 국민에게 영향을 끼치는 공공 게시물의 성격·작성 기준·국어 표현 실태 등의 논의를 통해 공공 게시물의 언어를 바르게 쓸 수 있는 방안을 제시하였다. Ⅳ장에서는 정보 통신의 순기능과 역기능·언어 윤리 교육 실태·언어 윤리 교육과정의 내용 체계·언어 윤리 교육의 내용 요소 등에 대한 논의를 통해 구체적인 언어 윤리 교육 방안에 대해서 고찰하였다. Ⅴ장에서는 광고의 텍스트적 특성·언어 표현의 특성·광고 언어의 비판적 이해 방법 등에 대해서 논의함으로써 광고문을 바르게 수용할 수 있는 방안을 제시하였다. Ⅵ장에서는 인터넷을 중심으로 한 글쓰기의 변화·인터넷에 범람하는 언어 왜곡의 양상과 문제점·디지털 시대 글쓰기 문화의 발전 방향에 대하여 고찰하였다.

이 책은 여러 학자들의 논저에 힘입은 바가 많다. 그분들께 일일이 감사의 말씀을 드리지 못하고 지면으로 대신함을 송구스럽게 생각한다.

이 책이 우리 나라의 언어 문화 발전에 기여하길 간절히 바란다. 탈고를 하고 책을 발간하려니 아쉬운 점이 많다. 독자들의 차가운 질정(叱正)이 있기를 바란다. 앞으로 부족한 점을 수정하고 보완할 것이다.

이 책에는 집필자 가운데 한 분인 이석주 교수님의 화갑을 기리는 의미도 담겨 있다. 이 교수님은 학덕을 겸비한 훌륭한 학자이다. 국어학 연구에 혁혁한 업적을 남겨 오면서 모든 사람으로 하여금 한여름 무더위를 식히게 하는 거목처럼 후덕한 인품을 지닌 분이다. 집필자들을 대신하여 이 교수님이 더욱 건강하시고 학덕이 날로 빛나시길 간절히 기원한다.

출판계의 어려운 시정에도 불구하고 이 책을 흔쾌히 발간하여 주신 역락출판사 이대현 사장님과 이 책을 편집하느라 고생한 이은희 선생께 심심한 감사의 마음을 표한다.

2002년 12월 11일

연말에 자신을 반성하는 한강이 내려다보이는 연구실에서

이주행 씀

차 례

언어 생활과 대중 매체

1. 현대 사회와 대중 매체

1.1 의사 소통과 대중 매체

우리는 물건을 사거나 팔기 위해서는 시장에 가야 하고, 연구 논문 자료를 수집하기 위해서는 도서관에 가야 하고, 대화하기 위해서는 친구를 만나야 하고, 편지를 보내기 위해서는 우체국에 가야 하며 바둑을 두고 싶을 때면 기원에 가야만 한다. 그런데 이제는 인터넷을 통해서 한 자리에 앉아 이런 일들을 다 해결할 수 있게 되었다. 시간을 절약할 수 있고 비용도 줄일 수 있다. 이제 컴퓨터와의 생활은 일반화해서 우리 삶의 한 부분이 되어 버렸다. 이런 까닭으로 요즈음에는 신문, 방송, 대화 등에서 '다중 매체(多重媒體 : 멀티미디어, multimedia)'니 '인터넷'이니 하는 말을 일상적으로 사용하고 있다. 얼마 전까지만 하더라도 많은 사람에게 생소했던 이런 말이 이제는 생활 용어로 자리

잡혔기 때문이다.

　이렇듯 인간이 존재한 이래 인간들은 정보를 전달하기 위하여 다양한 매체를 사용하여 왔으며 유용한 매체를 새로 만들어내기도 하였다. 앞으로도 새로운 매체를 만들어 사용하게 될 것이다. 이는 인간들은 매체(미디어, media)를 통하여서만 효과적으로 의사 소통(커뮤니케이션, communication)을 할 수 있기 때문이다.

　그럼 인간의 의사 소통 수단이 되는, 이 매체란 무엇인가? 매체란 중간에서 양편의 관계를 맺어 주는 역할을 하는 방법이나 수단을 가리킨다. 따라서 의사 소통에서 매체라고 하면 정보를 한쪽에서 다른 쪽으로 전달하는 매개체인 음성 언어·문자 언어뿐만 아니라 그림·기호·소리·영상 언어 등과 이들을 전달하는 수단이 모두 포함된다.

　정보화 사회에서 정보를 전달하는 방법이나 수단이 되는 이 매체들은 이제 인간의 생활 그 자체이다. 그러므로 현대 사회에서 이러한 매체들을 제대로 활용하지 못한다면 효과적인 사회 생활을 영위할 수 없다. 이런 까닭으로 매체의 특성을 이해하고, 매체가 현대 인간들의 언어 사용과 사고 방식에 어떤 작용을 하는지를 살펴볼 필요가 있다.

　언어 매체는 크게 표출 매체와 표상 매체로 나눌 수 있다. 표출 매체는 '말'과 같은 음성 언어인데 저장되지 않고 직접 소통되는 매체이고, 표상 매체는 '한글, 알파벳, 한자'같은 문자 언어를 가리키는데 부호를 사용함으로써 시간과 공간의 제약을 넘어서 소통되고 저장될 수 있는 매체이다. 또한 현대 과학의 발달로 등장한 전화, 라디오, 모사 전송기(模寫電送機 : 팩스, facsimile), 컴퓨터 등과 같이, 언어 매체를 전달하여 의사 소통을 이루어 주는 전기·전자 기계도 일종의 매체이다. 이 기계들은 여러 수단으로 말과 문자를 인식하는 전기·전자적 기술을 이용한다. 그런데 어떤 수단의 매체를 사용하건간에 말과 문자는 항상 기본적인 인간의 의사 소통 수단으로 사용된다. 따라서, 현대 사회의 매체 환경은 광의의 언어 환경이며, 현대 생활에서 가장 널리 통용되는 의사 소통 수단이라고 하겠다. 그러므로 매체 환경은 언어적 의사 소통과 관련하여 이해할 수 있다.

1.2. 현대 사회와 대중 매체의 발달

의사 소통에서, 초기 시대에는 개인 또는 소수와의 관계를 유지할 수 있는 전달 매체인 언어만으로 충분하였다. 시간이 흐르고 시대가 바뀌어, 인구가 증가하고 사회 집단의 규모가 점점 커지게 되면서 많은 사람들에게 생각을 알리고 정보나 지식을 얻거나 제공해야 할 필요성이 대두하였다. 이에 따라 인간들은 의사 소통을 효과적으로 수행하기 위하여 다양한 매체를 발전시켜 왔다. 새로운 대중 매체(大衆媒體)가 등장할 때마다 인간들의 사회 생활은 커다란 변동을 겪었다. 현재도 우리는 몇 년 전에는 생각지도 못하던 매체로 의사 소통이 이뤄지는 환경에서 생활하고 있다. 매체가 너무나 급속하게 변화하므로 이런 변화에 적응을 하지 못하게 되면 사회 활동에서 낙오하게 마련이다. 따라서 새로운 환경에 적응하기 어려운 성격이나 고령의 사람들은 새로운 환경에서 생활하기가 매우 힘들어지게 된다.

현대 사회에서 사용하는 매체들은 매우 다양하고 복잡하여 매체를 사용하는 방법에 숙달하는 데에도 많은 노력과 수고가 필요하다. 매체를 이렇게 발전시켜 온 목적은 대중에게 다양한 정보를 다양한 방식으로 전달하려는 의도 때문이다.

인류가 초기에는 손쉽게 이용할 수 있는 매체를 사용하여 의사 소통을 하였으리라는 것은 누구나 짐작할 수 있을 것이다. 매체의 발달로, 현재의 매체 환경이 과거와 달라졌으므로 의사 소통 상황에 따라 다양한 매체가 이용되고 있다. 기본적인 의사 소통 수단은 지금까지 말과 글이 중심이었다. 물론 말 즉 음성 언어로 수행되는 의사 소통이 중심을 이루었는데, 여기에 글 즉 문자 언어를 만들어 의사 소통에 사용한 까닭은 음성 언어 사용에 따르는 시간적, 공간적 제한성을 극복하고자 하는 의도이었다. 그러므로 이 두 가지 언어 매체는 사용면과 내용면에서 분명한 차이가 있다. 음성 언어는 화자와 청자가 시간과 공간을 공유한 상황에서 양편을 연결하는 매체인데, 화자 자신이 상대와 어울려서 내면보다는 외면에 관계되는 내용을 담아 전한다. 문자 언어는 다른 시간에 다른 장소에 있는 양편을 연결하는 매체이다. 문자는, 필자가 개인이나 집단인 상대방과 분리하여 혼자 생각하고 판단하게 한다. 그래서 필자의 머릿속에 형성된 상상적인 표현을 실제 개념으로 대치하는 추상적인 작업을 수행하게 한다. 또한 글로 표현할 때는, 말로 표현할 때처럼 상호 작용 없이, 자신의 의도에 맞는 내용을 명확하게 전달해야 하므로, 사람들은 상대의 생각과 연결된 사고가 아닌, 분절적인 사고 활동을 하게 된다.

현대에 이르러 등장한 텔레비전, 컴퓨터 같은 새로운 매체를 보면 말과 글자를 함께 사용한다. 텔레비전을 보면, 영상 메시지를 시각적으로 제시하면서 동시에 음악이나 음향을 청각적으로 전달하고 말을 사용한다. 또 인터넷은 음성과 문자로 쌍방이 교류하는, 새로운 의사 소통 매체로 등장하였다. 이 인터넷은 시간적·공간적 제약을 뛰어 넘고, 말과 글 그리고 그림과 소리를 서로 주고 받을 수 있다는 점에서 많은 사람이 이용한다. 인터넷은 현재 인류 역사상 가장 빠른 속도로 확산되고 있는 매체인데, 전 세계적으로 이용자 5천만 명을 돌파하는 데에 소요된 시간은 4년에 불과하였다. 이만한 수의 사용자를 확보하는 데에 걸린 시간이 라디오는 38년, 텔레비전은 13년, 개인용 컴퓨터(PC) 16년인데 비하면, 인터넷의 확산 속도는 독보적이라고 할 수 있다.

1.3. 언어의 출현

인류 초기 시대에는 비언어적 표현으로 상대방에게 자신의 생각을 전달하였으리라는 것은 쉽게 추측할 수 있다. 신체를 비언어적 표현으로 이용한 매체로는 동작, 표정, 시선, 소리, 장식 등 매우 다양하였다.(이들은 서로 결합되어 나타나기도 하는데 예를 들면 고함, 신음, 웃음 같은 '소리'는 얼굴 표정과 함께 드러난다.) 또한 주위에 흔하게 볼 수 있는 물건인 나무 토막, 돌, 끈 등에 서로 약속한 의미를 부여하여 의사 소통의 매체로 사용하기도 하였다. 나아가 돌이나 바위 그리고 나무 등과 같이 자연 환경을 구성하는 것에 그림 또는 기호를 그리거나 새겨서 생각을 전달하기도 하였다. 그런데 비언어적 표현을 매체 수단으로 이용하는 것만으로는 상대방에게 자신의 생각을 제대로 전달하기가 쉽지 않으므로 의사 소통을 완벽하게 수행할 수 있는 '언어'를 만들어 사용하기에 이르렀다. 먼저 음성 언어가 만들어졌고 훨씬 후에 문자 언어가 만들어졌는데, 이 언어를 의사 소통에서 중심적인 매체로 사용하면서 인간들의 생활과 사고의 차원이 높아졌고 이로 인하여, 새로운 문명과 문화를 이루어 낼 수 있게 되었다.

그러면 의사 소통의 기본적인 수단인 언어는 언제부터 쓰였고, 어떻게 발전되어 왔을까?

언어가 의사 소통의 중심적인 매체로 등장하게 된 것은 언어가 그만큼 완벽하게 정보를 전달할 수 있는 기능을 발휘할 수 있기 때문이다. 언어도 비언어적 표현처럼 사회적으로 약속된 형식이다. 비언어적 표현은 단순하고 분명하므로, 표현하는 즉시 상대방이 의미를 해독할 수 있는데 언어적 표현은 훨씬 정밀하고 추상적이어서 해독하는 데에 매우 복잡하고 다양한 사고 과정을 거쳐야 한다. 메시지를 음성이나 문자로 기호화할 때와 기호화한 음성이나 문자를 해독하려면 두뇌에서 고도로 복합적인 기억과 사고 작용이 일어나게 된다. 따라서 고도로 발달된 언어를 사용하기 위해서는 이를 감당할 수 있는 두뇌를 필요로 한다. 인간의 두뇌는 인류가 출현하였을 때부터 언어를 완벽하게 구사할 수 있을 만한 능력이 있었을까? 인간 언어의 기원과 발달에 대해서 생각하여 보자.

언어는 인간을 다른 동물과 구별해 주는 가장 특징적인 것이다. 어떤 동물들은 의사 소통 체계를 지니고 있기도 하지만, 인간의 언어와는 질적으로 다른 것이다. 모든 인간이 언어를 사용하는 것이 당연히 신비롭다고 생각이 들 수밖에 없고, 이 언어에 대한 궁금증은 언어의 기원에 대한 호기심을 불러일으키게 한다. 이런 연유로 많은 종교와 신화 속에는 언어의 기원에 대한 이야기가 나온다. 또 많은 철학자와 언어학자는 이 문제를 연구하여 왔다. 인간과 언어는 매우 밀접한 관계를 가지고 있으므로 만일 언어가 언제, 어디서, 어떻게 생겨났는지 알게 된다면 인간이 언제, 어디서, 어떻게 생겨났는지도 알 수 있을 것이라고 믿었기 때문이다. 학자들의 연구 결과, 언어는 '신이 인간에게 전해준 선물이다', '말을 할 수 있게끔 인간이 진화하여 왔다', '인간이 창안한 발명품이다' 등 가능한 모든 이론이 제시되었다.

그런데 언어의 기원에 관한 연구는 애초부터 난관에 부딪힐 수밖에 없다. 인류학자들은 인간이 적어도 일백만 년, 오래 되었다고 보면 오륙백만 년은 존재하여 왔다고 생각한다. 그런데 해독하여 낸 기록 중 가장 오래된 것은 불과 6000년 전인 기원전 4,000년경의 수메르인(Sumer, 세계에서 가장 오래 전에 문명이 발상한 지역인 고대 메소포타미아 남부 지방에 살던 종족으로 설형문자(楔形文字, 쐐기글자)를 발명하여 사용)들이 남겨 놓은 글이다. 그러나 이들 기록은 언어 발달사상 너무나도 후기의 것이므로 언어의 기원에 관하여 아무런 실마리도 제공하지 못한다. 기록으로 남은 글보다는 말이 역사적으로 까마득히 앞서는 것이기 때문이다.

인류의 의사 소통 수단 변천 과정은 다음과 같이 보고 있다(김정탁, 1998:17).

【 인간의 의사 소통 수단의 변천사 】

의사소통수단	시기	사용	내용
음성 사용	B.C.35,000 ～ 100,000	크로마뇽인	음성을 소통에 사용
이미지 사용	B.C.30,000～ 45,000	네안데르탈인 크로마뇽인	이미지 사용
	B.C.28,000	크로마뇽인	구체적 이미지 사용
문자 사용	B.C.5,000	중국 은나라	갑골문자 사용
	B.C.3,500	수메르인	점토판에 설형문자를 새겨 사용
	B.C.3,000	이집트인	상형문자 사용
	B.C.1,500	그리스인	음성에 기초한 심볼 사용
	B.C.300	그리스인	알파벳 사용
기록보존수단	B.C.150	그리스인	양피지 발명
	B.C.105	중국인	한지 발명

문자의 발명은, 인간이 정보와 지식을 전달하고 축적할 수 있는, 또 하나의 중요한 언어 매체를 사용할 수 있게 하여 주었다. 이 때까지 이어 오던 대면 의사 소통(對面意思疏通 : face to face communicaton)에 나타나는 시간과 공간의 제약에서 벗어나서, 기록 보존 수단인 종이를 이용하여 원격(遠隔) 의사 소통이 가능하게 되었다.

그러나 문자와 종이가 발명되었다고 하지만 문자를 전파할 수 있는 매체가 제대로 갖추어지지 않았으므로 문자는 상류 계층에서만 사용되었다. 특히 중세 시대에는 성직자 외에는 거의 문자를 접할 기회도 없었다고 한다. 문자를 가지고 있으면서도 일반인들은 문자 생활을 못하였고, 문자를 배워 일상 생활에 사용하는 사람들도 교통 수단이 불충분한 상황에서는 제약을 받을 수밖에 없었다. 문자의 기록 즉 문서를 전달할 수단이 당시에는 사람이나 말(馬)뿐이었으므로 좀 떨어진 지역에는 문서(정보)를 제대로 전하기가 쉽지 않았다. 당시의 상황은 James Burke(1995)에 잘 나타나 있다.

> "…중세인들이 '사실(fact)'이라고 하는 것은 오늘날 개인의 주관적인 '의견(opinion)'과 거의 다를 바가 없다. 당시에는 이 차이를 깨달을 만큼 여행을 많이 다닌 사람도 거의 없었다. 이들이 하루에 움직일 수 있는 거리는 말을 타고 갔다가 어두워지기 전에 돌아올 수 있는 10km 정도가 고작이었다.
>
> …한 지역에서 사용되는 방언은 80km 정도 밖으로만 나가도 제대로 알아듣지 못할 정도였다. 14세기 영국 상인들이 배가 난파되어 영국 북부 해안으로 밀려갔을 때 그들은 모두 (영국민이 아닌) 외국 스파이로 몰려 투옥되었다고 한다. 지역 사회간에 사회적, 경제적으로 빈번한 교류가 없었기에 언어도 지역 단위로 달랐던 것이다.
>
> …시계도 없고 아무런 기록도 없었기에, 시간의 경과는 기억할 만한 사건을 통해 알 수 있었다. 마을에서 그것은 '도요새기 날아 다닐 때'나 '추수기에' 등과 같이 계절적인 활동으로 확인하였다. 농촌 사람들은 해가 바뀌는 것을 잘 알았다. 그러나 이러한 계절적인 단서 사이에 현대적 의미의 시간은 존재하지 않았다. 물시계나 해시계를 갖출 만큼 부유한 마을에서도 파수꾼이 지켜보고 있다가 교회의 첨탑에서 시간의 경과를 큰 소리로 알려주곤 하였다. 그 소리를 듣고는 들에 나와 일하던 농부들이 다시 큰 소리로 저만큼 떨어진 다른 사람들에게 전달해 주었다. 한 시간보다 작은 단위는 거의 사용되지 않았다. 한 시간보다 작은 단위는 사실 자연에 보조를 맞추어 사는 세계에서는 아무런 소용이 없었을 것이다.
>
> …15세기에 잔다르크의 죽음이 콘스탄티노풀까지 전해지는 데는 18개월이 걸렸다. 1453년 콘스탄티노풀의 몰락 소식이 베니스에 전해지는 데는 한 달이 걸렸으며, 로마까지는 두 달, 그리고 나머지 유럽 지역에 전달되는 데는 세 달이 걸렸다."

이렇듯 문자가 발명된 지 6,000여 년이 지났는데도 정보 전달이나 원거리 의사 소통이 문자가 없던 시절과 별로 달라지지 않은 것은 문자로 쓰인 책이 절대적으로 부족하였기 때문이라고 볼 수 있다. 중세에 들어오면서, 유럽은 상호 국가 간에는 물론 유럽 외부 지역과의 교류가 매우 활발해지고 엄청난 지식과 정보가 흘러 들어오게 되었다. 이러자, 지식을 습득하고 정보를 전달하여야 할 필요성이 절실하게 요구되었다. 즉 문자로 이루어진 기록이 대량으로 필요하게 된 것이다.

이 시기에 이를 기록으로 만들 수 있는 유일한 방법은 글로 쓰는 것이었다. 그런데 그것은 양피지를 사용하기 때문에 책을 만드는 일은 매우 힘이 들었고 따라서 책이란 매우 귀한 것일 수밖에 없었다. 봉건제도가 해체되어 가면서 지배 계급 이외의 사람들에게까지 지식과 정보에 대한 욕구가 점차 증대하게 되었다. 이에 만들기 힘들고 비싼 양피지보다 값이 싼 종이를 생산하게 되었다. 그러나 책을 만들기 위해서는 필사인(筆寫人)들이 일일이 써야 하기 때문에 여전히 책은 희귀한 것이었고 일반인들이 가까이 하기에는 쉽지 않은 것이었다. 르네상스 시대에 이르러 시민들의 의식이 고조되고 인문·과학·예술 등 각 분야의 지식이 폭발적으로 증가하자, 지식의 저장과 전달은 더욱 필요하게 되었다. 이런 상황에서 15세기 중엽 독일인 구텐베르크가 금속 활자를 만들었고 이는 인류 역사에 중요한 전환점이 되었다. 우리 나라가 최초로 활자를 발명하였으나 이를 인류사에 기여시키는 데에는 성공하지 못하였다. 금속 활자가 계속 개량되면서 인쇄술은 비약적으로 발전하게 되었다. 이 인쇄 매체가 출현하면서, 유럽을 출발점으로 한 매체의 발전은 안간의 역사를 새로운 방향으로 인도하였다.

1.4 매체의 변화 — 의사 소통의 확장

언어를 매체로 하여 이루어지는 의사 소통은 이전의 어떤 매체와도 견줄 수 없이 효과적이었다. 언어가 출현한 당시에는 완벽한 소통 수단으로서의 기능을 발휘하였다. 그런데 인간이 의사 소통의 매체로 언어를 사용하게 된 후로 인간의 생활은 급격하게 변동하고 발전하여, 제한된 공간에서 제한된 사람만을 대상으로 하는 언어(음성 언어)로는 의사 소통이 충분하게 이루어질 수가 없었다. 그래서 의사 소통의 범위를 확장하고 의사 소통의 수행을 효과적으로 하기 위하여 인간들은 변화하는 환경에 맞는 새로운 매체들을 만들어 내었다. 이로 인하여 언어를 매체로 하는 소통 형태에서, 책·신문·라디오·텔레비전 등과 같이, 언어를 전달하는 매체를 통하여 이루어지는 소통 형태로 바뀌게 되었다. 또한 의사 소통에서 언어만으로는 불충분하거나 또는 더욱 효과적인 이해를 위하여, 언어와 영상을 함께 이용할 수 있는 매체를 고안해 내었다. 이처럼 두 가지 이상의 매체가 하나로 통합된 새로운 형태의 매체를 다중 매체(multimedia)라고 한다.

인간의 의사 소통은 복합적인 행위이다. 인간이 의사 소통을 할 때에는 시각·청각·후각·미각·촉각 등의 감각 기관을 동시에 사용하는데, 이 감각 기관과 두뇌가 결합하여 이루어진 내용이 쌍방향으로 이루어진다. 이렇게 인간은 본디 복합적인 의사 소통을 하였다. 그런데 인쇄 기술이 발달하면서 공간적이고 시간적인 영역이 확대되어 대중 전달(大衆傳達 : mass communication)을 가능하게 하였으나 오관을 사용해 오던 복합적인 의사 소통은 시각적인 의사 소통으로 축소되었다. 라디오를 통한 의사 소통에서는 청각적인 의사 소통 하나에만 의존하게 되었다. 즉 사람들은 대중 전달이라는 공간적 영역을 확보하였으나, 하나의 감각 기관에만 의존하므로, 오관을 모두 사용하는 복합적인 의사 소통 방식을 잃어버리게 되었다. 이렇게 되자, 사람들은 감각 기관을 고루 이용하면서 대중 전달과 대인(對人) 의사 소통(interpersonal communication)이 가능한 의사 소통 방식을 원하기에 이르렀다. 이에 문자, 음성, 영상 등을 통합적으로 처리한 기술이 실현되어 나타나게 되었는데 이것이 바로 다중 매체이다.

지금까지 의사 소통에서는 종이 매체인 책이나 신문은 문자를 전달하고, 라디오는 음성을 전달하고, 텔레비전이나 영화는 음성과 영상을 전달하였다. 현재는 컴퓨터가 의사 소통의 매체로 쓰이면서 문자·음성·영상 등을 독립적으로 처리하기도 하지만 동시에 종합적으로 처리하기도 한다. 그래서 책·신문·라디오·텔레비전 등의 전달 매체인 출판과 방송을 구매체(舊媒體 : old media)라 하고 문자·음성·영상 등을 동시에 종합적으로 처리하는 다중 매체인 케이블은 신매체(新媒體 : new media)라고 한다. 이 다중 매체는 쌍방향 의사 소통을 할 수 있는데 기존의 매체에서 볼 수 있는 의사 소통 형태와는 차원이 다르다. 기존의 매체인 신문·책·라디오·텔레비전 등에서는 송신자가 보내는 정보를 수신자는 일방적으로 받기만 하게 되는데, 다중 매체는 마치 대면 의사 소통에서처럼 송신자와 수신자 사이에 쌍방향적인 정보 교류가 실현될 수 있다.

인간이 고안하여 사용하고 있는 현대의 매체는 다음과 같다.

① 비언어적 표현 매체
  ·신체적 표현— 소리, 몸짓
  ·비신체적 표현— 기구, 그림
② 언어적 표현 매체
  ·음성 언어
  ·문자 언어
③ 인쇄 매체
  · 책   ·신문(그림과 사진을 실을 수 있음)
④ 영상 매체
  · 영화 · 환등기 · OHP · 카메라 · 사진
⑤ 전파 매체
  · 라디오 · 텔레비전 · 전화 · 모사 전송기 · pc통신 · 인터넷

2. 대중 매체와 언어 사용

2.1. 대중 매체의 특성과 기능

대중 매체(mass media)란 대중 문화를 소통시키는 장(場)으로서, 서적·신문·방송·영화·인터넷 등과 같은 매체를 가리킨다. 이들 매체를 접할 때에는 지식을 습득하고 학습할 때처럼 힘을 들여 노력하여야 하는 작업이 필요하지 않다. 부담없이 즐기기 위한 매체이기 때문이다. 본래 문화라고 하면 예술을 가리키는 것으로, 상류 귀족 사회의 전유물이었다. 예술가들은 상류층의 후원으로 그들의 취향에 맞추어 활동을 하여 왔다. 19세기에 유럽과 미국에서 중산층이 확대되면서 사회의 지배적 위치를 확립하게 되었는데 이것이 대중 사회이다. 이 때 대중들을 대상으로 예술 활동을 하려면 경제적인 면을 해결할 수 있는 방도가 있어야 한다. 이는 관객인 대중들의 입장료에 의지할 수밖에 없다. 시장 논리에 따라, 관객을 많이 끌어들여야 할 필요성에 직면하게 된 것

이다. 그래서 관객을 늘리기 위하여 많은 사람의 취향에 맞추다 보니 예술적 수준이 낮추어질 수밖에 없었다. 이렇게 나타난 것이 대중 문화이다.

　대중 문화는 대중의 생활 수준이 향상되고, 교육의 보급이 확대되고, 대중 매체가 발달됨에 따라 그 기반이 형성되었다. 대량 생산, 대량 소비를 전제로 하기 때문에, 많은 경우 문화가 상품화하고, 획일화하고, 저속화하는 경향이 뒤따르게 된다. 19세기 상류층들은 이 새로운 문화가 매우 저급하여, 예술의 미적 존엄성을 손상시킨다고 비판하였다. 그래서 현재 대중 문화를 '저급 문화'라고 하고, 소수 특수층을 위한 문화를 '고급 문화'라고 하는 것이다. 대중 문화는 영리 추구적이기 때문에 대중에게 영합하는 규격화한 제품만을 생산하는 타락한 상업성의 산물이라고 비판을 받기도 한다. 대중 문화가 분명히 문제점을 안고 있지만 현재 우리 생활에서 대중 매체를 거부하거나 피할 수는 없다. 왜냐하면 현대 사회에서 누구라도 대중 매체를 접하지 않고는 살아갈 수 없을 정도로 현대인의 삶의 한 부분이 되어 있기 때문이다. 그렇다고 대중 문화를 인정하고 그대로 수용하자는 것은 아니다. 대중 문화 가운데 퇴폐적인 저질 문화 상품은 선별하여 제거하여야 한다. 그러려면 대중 문화 생산자들은 건전한 양식을 지녀야 하고, 대중 문화 수용자들은 올바른 판단력을 갖춰야 한다. 우리가 올바른 판단력을 갖춰야 하는 까닭을 실제적인 예를 들어 확인하여 보자

　우리는 직접 보지 못했거나 말로만 들었던 사건들을 신문이나 텔레비전, 혹은 인터넷 사이트를 통해 소식을 알 수 있게 된다. 그런데 기사를 아무리 사실에 입각하여 정확하고 객관적으로 작성한다고 하여도 전달 매체가 다르거나 작성자가 다르기 때문에 내용이나 형식 그리고 작성자의 관점에 따라 차이가 나게 된다. 같은 매체라 하여도 제작자의 의도나 태도, 집단 전체의 사회·경제적인 조건, 사회 구성원들의 관심과 이해, 또는 매체가 제 나름대로 지향하는 문화적 관행 등에 따라 같은 사건이 전혀 다르게 보도될 수도 있다.

　다음 신문 기사는 사건에 대하여 정반대의 시각으로 작성되어 있다. 이는 단어 의미의 차이가 아니고, 사건을 접근하는 태도가 긍정적인가 부정적인가에 따라 다르게 나타난 결과이다. 경우에 따라서 한 쪽은 거짓을 말하게 되는 것이다.

신문 기사

최성규 총경 돌연 출국
최규선 씨와 대책회의 뒤 홍콩으로

…최규선 씨와의 유착 의혹을 받고 있는 경찰청 특수 수사과장 최성규 총경이 홍콩으로 출국한 사실이 15일 밝혀졌다.(생략)

(대한매일 2002.4.16.화)

최성규 총경 홍콩 도주
최규선 씨 비리에 연루 의혹

…최규선 씨 비리 연루 의혹을 사고 있는 경찰청 특수 수사과장 최성규 총경이 지난 14일 오전 10시 30분 캐세이 퍼시픽 항공 417편을 이용, 홍콩으로 도주한 사실이 15일 확인돼 파문이 일고 있다.(생략)

(조선일보 2002.4.16.화)

하나의 사건에 대하여 보도한 이 두 신문의 기사 표제에 사용한 '출국'과 '도주'라는 상반된 표현에는 사건을 보는 매체의 입장이 드러나 있다. 그리고 "최규선 씨와 대책회의 뒤 홍콩으로"에서는 '출발'이라는 인상이, "최규선 씨 비리에 연루 의혹"에서는 '도주'라는 인상을 독자들에게 주고 있다. 또한 기사 내용에 나오는 "최규선 씨와의 유착 의혹을 받고 있는"과 "최규선 씨 비리 연루 의혹을 사고 있는"의 두 표현이 독자들에게 주는 느낌은 상당한 차이가 있을 수 있다. 전자의 표현이 후자의 표현보다 범죄와의 관련성이 훨씬 약한 감을 주고 있다. 이는 사건에 대한 해석의 차이일 수도 있고, 매체 주체의 의도적인 작용일 수도 있다.

독자들의 올바른 판단력은 이 단계에서 작용하여야 한다. 사건을 본질적이고 진실적인 면에서 판단하여 볼 때, 최규선 씨가 출국할 이유가 없는데도 출국하였으면 '도주'에 해당하고, 출국하여야 할 용무가 당시에 있었다면 '출국'에 해당한다. 그러므로 이 상황과 이 시점에서 출국하여야 할 타당한 이유가 기사 내용에 나오는지, 나온다면 그 출국이 납득할 만한 이유가 있는 것인지 확인하여야 한다.

다음은 한 사건에 대하여 두 텔레비전 방송국에서 보도한 기사이다. 어떤 차이가 있는지 비교하여 보자.

KBS 뉴스

과소비 논란을 불러일으켰던 특일급 호텔에서의 결혼식이 오늘부터 허용됐습니다. 그런데 이런 호텔들의 예식 비용이 최고 7∼8천만 원에 달하고 있어서 사치와 계층 간의 갈등을 부추길지도 모른다는 우려가 일고 있습니다. 먼저 ○○○ 기자 보돕니다.(중략)

네, 이런 특급 호텔에서의 결혼식 허용이 더욱 걱정스러운 것은 가뜩이나 우리 결혼 풍토가 왜곡될 대로 왜곡되어 있기 때문입니다. 성스러워야 할 인생의 새출발이 돈 잔치로 전락하고 있는 것입니다. 계속해서 ○○○ 기잡니다.

MBC 뉴스

9일부터 특급 호텔의 결혼식이 허용되면서 호텔마다 예식장 세일에 나섰습니다. 서울의 한 특급 호텔은 호텔 결혼식을 외국인 관광 상품으로 내놓아서 좋은 반응을 얻고 있습니다. 자세한 내용을 ○○○ 기자가 소개합니다.

이 기사는 특급 호텔 결혼식 허용에 관한 내용이다. 첫 번째 기사는 특급 호텔 결혼식의 비용이 과다하여 서민들이 반감을 가질 우려가 있다고 하며 그렇지 않아도 지나치게 사치스러운 우리 혼례 문화를 비판하는 부정적 태도이다. 두 번째 기사는 외국인이 우리 나라 호텔에서 결혼식을 올리게 되므로 관광 수익도 예상할 수 있다는 긍정적 태도이다. 어느 방송을 시청하는가에 따라,

시청자들은 상반된 견해를 가질 수 있다. 대중 매체 생산자들이 건전한 양식을 지니지 않으면 수용자들을 오도(誤導)하게 되고, 대중 매체 수용자들이 올바른 판단력을 갖추지 못하면 생산자들의 의도나 오판(誤判)에 끌려갈 수도 있다.

　매체는 사람과 사람, 지역과 지역, 좀더 일반적으로 말하자면 정보가 있는 지역과 없는 곳 사이의 시간적·공간적 거리를 좁혀 정보 교환과 의사 소통의 가능성을 넓혀 주었다. 그러나 시청자는 전체 정보 중에서 매체가 전달하는 정보의 단면만을 받아들임으로써 그 사건에 대한 고정된 시각을 가지게 될 수도 있다. 책·신문·라디오·텔레비전 등을 보면서 동시에 우리의 생각을 매체를 통해 상대방에게 전달할 수 없다. 이들을 대하는 순간 우리는 일방적으로 받아들이기만 하는 의사 소통의 장(場)에 놓이게 된다. 그렇다고 우리가 이들 매체가 전달하는 정보를 부정적으로만 보거나 거부할 것만도 아니다. 다만 매체의 특성을 잘 파악하여 매체가 전달하는 정보와 전달 방식에 대해 비판적으로 듣는 연습이 필요하다는 것이다.

　강명구(1990)에서는 신문·라디오·텔레비전 등의 매체 특성에 비추어 그 차이를 다음과 같이 말하고 있다.

(1) 신문 기사의 특성

① 문자 언어 및 정지 화면(사진)을 사용하는 시각적 매체이다.
② 정보를 모자이크식으로 배열하여 공간적으로 구성한다.
③ 기사가 길다. 내용을 상세하게 기술하고 보충 설명할 수 있다.
④ 읽기를 통해 내용을 파악해야 하므로 인지(認知) 과정을 필요로 한다.
⑤ 독자가 읽을 기사를 선택할 수 있다.

(2) 라디오 기사의 특성

① 음성 언어를 사용하는 청각적 매체이다.
② 정보를 시간의 흐름에 다라 배열하여 시간적으로 구성한다.
③ 기사가 짧다. 내용을 간략하게 요점적으로 전달한다.

④ 듣기를 통해 내용을 파악해야 하므로 필요할 때 피드백(feedback)이 불가능하여, 상황을 환기하기가 수월치 않다.

⑤ 청자는 들을 뉴스를 선택할 수가 없다. 뉴스 제공자의 통제에 따를 수밖에 없고 다만 채널만 선택할 수 있다.

(3) 텔레비전 기사의 특성

① 음성 언어와 문자 언어 및 동작 화면을 사용하는 시청각적 매체이다.

② 정보를 시간의 흐름에 따라 배열하여 시간적으로 구성하는 경향이 강하다.

③ 기사가 짧다. 내용을 간략하게 요점적으로 전달하며 화면 처리로 이해를 돕는다.

④ 보기, 듣기 및 읽기를 통해 내용을 파악하므로 매우 효과적이나 경우에 따라 시각과 청각의 간섭으로 이해 또는 기억 효과가 떨어지기도 한다.

⑤ 시청자는 들을 뉴스를 선택할 수 없다. 뉴스 제공자의 통제에 따를 수밖에 없고 다만 채널만 선택할 수 있다.

다음은 2000년 4월 25일자 신문과 텔레비전에서 같은 내용을 보도한 기사이다. 두 기사를 비교하여 보자.

신문

안방 들어온 외국차…업계 지각 변동
국내서 직접 생산 판매…업계 '거함'과 힘겨운 경쟁
年 40만 대 만들면 19조 원 생산 유발 ― 13만 명 고용 창출

1년여를 끌어온 삼성 자동차 매각 협상의 완결은 부산 지역 경제 활성화와 기업 구조 조정의 가속화 및 해외 신인도 제고 차원에서 상당히 긍정적인 영향을 미칠 것이다. 그러나 국내 자동차 업계는 세계 6위 업체인 르노라는 거함에 맞서, 내수 시장에서도 벌써 치열한 경쟁을 벌여야 할 것으로 전망되며, 채권단은 헐값 매각이라는 일부 비난 여론에 당분간 곤욕을 치러야 할 것으로 보인다.

　국내 자동차 산업에 미치는 영향 : 삼성 자동차 매각은 국내 완성차 업체의 사상 첫 해외 매각인 동시에 해외 자동차 메이커의 본격적인 첫 번째 국내 진출이라는 의미를 갖고 있다. 따라서, 국내 자동차 산업은 물론 사회 경제적으로 상당히 큰 파장을 몰고 올 가능성이 크다.

텔레비전

앵커 : 이제 국내 자동차 산업은 일대 전환점을 맞고 있습니다. 아무래도 규모가 영세하고 기술이 취약한 국내 업계가 안방에서 해외 거대 기업들과 맞붙어야 하는 상황이 빚어진 것입니다. 보도에 ○○○ 경제부 기잡니다.

기자 : 국내 자동차 산업의 가장 큰 문제는 세계 굴지의 업체와 맞서 경쟁하기에는 생산과 기술 등에서 취약한 구조를 갖고 있다는 것입니다. 현대자동차가 국내 시장을 70% 이상을 차지하고 있지만, 지난 해 197만 대를 생산해서 세계 13위에 불과합니다. 이같은 규모는 세계 자동차 업체들이 독자적 생존의 필수 조건으로 여기고 있는 400~500만 대에 턱없이 부족합니다.

인터뷰 내용 : 대형 메이커 6~7개 업체가 주도해 나가지 않겠나 이렇게 전망하고 있습니다. 그 과정에서 현재 인수 합병, 그리고 제휴를 통해서 통합해 나가는….
(중략)

인터뷰 내용 : 해외 업체들이 진출할 경우에 해외로부터의 부품 수입이 증가할 가능성이 있고, 국내 부품 업체들의 입지가 상당히 축소될 가능성이 큽니다.

기자 : 그나마 남아 있는 ○○자동차도 자력 회생이 어려워 해외에 매각될 가능성이 높습니다. 이렇게 될 경우 현대자동차가 우리 시장에 진출한 해외 공룡 업체와 맞서 힘겨운 싸움을 벌여야 하는 위기 상황을 맞게 됩니다. 고용 안정과 국내 산업 기반을 유지하면서 기로에 선 우리 나라 자동차 산업이 세계적인 경쟁력을 갖출 수 있는 방안을 모색하는 것이 시급한 과제입니다. 이상 ○○○뉴스 ○○○입니다.

　매체의 특성상 신문과 텔레비전은 먼저 표현면에서 두드러진 차이가 나타난다. 이 두 기사를 비교해 보면, 신문은 '～하다'체를 사용하고 텔레비전은 '～합니다'체를 사용하고 있다. 또한 신문의 문장은 길이가 긴 데에 반하여 텔레비전의 문장은 상대적으로 짧다. 이 까닭은 신문은 글자를 시각적으로 전달하므로, 문장이 길더라도 읽으면서 생각하고 이해가 되지 않으면 다시 확인할 수가 있고 또 판단할 수 있는데, 텔레비전은 화면이 시각적이긴 하나 청각적인 말을 이해시키는 데에 도움을 주기 위한 것일 뿐이라서 말의 문장이 길면 이해에 장애가 되므로 짧을 수밖에 없다. 기사의 구성을 보면, 신문과 방송은 제목과 전문 그리고 본문으로 이루어진다. 그런데 같은 제목이라도 글자의 크기와 자수(字數)에서, 텔레비전은 화면에 담는 영상 때문에, 신문보다 제한을 더 받는다. 신문과 텔레비전의 이런 차이는 전달 방식이 다르기 때문에 나타난다. 즉 신문에서는 사진이나 그림에 의한 전달보다는 문자에 의한 전달이 중심이 되는데, 텔레비전에서는 문자에 의한 전달보다는 화면과 말에 의한 전달이 중심이 된다. 문자만으로 보다는 화면을 곁들인 말이 수용자들에게 전달력이 훨씬 강하므로 텔레비전 기사에는 인터뷰가 자주 등장한다.

　구술적(口述的)인 의사 소통에서 문자적인 의사 소통으로 이행하면서 점점 더 분석적이고 개별화하던 정보 전달은, 새로운 매체 환경 아래서 구술성과 문자성을 결합하고, 시간적·공간적 제약 없이 정보를 전달하고 대중화하는 긍정적인 기능을 가지게 되었다. 그러나 이와 반대로 대중의 사고·태도·행동 등을 획일화하는 부정적 기능도 있다. 특히 텔레비전이나 신문 같은 대중 매체의 경우, 일방적인 정보 전달과 객관성을 가장한 주관성의 심화 등은 매체의 이용자가 경계해야 할 부분이다. 또 컴퓨터 통신이나 인터넷을 기반으로 하는 매체의 경우에도 매체를 제작하고 유통시키는 과정에서 확인되지 않은 정보들이 제대로 걸러지지도 않고 확산되어 문제를 일으키는 경우가 있다. 매체는 대중들이 거대화·다양화하고 복잡해진 세계를 바라보는 창(窓)의 역할을 담당한다고 할 수 있다. 그러므로 부적절한 매체가 전달하는 메시지를 장기간에 걸쳐 수동적으로 수용하다 보면 세계와 자신에 대해 잘못된 인식을 지닐 위험성이 있다.

이와 같이 의사 소통에 사용되는 매체가 복잡하고 다양해질수록 매체의 속성을 잘 알아둘 필요가 있고, 그 매체에 의하여 일어나고 있는 의사 소통 상황을 파악하는 것이 중요하다. 다양한 매체 환경에 노출되어 있는 현대인들은 말이나 문자에만 얽매여 있어서는 안 된다. 단어의 의미나 문법을 이해한다고 해서 언어 생활에 적절하게 대처할 수 있는 것이 아니기 때문이다. 예를 들어, 대화 상황에서는 말이 매체라고 해서 말만 이해하면 된다고 생각하면 완전한 의사 소통은 실패하기 쉽다. 말하는 사람의 표정도 살펴야 하고 대화가 이루어지는 장소의 특성도 알아야 하며, 상대가 말하는 목적이 무엇인지를 헤아려서 그 의도를 파악하여야 한다. 그리하여야만 대화의 내용을 정확하게 알 수 있고 만일의 경우에 대처할 수 있으므로, 잘못 이해하였을 경우 범하는 실수나 피해를 막을 수 있다. 복잡한 매체 환경에서 살아가는 우리는 여러 매체를 둘러싼 세계와 문화적 환경에 대하여 비판적으로 이해하고 주체적이고 창조적으로 활용할 수 있는 능력을 기를 필요가 있다.

2.2. 대중 매체와 국어 생활

현재 우리는 지식 정보 사회에서 살아가고 있다. 이 지식 정보 사회에서는 첨단 정보 기술을 이용하여 정보를 창조하거나 개발하는 일이 큰 비중을 차지하게 된다. 그런데 이러한 정보 가치를 창출하는 데에 중요한 역할을 한 것이 대중 매체이다.

대중 매체는 신문·라디오·텔레비전·영화·인터넷 등과 같이 문자·음성·기호·영상·음향 능 여러 가지 방법을 농원하여 정보를 전달한다. 이 가운데 컴퓨터 통신과 인터넷은 역할과 기능면에서 텔레비전이나 라디오·영화·만화·신문·잡지와 같은 일방적인 매체와 구별하기도 한다. 왜냐하면 이 컴퓨터 통신과 인터넷은 대중 매체임에도 불구하고 쌍방향적인 매체로, 의사 소통 참여자들 사이에서 동시에 상호적 소통·실시간 소통·광역 소통을 이루어 내기 때문이다. 이런 면에서 컴퓨터 통신이나 인터넷은 종래의 의사 소통 구조를 바꿀 수 있을 뿐만 아니라 우리의 사고 방식의 변화까지도 유도한다고 할 수 있다.

여기서 사고 방식의 변화는 매체가 의사 소통에서 수용자에게 끼치는 영향의 결과인데, 매체의 특성에 따라 다양하게 나타난다. 시각 매체이냐, 청각 매체이냐에 따라 다르고, 같은 시각 매체라도 문자 매체인 책이나 신문과 화상 매체인 사진이나 환등기가 다르고, 청각 매체를 보아도 라디오와 전화가 다르다. 이들이 복합적으로 작용하는 영화, 텔레비전, 나아가 인터넷에 이르면 그 특성의 차이는 차원을 달리하여 나타난다. 그런데 이들 매체가 공통적으로 실어 나르고자 하는 것은 언어이므로, 매체에 따라서 각각 의사 소통에 효과적인 언어를 사용하게 된다. 예를 들면 라디오와 텔레비전은 음성 언어와 음향, 음악 등으로 전달하는 점에서는 같다. 그런데 텔레비전이 지닌 영상 전달 기능은, 언어 사용면에서 라디오와 결정적인 차이를 갖게 한다. 즉 사건의 장면을 텔레비전에서는 영상으로 처리할 수 있는데 반해 라디오에서는 말만으로 상태나 상황을 설명하여야 한다. 또한 문자 매체로 표현할 때에는 표준어로 문법에 맞는 문장을 사용하는데, 음성 매체에서는 부정확한 표현, 잘못된 문장, 비표준어와 비속어 등이 상대적으로 많이 나타난다. 매체가 발달되어 우리의 생활의 중요한 부분이 되어 있는 현재, 매체에서 사용하는 언어가 국어 생활에 막대한 영향을 끼치고 있다. 이런 까닭으로 국어 생활에 나타나는 매체의 언어의 작용을 살펴서, 역기능적인 면을 억제하고 순기능적인 면을 권장해야 할 필요가 있다.

(1) 일방 매체 — 인쇄 매체와 영상 매체

대표적인 인쇄 매체는 책과 신문이다. 출발 당시부터 이들은 주로 지식과 정보를 전달하는 것이 주된 기능이었다. 인쇄술이 발달하자 쉽고 빠르게 책을 출판하고 신문을 간행할 수 있어서, 대량 생산이 가능하게 되었다. 이에 따라 대량 소비를 위하여 상업주의가 등장하였다. 대량 소비를 하기 위해서는 대중들이 구매할 수 있는 매력이 있어야 한다. 그러므로 인쇄 매체는 대중들을 잡아끌 수 있는 내용으로 표현하게 된다. 대중은 전문적인 것보다는 일반적인 것, 어려운 것보다는 쉬운 것, 생각하는 것보다는 가벼운 것, 딱딱한 것보다는 재미있는 것들을 선호하므로 인쇄 매체도 당연히 상업성으로 흐를 수밖에 없다.

그렇더라도 인쇄 매체에는 여러 분야에 관한 내용을 가능한 한 효과적으로 표현되어 있다. 작가들은 문학 작품에 예술성을 담기 위하여 세련된 언어를 구사하고, 신문은 사설에서 주장을 논리적으로 전개하여 독자를 설득하고자 하고, 기사를 보면 짧은 지면에 가능한 한 압축적인 구성과 표현으로 작성되어 있다. 이런 글을 통하여 독자들은 문장을 이해할 수 있는 능력과 의사 표현을 할 수 있는 능력을 기르게 된다. 그런데 대중성에 치중하다 보니 글의 구성과 어휘의 수준을 낮추게 되고 수준을 낮춘 글을 읽는 대중들은 독서 수준은 향상되기보다는 저하되어 글의 수준은 더욱 낮춰야 한다.

따라서, 읽고 이해하기 쉬운 글로 써야 하므로 어휘는 일상 사용하는 귀에 익은 쉬운 것이어야 하고, 문장도 복잡하지 않게 가능한 한 단문으로 해야 하고, 표현도 재미있게 하기 위해 시사어(時事語), 유행어, 비속어, 은어 등을 많이 사용하게 된다. 또 독자들에게 강한 자극을 주기 위하여 자극적인 표현을 자주 사용한다. 이런 현상은 시간이 지나면서 점점 심해지고 있다. 현재 우리가 신문을 보아도 이런 현상을 느낄 수 있다.

신문 표제

수업중 학교짱 찔러 살해

(조선일보 2002.4.17.水)

"황당" 돈 선거 의혹 후보들 해명

(대한매일 2002.3.12.화)

유행어, 은어, 비속어가 기사 속에만 자주 오르다가 이와 같이 근래에는 표제에도 등장을 한다. 인쇄 매체가 경쟁적인 체재 아래에서 독자를 의식하여 대중적인 효과를 얻으려고 하는 표현 태도의 일환이다.

모든 매체가 그렇지만 현재 우리 사회는 종이 매체 가운데 신문이 자기 정체성(正體性)이 가장 잘 확립되어 있다. 그런데 이런 점 때문에 고정관이 형성되어 오히려 사물을 판단하는 데에 자칫하면 편향적으로 흐를 가능성도 있다.

매체가 대중의 취향에 영합하여 대중성을 확보하게 되면 대중성을 이용하여 대중을 움직일 수 있는 힘을 발휘할 수 있다. 이 때 그 매체의 주체는 대중을 자기의 의도로 이끌 수도 있게 된다.

다음은 매체의 관점이 상반된 신문 사설이다.

사설

새 경제팀 과욕보다 마무리를

전윤철 신임 경제 부총리와 이기호 신임 대통령 경제·복지·노동 담당 특보는 모두 DJ정권 들어 여러 번 요직을 거친 경제 관료 출신이어서 이들의 재기용으로 경제 기조가 크게 바뀌지는 않을 것이다. 이들은 또 어느 누구보다도 경제 정책의 흐름에 밝아 시행착오의 가능성을 줄일 것으로 보여 다행이다. 대통령 임기 종료 10개월을 남겨둔 시점에서 경제팀을 크게 흔들지 않은 것은 잘한 것이다. 정부는 후속 인사가 필요하더라도 그 폭 역시 최소한으로 줄이기 바란다.(생략)

(대한매일 2002.4.16.화)

"너희는 떠들어라 나는 '내 사람' 쓴다"

경제 부총리·청와대 비서실장 등에 대한 김대중 대통령의 어제 인사 조치는 그 배경은 물론 내용과 모양새 모두에서 상궤(常軌)를 벗어난 것이다. 김 대통령이 대체 무슨 생각과 의도에서 이런 인사를 했는지 당혹스러울 뿐이다.

이 번 인사는 애당초 그 발단부터가 심히 작위적(作爲的)인 것이다. '경제 기조를 일관되게 유지하기 위해'라는 명분 아래 두 달여 전 개각 때도 유임시켰던 경제 부총리를 지방 선거 승리용으로 내세우기 위해 '징발'하는 바람에 연쇄적으로 이뤄진 억지 개각인 것이다. 그러니 바로 그 출발에서부터 '오로지 경제만'이라는 지난 수 개 월간의 다짐은 허언(虛言)인 것으로 낙착된 것이다.(생략)

(조선일보 2002.4.16.화)

이 두 사설을 보면, 하나의 행위에 대한 평가를 정반대로 내리고 있다. 이들 중 하나는 잘못된 판단을 하고 있는 것이다. 그 판단이 실수이건 의도적이건 간에, 대중력을 획득한 대중 매체의 이런 행위는 수용자인 독자를 오도하고 있는 셈이다. 이 때 독자들에게 요구되는 것은 이들의 계산된 장난에 휘말리지 않는 비판적인 안목이다. 이런 글을 읽고 내용을 분석하여 필자의 의도를 파악하는 힘을 길러야 한다. 그래야만 이렇게 고의적으로, 경우에 따라서는 악의적으로 독자들을 잘못 이끌려고 하는 대중 매체의 역기능을 막을 수 있다. 이런 대중 매체의 속성을 독자들이 파악하게 되면, 매체의 언어를 비판적으로 읽어서 바르게 이해하는 태도를 기를 수 있다. 그래서 대중 매체가 끼치는 해악에서 벗어나게 되며, 세상에 대한 통찰력도 키울 수 있게 된다. 이런 점에서 우리는 대중 매체가 제공하는 필요한 정보를 받는 한편, 잘못된 정보는 걸러낼 수 있는 능력을 지녀야 한다.

영상 매체 가운데 가장 대표적인 것은 텔레비전이다. 음성을 사용하는 점에서 라디오와 유사한데 영상의 효과가 음성과 결합하게 되어 있으므로, 청각에만 의존하는 라디오와 일정한 장소(영화관)에서만 관람할 수 있는 영화보다 많은 시청자를 유인할 수 있다. 이런 까닭으로 현재 텔레비전은 모든 전달 매체 가운데 가장 위력적이라고 할 수 있다. 따라서 텔레비전에서 사용하는 언어는 시청자들에게 절대적인 영향을 끼치고 있다. 이는 인쇄 매체인 신문의 언어와는 또 다르다. 일반적으로, 문자는 전달 정보를 문장화하는 과정에서 문장의 오류와 표현에서의 오염이 일단 걸러지면서 어느 정도 정화되는데, 음성 언어는 여과 장치가 없이 발화되므로 오류와 오염이 그대로 노출된다. 그러므로 매체에서의 언어 사용은 매우 조심하여야 한다. 잘못 사용된 언어는 전파력(傳播力)이 강한 텔레비전의 특성 때문에 순식간에 전국적으로 전달된다. 텔레비전이 등장한 후 언어는 이 영향권 속에서 벗어날 수 없이 되었다. 특히 우리 나라가 양방송 체재(KBS·MBC)에서 다방송 체재(KBS·MBC·SBS)로 바뀐 후 시청률 경쟁이 치열해지면서 방송 언어는 그 동안 쌓아 왔던 품위를 잃어버렸다. 시청 대상이 청소년층으로 확대되면서 각 방송사들이 인기는 있지만 언어에 대한 소양이 없는 진행자와 출연자를 대거 등장시키게 되자 우리의 언어는 저속하고 오염된 표현으로 빠져들게 되었다. 그래서 방송 언어는 날이 갈수록 오염되고 역기능을 하고 있다. 시청자들은 저급 언어를 습득하여 사용하게 되므로 잘못된 언어 습관을 형성하게 되고, 이로 인하여 우리 언어의 고유 체계가 파괴 되며 사고 방식이나 가치관 형성에 직접적으로 혹은 간접적으로 영향을 끼친다.

이주행(1995:298~320)에서는 방송 언어의 문제점을 다음과 같이 지적하였다. 방송 출연자 가운데 발음상 오류를 범하는 경우가 극히 심해졌다. 상당수가 소주[쏘주], 쇠파이프[쐬파이프], 공짜[꽁짜], 깎고[까끄고], 못하다[모다다], 끝으로[끄츠로], 보려고[볼려고] 등으로 발음하고, 억양을 바로 하지 못하고, 말의 속도를 알아듣기 어렵게 빠르게 말하는 경향이 있다. '앵겨보냐?', '아따, 누구여?', '밤이 무서버' 등 비표준어 사용도 예사로이 한다.

연예·오락 프로그램에는 비속어가 넘쳐나고 있다. 비속어를 사용하는 사람은 듣는 사람에게 품위 없고 천박한 사람으로 보이게 되며 한편으로는 불쾌감을 주기도 한다. 이해하기 쉬운 고유어나 귀에 익은 한자어 대신 외래어와 외국어를 함부로 사용하는 경우도 많이 볼수가 있다. '너무 오버(over)하지 마!', '저지 페이퍼(judge paper)를 모으고 있습니다', '와이프에게 미안하다', '인포메이션이 부족하다', '밀리터리 룩' 등이 그런 예들이다. 더욱 심한 현상은 혼종어(混種語)를 사용하는 것이다. '롱다리(long다리)', '썰렁맨(썰렁man)', '야한 걸(야한girl)' '예쁜걸(예쁜 girl)', '야한 밤(夜한 밤)', '왔다리 갔다리', '개폼', '반짝 퀴즈' 같은 괴이한 말들을 함부로 쓰고 있다. 유행어를 너무 빈번하게 사용하여 국어를 심각하게 오염하고 있다. 아무 데나 '황당하다'는 말을 쓰고, '썰렁하다', '엽기적이다', '당근이지' 같은 말을 어지러이 쓰고 있다. 문장에도 문법에 어긋나거나, 이해하기 어려울 정도로 길거나 세련되지 못한 표현이 자주 나타난다. 예를 들면, '지금까지 35mm의 강우량을 기록하고 있습니다.', '방금 기차가 도착하고 있습니다.', '그 때 당시에는…', '(차들이)잠실 방향으로는 빠른 진행을 보이고 있습니다.' 등의 표현이 방송에서 거침없이 흘러나오는데, 이들은 '지금까지 35mm의 강우량을 기록했습니다.' '방금 기차가 도착하였습니다.' '그 때에는(또는 '당시에는')', '잠실 방향으로는 진행이 빠릅니다.'처럼 말해야 바르고 자연스러운 우리말이 된다.

더욱이 언어 예절에 관한 문제가 매우 심각한 상태이다. 대중을 상대로 하는 방송이므로 노인과 어린이들이 모두 시청하고 있는데, 이 점을 망각하고 선정적이고, 상대의 인격과 품위를 손상시키거나 멸시하고 불쾌감을 주는 표현을 아무렇지도 않게 한다. '누워 봐. 아이는 아직 초저녁인데.', '너는 내 여자니까.', '무식한 놈이 힘이 쎄.', '월세 사는 주제에 무슨 돈?' 등 이런 표현은 우리의 국어 생활을 저급하고 거칠게 한다.

예를 들어, 병이 들면 '앓다'는 말을 쓰는데, 우리의 대우(待遇) 표현으로는 윗사람에게는 '편찮다(편찮으시다)'라고 하여야 한다. 근래 방송에서 이 말은 완전히 없어지고 대부분 '아프시다'라는 표현을 사용한다. 대중들도 이를 따라 사용하여 현재는 일반화하였다. 국제화를 잘못 강조한 결과, 우리말에 외국어를 섞어 쓰는 경향이 점점 심화하여 이제 신문은 물론 텔레비전에서 무분별하게 사용하고 있다. 특히 경제와 운동 경기 용어는 웬만큼 교육을 받은 사람도 알아들을 수 없을 정도로 심하게 외국어에 잠식되어 있다. 유행어, 혼종어 등은 경우에 따라 새로운 어휘를 만들어 내는 좋은 방법이기도 하기만, 대부분 억지 조어 아니면 국어 단어 구조 체계에서 벗어난 조어 형태이므로 국어 조어 체계에 혼란을 일으키게 된다.

말이란 한번 잘못 쓰이면 바로 잡기가 힘든 법이다. 방송에서 잘못 사용한 언어를 시청자들이 일단 따라 사용하게 되면 그대로 생명력이 생겨서 잘못된 대로 고착해 버리고 만다. 그렇게 되면 아무리 바로 잡으려 해도 품에서 떠난 자식같이 제 갈 길로 가게 되고 만다. 언어는 처음부터 바로 쓰고자 힘써야 한다. 가능한 한 우리의 기존 어휘로 표현하여야 하고, 그것이 여의지 않으면 우리 어휘 구조에 맞춰 새로이 만들어야 한다. 어느 정도 시간이 흘렀지만 '먹거리'라는 단어가 나타나 쓰이고 있다. 국어에서 '거리'는 '걱정거리', '일거리'처럼 명사의 뒤에 쓰이거나, 또는 '볼거리'처럼 관형사형 어미 아래에 쓰인다. 용언 어근의 뒤에 오는 법이 없다. 그러니 '먹을거리'가 국어의 구조에 맞는 단어이다.

특히 심각한 일은, 영상 매체의 연예·오락 프로그램에서 비속한 표현이 넘쳐흘러 퍼져나가고 있는 현실이다. 자신들이 속해 있는 집단의 은어와 비속어를 거침없이 쏟아내어 시청자들에게 흥미를 일으키고자 하는 와중에 저급한 표현은 전국으로 확산되고 있다. 언어 예절도 제대로 지키지 않으며 상대를 난처하게 만드는 언행을 일삼아 국민들의 언어 예절을 깨뜨리고 있다.

(2) 쌍방 매체 — 인터넷

컴퓨터 통신(채팅)이 등장하면서 국어 생활에, 특히 음성 언어 생활에 가히 혁명적인 변화가 일어났다. 혁명적인 변화라고 해서 이들 변화가 긍적적이라는 의미는 아니다.

컴퓨터 통신에서 주고받는 말들을 보면 몇 가지 특성이 있다. 말을 소리나는 대로 표기하고, 또 축약하여 쓰는 경우가 매우 많이 나타나고 있다. 청소년들이 컴퓨터 대화를 하거나 게시판에 짤막한 글을 올릴 때는 '마니(많이)', '방가(반가워)', '설(서울)', '샘(선생님)'처럼 표음 표기와 축약 표기를 한다. 이런 현상이 나타나게 된 원인은 여러 가지가 있을 것이다. 초기에는 컴퓨터의 기능이 좋지 못하여 가능한 한 글을 짧고 간편하게 쳐서 보낼 필요가 있어서 그랬을 것이라고 우선 생각해 볼 수 있다. 그러나 그런 불편이 해소되었는데도 여전하고, 한편으로는 더욱 심해지고 있는 까닭은 무엇인가? 전의 습관이 남아 있다고 볼 수도 있지만 이런 현상이 심해지는 것은 또 다른 까닭이 있다고 보아야 한다.

첫째, 수고와 시간 아껴서 짧은 시간에 많은 정보를 전달하려고 생각하기 때문이다. 컴퓨터의 기능이 매우 향상되어 있지만 여전히 말하기보다는 글쓰기가 더 많은 수고를 요구한다. 그러므로 표음 표기와 축약 표기를 하여 받침을 줄이고 음절을 줄여서 자판을 두드리는 수고를 덜고 또한 시간을 단축하려는 의도의 발로라고 할 수 있다.

둘째, 변화한 표현에서 재미를 얻기 때문이다. 일상적인 문장 표현보다 변형된 표현에서 색다름을 느끼게 되고, 경우에 따라서는 자신이 직접 변형된 표현을 만들어 사용할 수 있기도 하므로 이를 통하여 얻는 즐거움을 맛볼 수가 있다.

셋째, 자기들끼리만 의사 소통을 한다는 동류 의식에 젖어 있기 때문이다. 컴퓨터 통신은 지금도 그렇지만 초기에도 청소년 계층들이 주로 사용하였다.

그렇지 않아도 청소년기에는 심리적으로 다른 계층들이 이해하기 어려운 많은 은어를 만들어 사용하는 시기이다. 그러므로 거의 동질적인 집단인 청소년층이 주로 사용하는 컴퓨터 통신에서 자기들끼리만 쉽게 이해할 수 있는 언어를 사용하는 것은 당연하다.

넷째, 국어에 관한 지식이 부족하기 때문이다. 컴퓨터 통신의 내용을 보면 맞춤법에 어긋나는 표기가 넘쳐흐른다. 표기를 제대로 모를 때, 소리나는 대로 표기하면 이를 적당히 감출 수 있다.

다음은 국어 생활을 혼란하게 만드는 채팅의 한 부분을 인터넷에서 퍼온 것이다.

solo : 안능하여?
jinhee : 글애. 방가여
solo : 하하 방가. 울이 얼마마녀?
jinhee : 에이씨 짜증나
solo : 왜?
jinhee : 종진이 그새끼 또 욕해따. 지니 씹새끼야 라그
solo : 그 새끼 가서 싸대고 올까?
jinhee : 아늬. 꼬라지나 개랑 말하기도 실코
solo : 언늬가 차머
jinhee : 그래 니네 칭구니까
solo : 언니가 가서 머라그 하믄 나 가꼬 욕해
jinhee : 니는 니 눈에 쫌만 거슬리면 니말 시버따고 욕하냐?
solo : 언늬 차머. 내가 이짜나. 종진이 내 이름 가꼬도 놀려써
jinhee : 알아따. 서릐도 잘 이꼬?
solo : 응. 미유랑 먼일 이써써?
jinhee : 쒸발 편도선 걸러 가꼬

문장의 길이는 짧아 간결하기는 한데, 받침은 무시하고 거의 소리나는 대로 적는다. 표기법을 전혀 따르지 않고 있으며, 욕설이 예사로이 쓰이고 대화가 매우 거칠다. 국어의 체계는 완전히 무시되었다. 인터넷이 등장한 후 나타난

국어 표기 현상이다. 이런 표기는 여기서 그치지 않고 습관화하여 일상적인 표기 생활에도 빈번히 나타난다. 생소하고 일탈된 이런 표기는 언어 생활에 극심한 혼란을 야기하고 품위가 손상되게 한다.

2.3. 바른 국어 생활

대중 매체가 국어 생활에 끼치는 영향은 순기능적인 면보다는 역기능적인 면이 강하여 매체 언어는 시간이 흐를수록 오염되고 국어의 체계를 파괴하여 국어 사용에 혼란을 일으키고 있다. 매체 언어에서 사용하는 언어를 보면 유행어, 비속어, 은어들로 가득 차 있어서, 이를 주로 이용하는 청소년층에게 강하게 작용하여 빠르게 전파한다. 그리고 이 언어는 즉각 사용되어 일상 언어로 자리잡아 버린다. 그 결과, 청소년층의 언어와 노장층의 언어에는 단절이 생기게 되어 의사 소통에 장애를 준다. 현재 우리가 이런 상황에 처해 있다. 한국어가 우리말로서 제 구실을 하지 못하는 형편에 이르렀다. 국어가 더욱 혼란해지면, 새로 태어나 성장하는 세대들이 이런 혼란한 언어를 습득하게 되는데, 이렇게 되면 한국어는 새로운 변종이 생기게 되는 것이고 본래의 한국어는 사라지게 될 것이다.

한 언어를 사용하면 그 언어를 통하여 사고 방식과 가치 체계를 형성하게 된다. 매체 언어는 시청자들의 언어 습득과 학습 및 언어 사용 습관 형성에 직접적으로 영향을 끼친다. 그러므로 매체 언어가 하급 언어로 전락하게 되면 시청자들도 하급 언어에 익숙해져 버린다. 특히 언어를 습득하고 학습하는 청소년층이 더욱 영향을 받는다. 이런 까닭으로 매체 언어를 정화하여 우리의 언어 생활을 개선할 필요가 있다.

매체 언어에 나타나는 사용상의 문제점을 개선하기 위해서는 다음과 같은 면에 노력을 기울여야 한다(이주행, 1995:319~320).

(1) 학교 교육과 교육 정책

① 각급 학교의 국어 교육 방법, 교육 시설, 학급 규모 등을 개선하여야 한다.

② 언어 지식보다 언어 사용에 관한 교육을 더욱 강화하여야 한다.

③ 학생들의 성장 발달 단계에 따라 터득하는 능동적 어휘와 수동적 어휘, 문장 사용 실태를 조사하여 이것을 기초 자료로 삼아 국어 교육을 하여야 한다.

④ 교육 환경 ─ 학급 규모, 언어 교육을 효과적으로 시킬 수 있는 시설을 갖추어야 한다.

⑤ 발음과 문자 교육은 초등학교 저학년 때부터 철저히 시켜야 한다.

⑥ 언어 교육은 학생 중심으로 하되, 목적·대상·상황에 알맞게 말할 수 있도록 실시하여야 한다.

⑦ 교사 양성 기관에서는 언어 사용에 관한 교육을 철저히 하여 우수한 언어 구사 능력을 가진 교사를 배출하여야 한다.

(2) 방송국

① 라디오, 텔레비전 등 전파 매체에서는 일정한 방송 언어 구사 능력을 지닌 사람만을 출연시켜야 한다.

② 프로그램 제작자는 '방송 심의에 관한 규정'을 잘 알고 있어야 하고 이 규정에 어긋나게 언동을 한 출연자에게는 주의를 주고 그래도 시정하지 않으면 방송 출연을 금지하여야 한다.

(3) 출연자

① 방송 출연자는 순정성(純正性)·공식성(公式性)·공정성(公正性)·공손성(恭遜性)·세련성(洗鍊性)·용이성(容易性) 등의 속성을 지닌 방송 언어를 구사할 수 있도록 힘써야 한다.

② 연예·오락 프로그램 진행자와 연예인은 방송에 출연하여 비속어·비표준어·외국어·유행어 등을 함부로 말하거나, 퇴폐적이고 선정적이며 무례한 언동을 해서는 안 된다.

③ 지식인은 이해하기 어려운 외래어와 외국어를 남용해서는 안 되고, 너무 긴 문장을 구사하지 않도록 유의하여야 한다.

(4) 행정 당국 · 방송위원회

① 미국(FCC) · 영국(ITC) · 캐나다(CRTC) · 프랑스(CNCL) · 호주(ABT) 등과 같이 방송 면허 교부권, 방송 취소권, 방송 조사권, 등을 기지고 시청자에게 역기능을 하는 방송 언어를 구사하는 방송 출연자나, 이러한 출연자를 출연시키는 방송국을 강력히 규제하여야 한다.

② 행정 당국에서는 국민이 국어를 외국어보다 더 사랑하도록 '국어 사랑 운동'을 지속적으로 전개하여야 한다.

(5) 국민

① 국민은 방송의 감시자와 조언자가 되어 문제가 있는 방송 프로그램의 제작자와 출연자가 각성하도록 부단히 감시하고 조언하여야 한다.

참고 문헌

강명구(1990), 한국 TV 뉴스의 내용과 형식에 관한 분석, 한국언론연구원 세미나.

강준만(2001), 대중 문화의 겉과 속, 인물과 사상사.

──(1998), 우리 대중 문화 길찾기, 개마고원.

김정탁(2001), 미디어와 인간, 커뮤니케이션북스

서정섭(1999), 언론과 언어, 북스힐.

이석주(1990), 기사 문장의 변천, 신문 기사의 문체, 한국언론연구원.

──외(1996), 신문 방송 기사 문장, 한국언론연구원.

이석주·이주행(1994), 국어학 개론, 대한교과서주식회사.

이주행 외(1995), 방송 출연자의 언어 사용 양상, 국어교육 89, 한국국어교육연구회.

──외(2002), 화법, 금성출판사.

조 흡(2001), 의미 만들기와 의미 찾기, 개마고원.

최창섭(1992), 방송 철학, 대흥.

Berger, A. A.(2000), *Media and Communication Research*, Methods, Sage Publishing Inc.

Burke, James(1995), *The Day the universe changed*, Little Brown & Company.

Whitman, Richard E. & Paul H. Boase(1983), *Speech Communication*, Macmillan Publishing Co., Inc.

Morris, Steve, Neil Svenson & John Meed(1996), *The Knowledge Manager*, Pearson Professional Ltd.(미래와 사회 옮김. 도서출판 시유시)

Ⅱ
신문의 언어

1. 신문이란 무엇인가

(1) 신문의 정의(定義)

　신문(新聞)을 글자 그대로 정의하면 '새로운 소식' 혹은 '새로운 견문'이라고 할 수 있다. 신문을 뜻하는 '뉴스페이퍼(newspaper)'는 '뉴스(news)'라는 단어와 '페이퍼(paper)'라는 단어가 결합하여 이루어진 단어이다. 그런데 이것은 시대에 따라, 사회적 여건에 따라, 기술 발전에 따라 달리 정의된다. '신문'을 국내외 사전에서 풀이한 바를 적어 보면 다음과 같다.

　① 사회 전반에 대한 새소식과 화제를 신속하게 보도·해설하고 논평하는 정기 간행물.(그랜드 국어사전, 금성출판사, 1998, p.1598)
　② 세상의 사정과 새로운 소식을 알려 주는 정기 간행물.(연세한국어사전, 두산동아출판사, 1998, p.1164)

③ 국제국내적으로 벌어지는 정치, 경제, 문화, 군사 및 그 밖의 분야의 여러 가지 문제들에 관한 기사나 보도들을 기동성 있게 싣는 정기간행물.(조선말대사전, 사회과학출판사, 1992, p.1913)

④ 정기적으로 보통 짧은 간격 특히 일간이나 주간으로 발행되며, 흔히 뉴스·논평·피처·광고 등을 포함하는 간행물.(*Random House Dictionary of English Language*, 2nd. New York : Random House, 1987, p.1295)

이상의 정의는 종이신문[1])에 관한 것이다. 이것들을 종합하여 종이신문에 대해서 정의하면, 신문이란 국내외에서 일어난 사건이나 사고, 세상사에 대한 의견, 광고 등을 실어 일간이나 주간으로 정기적으로 발간하는 대중 매체의 일종이라고 할 수 있다. 그리고 전자신문이란 국내외에서 일어난 사건이나 사고, 세상사에 대한 의견, 광고 등을 문자언어·음성언어·동화상 등으로 인터넷을 통해 수용자에게 전달하는 대중 매체의 일종이다[2]).

종이신문과 전자신문을 비교하면 다음의 【표 1】과 같다.

【 표 1 】 종이신문과 전자신문의 비교

구 분	종이신문	전자신문
표현 수단	문자언어, 사진, 그림	문자언어, 음성언어, 동화상
휴대 제약	휴대에 제약을 거의 받지 않음.	휴대에 제약을 많이 받음.
수용자의 생산 과정 참여	불가능함.	가능함.
상품 성격	1회 소비 상품	무한 소비 상품
판매 시간	1일 한정	시간 제약 없음
사용 후 상품 가치	제로화 경향 강함.	상품의 가치를 유지하고 데이터 베이스(data base)화를 통해 부가 가치를 창출함.
전달 시간과 공간의 제약	제약을 받음.	제약을 받지 않음.
독해의 정도	높다.	낮다.
타 정보 상품 회사들과의 협력·제휴	제한적 가능	완전 가능

---

1) '종이신문'을 '인쇄신문'이라고 일컫기도 한다.
2) 종이신문을 '구대중매체(old mass media)'라고 한다면, 전자신문은 '신대중매체(new mass media)'라고 할 수 있다.

전자신문은 인터넷이라는 정보 기술과 종이신문 산업 융합의 총화물에 해당하는 매체이다. 종이신문은 문자언어·사진·그림 등으로 메시지를 표현하는데, 전자신문은 문자언어·음성언어·동화상 등으로 메시지를 표현한다. 종이신문의 수용자는 생산 과정에 직접 참여할 수 없는데, 전자신문의 수용자는 생산 과정에 직접 참여할 수 있다. 전자신문의 수용자는 정보에 대한 첨삭과 반론이 가능하다. 전자신문은 네트워크를 통해 판매 시장을 확대할 수 있는데, 종이신문은 판매 시장의 제약을 많이 받는다. 또한 수용자에게 메시지를 전달함에 있어서 전자신문은 종이신문에 비해 시간과 공간의 제약을 덜 받는다. 종이신문이 전자신문보다 독해의 속도가 빠르다. 컴퓨터 화면으로 기사를 보는 것은 지면으로 보는 것보다 20~30%가 느리다(이상철, 1997 : 9).

(2) 신문의 특성

신문은 라디오이나 텔레비전에 비해 다음과 같은 특성을 지닌다[3].

첫째, 신문은 라디오나 텔레비전과 같은 방송 매체에 비해 전달하는 정보량의 제약을 덜 받는다. 따라서 신문은 방송 매체보다 더 많은 정보를 심층적으로 수용자에게 전달할 수 있다. 일간지는 하루에 보통 300개 이상의 기사를 게재하지만 텔레비전이나 라디오 방송에서 다룰 수 있는 기사 수는 20개 정도에 불과하다. 뉴욕 타임즈(New York Times)의 전국 뉴스와 국제 뉴스의 보도량은 25,000 단어나 되는 데 비해 텔레비전 뉴스 전체의 양은 4천 단어밖에 안 된다(임영호, 2001 : 22).

둘째, 신문은 다른 매체에 비해 기록성·반복성·보관성 등이 뛰어나다. 방송 매체가 보도한 것은 일시에 사라지지만 신문은 매일매일의 사건들을 기록으로 남긴다. 신문은 보관하여 반복해서 보기가 방송 매체에 비해 훨씬 용이하다. 특히 종이신문은 언제 어디서나 가지고 다니면서 읽을 수 있다.

셋째, 신문은 전체 내용을 미리 개관할 수 있는데, 방송 매체는 그렇게 할 수 없다. 수용자는 신문의 전체 내용을 미리 대충 훑어본 다음에 관심이 있는 내용을 자세히 읽을 수 있다. 그런데 방송 매체는 그것이 불가능하다.

---

3) 이 글에서 제시한 신문의 특성은 임영호(2001 : 21~23)에서 기술한 '신문 매체의 특성'의 내용을 참고한 것이다.

넷째, 신문은 원하는 내용을 선별해서 원하는 순서대로 볼 수 있는데, 방송 매체는 그것이 불가능하다.

다섯째, 신문은 방송 매체에 비해 속보성과 동시성이 떨어진다.

여섯째, 신문은 문자를 모르면 메시지를 이해할 수 없으나, 방송 매체는 문자를 모르더라도 메시지를 이해할 수 있다.

일곱째, 종이신문은 사람이 배달하여야 하기 때문에 메시지 전달 속도가 느리고 배포에 제약을 많이 받는다.

(3) 신문의 기능

신문에는 각양각색의 기사가 실린다. 기사의 종류에 따라 수행하는 기능도 다양하다. 신문은 독자에게 새로운 정보를 제공하고, 독자를 계도(啓導)하며, 여론을 형성하고, 독자를 즐겁게 하는 기능을 한다[4].

뉴스는 독자에게 정보를 제공하는 기능을 하고, 논설·칼럼 등은 독자를 계도하고 여론을 형성하는 기능을 한다. 만화나 연재 소설 등은 오락적인 기능을 한다. 그런데 실제로 각 기사는 하나의 기능만을 수행하는 것은 아니다. 사건에 관한 뉴스는 정보 제공의 기능을 주로 하지만, 교육과 오락의 기능을 부수적으로 수행하기도 한다. 다음의 "KAL 승무원 '꼴불견 승객 톱 7'"이라는 제목의 기사는 정보 제공 외에 교육의 기능을 하기도 한다.

KAL 승무원 '꼴불견 승객 톱 7'

월드컵과 아시안게임 등 대규모 국제 행사를 앞둔 요즘에도 여객기내 일부 승객들의 '에티켓 실종' 사례가 사라지지 않고 있다. 대한항공은 최근 소속 승무원 4,000여 명을 상대로 설문 조사한 자료를 토대로 7일 한국 승객들의 '꼴불견 행태 워스트 7'을 발표했다.

첫째는 '어이 아가씨형'. 여승무원에게 반말을 하는 건 예사고, 심지어 지

---

4) 임영호(2001 : 23)에서는 신문의 기능으로 정보 제공(to inform), 지도(to influence), 오락(to entertain), 광고(to advertise) 등을 들고 있다.

나가는 여승무원의 엉덩이를 툭툭 치면서 "어이"하고 불러 얼굴을 화끈거리게 한다.

둘째, '어이 한 잔 더'형. 서비스하는 술이 공짜라고 마구 마셔대 만취하는 승객도 적지 않다는 것.

셋째, '담배는 참을 수 없어'형. 금연구역인 화장실에서 담배를 피우다 들키면 오히려 화를 내는 승객이 의외로 많다고 한다.

넷째, '담요는 내 차지'형. 기내 담요를 몰래 들고 나오는 얌체족 때문에 항공사마다 골치를 앓고 있다. 대한항공의 경우 한해 평균 1만개 이상이 사라진다고 한다.

다섯째, '기내는 나의 안방'형. 상의와 신발을 벗고 기내를 활보하는 승객도 눈살을 찌푸리게 한다.

여섯째, '빨리 빨리'형. "앉아 주시겠습니까"라는 승무원의 말에 아랑곳하지 않고 여객기가 완전히 멈추지 않았는데도 내리려고 호들갑을 떠는 사람.

일곱째는 '여보세요 난데'형으로 기내 휴대전화 사용은 관제탑과 조종석간 교신에 전파 장애를 초래할 수 있어 통제되고 있는데도 마구 전화를 거는 승객이다. 대한항공 서비스 아카데미 관계자는 "비행기는 세계 각국 사람들이 탑승하기 때문에 국제회의장과 같다"면서 "기내에서 무심코 하는 행동이 한국의 이미지에 먹칠을 할 수도 있다"고 말했다.

문화일보 MUNHWA.CO.KR 2002.1.7. 사회면

다음의 "'부패 공화국' 오명 벗자"라는 사설은 독자를 계도하고 여론을 형성하는 기능 이외에 부수적으로 정보를 제공하는 구실도 한다.

'부패 공화국' 오명 벗자

우리 사회가 어쩌다 여기까지 왔는지 모르겠다. 중고교생 10명 중 9명이 한국 사회는 부패 사회라는 인식을 갖고 있다는 한 설문조사 결과는 충격적이다. 더욱이 이들 중고교생의 부패에 대한 윤리 의식이 크게 미흡한 것으로 드

러나 할 말을 잃게 된다.

반부패 국민연대가 서울의 중고교생 1,005명을 대상으로 실시한 '청소년 부패·반부패 의식 조사 결과' 우리 사회가 부패해 있다고 생각하느냐'는 질문에 91%가 그렇다고 대답했다. 72.5%는 한국을 부패 순위 1∼20위 군에 속하는 국가로 인식하는 것으로 나타났다. 그러면서도 이들의 41.3%는 '아무도 보지 않으면 법질서를 지킬 필요가 없다'고 대답했다. 또 '뇌물을 써서 문제를 해결할 수 있다면 뇌물을 쓸 것'(28.4%), '부정부패를 목격해도 나에게 손해가 된다면 모른 체할 것'(33%)이라는 응답도 많았다. 사회 전체의 부패 문제를 지적하면서도 정작 자신들의 부패에 대해서는 매우 관대한 입장을 보이고 있는 것이다. 아무런 거리낌 없이 부패에 빠져들 수 있다고 한 그들의 응답이 섬뜩하기까지 하다. 청소년들의 이 같은 잘못된 인식은 기본적으로 우리 사회 어른들 때문이다. 곳곳에 만연된 부패문화가 청소년들에게 그대로 영향을 미치고 있는 것이다. 정치권 공직사회 기업 등 우리 사회 각 분야의 부패구조는 뿌리깊다. 이는 법이나 상식보다 권력 돈 연줄을 앞세우는 풍토를 부채질하고 있다. 지금도 자고 나면 각종 권력형 부패 비리 의혹이 터지고 있다. 진승현 게이트 등 각종 게이트와 윤태식 씨 사건에서 보듯 권력 주변과 정관계 여기저기에서 부패의 악취가 코를 찌르고 있다.

국제사회에서도 우리 나라는 여전히 부패 공화국으로 인식되고 있다. 얼마 전 국제투명성기구가 밝힌 2001년 국가별 부패를 나타내는 투명성지수에서 한국은 10점 만점에서 4.2점으로 조사 대상 91개국 중 42위에 그쳤다. 부끄러운 수치다.

부패가 만연한 사회는 법치허무주의를 부르고 올바르게 살아가려는 많은 국민을 힘빠지게 한다 국가와 사회의 발전도 무망하고 국가 경쟁력도 생길 수 없다. 선진국 진입도 요원하다.

지난해 7월 우여곡절 끝에 부패방지법이 마련되긴 했지만 법이 모든 것을 해결해 주지는 못한다. 중요한 것은 제도가 아니라 의식이다. 우리는 신년 사설에서 '정권 부패 척결에서 구국(救國) 시작해야'라고 주장했다. 현 정권은 올 한 해 동안 단단한 각오로 부패 척결 작업을 펴 나가야 한다. 청소년들이 부패부터 배운대서야 나라꼴이 되겠는가.

donga.com 2002년 1월 2일 사설

2. 신문 기사의 유형

신문 기사는 그 목적에 따라 스트레이트 기사, 피처 기사, 해설 기사, 논설 기사, 칼럼, 비평 기사 등으로 나뉜다.

스트레이트 기사란 보도를 목적으로 하는 기사로서 육하원칙에 속하는 사실을 비롯해 취재원의 인용문으로 구성한 기사를 말한다. 기자는 자신의 의견이나 해석 등을 배제하고 사실 위주로 기사를 작성한다.

▣ 스트레이트 기사의 보기

코드레드 Ⅲ 발견 피해 확산 우려

코드레드웜 바이러스가 계속 확산되고 있다.

정보통신부와 한국정보보호진흥원은 8일 하루에만 1천 3백여 곳이 코드레드웜 바이러스에 추가로 감염돼 지금까지 이 바이러스에 감염된 곳이 1만 4천 3백여 곳으로 늘었다고 9일 밝혔다. 진흥원은 또 그 동안 국내에서 발견되지 않았던 코드레드웜 변종(버전3) 감염 사례도 9건이 새로 발견돼 버전 Ⅲ 피해 확산이 우려된다고 발표했다. 8일까지 국내에서 발견된 코드레드 바이러스는 버전 Ⅰ, Ⅱ 두 종류였다.

새로 발견된 버전 Ⅲ는 기존 바이러스보다 전파 속도가 빠르고 시스템에 트로이목마 같은 악성 프로그램을 심어 외부에서 원격 조정할 수 있어 정보 유출 위험도 있는 것으로 알려졌다.

중앙일보 2001년 8월 10일 제27면

피처 기사란 보도와 오락을 목적으로 하는 기사이다. 이것은 사실을 토대로 작성되지만 사실을 단순히 전달하는 데 목적을 두지 않고 독자의 호기심·동정심·냉소·놀라움 등을 자극하는 데 있다. 이것은 어느 정도 기자의 주관적인 판단을 포함하지만 논설·칼럼·비평 등과 같은 의견 기사처럼 어떤 주장을 내세우거나 설득하려는 데 목적을 두지 않는다. 또한 이것은 스트레이트 기사와 달리 시의성을 중시하지 않는다.

➡ 피처 기사의 보기

중 여직원 몸수색 사건

‘몸수색 범죄, 중국 여직공들 한국 기업 제소하다’
‘법에 따라 가해자에게 법적 책임을 묻자’…
지난주 내내 중국 언론에 대문짝만하게 실렸던 기사 제목들이다. 중국 광둥(廣東)성 선전(深圳)에 진출한 한 한국 가발업체의 여성근로자 몸수색 사건이 중국 12억 인구에게 낱낱이 까발려졌다. 사건은 지난달 30일 한국 가발업체가 도난당한 가발 원모(原毛)를 찾는다며 여직원 56명을 몸수색하면서 시작됐다. ‘선전특구보’는 “여직원들이 머리 위에 손을 얹은 채 남녀 관리직원들로부터 70분 동안 몸 구석구석을 수색당했고 일부 여직원은 못을 벗으라는 요구까지 받았다”고 전했다.

회사측은 몸수색 사실을 시인하고 직원들에게 사과했으나, 여직원들은 법원으로 달려갔다. 변호사를 앞세우고 자신들 월급의 약 3년 치에 해당하는 1인당 3만 2000위안(약 510만원)의 피해 보상 청구 소송을 냈다. 대화로 해결하려던 회사측이 뒤통수를 맞은 셈이다.

회사측은 여성근로자들의 주장이 사실과 다르다고 주장했다. 직원들이 몸수색에 동의했고 시간은 15분밖에 걸리지 않았으며 옷 벗으라는 요구도 하지 않았다는 것이다. 또 몸수색 직전 직원들이 주머니에서 가발 원모를 빼내는 등, 실제로 원모를 훔치려고 했다는 주장이다. 하지만 변명은 통하지 않는다. 몸수색도 불법이지만, 무엇보다 중국인의 자존심을 짓밟았다는 점에 중국민 전체가 분노하고 있다. 노무 관리 방식도 허술했다는 지적도 많다. 근로자를 문책할 때는 당사자가 부정할 수 없는 명백한 증거를 미리 확보하는 것이 중요하다.

과거 인도네시아 진출 기업이 현지 직원들에게 토끼뜀을 시켰다가 수출 전선에 막대한 피해를 입혔듯이, 중국의 노동법규와 근로자의 권리 의식·자존심을 존중하는 것이 중국 비즈니스의 성공 요인이란 점을 이번 사건은 보여 준다.

조선일보 2001년 8월 15일 제3면

　해설 기사란 어떤 사건을 심층적으로 취재하여 그 사건의 중요성, 그 사건이 일어나게 된 원인이나 동기 등을 알기 쉽게 설명하고 그 사건에 대하여 전망한 기사를 뜻한다. 즉 이것은 어떤 사건의 과거·현재·미래 등에 대하여 알기 쉽게 구체적으로 설명한 것이다.

　해설 기사는 뉴스 기사 가운데 독자들이 좀더 구체적으로 알고 싶어하는 것에 대하여 자세하게 해설하여 줌으로써 독자들의 욕구를 충족시켜 주는 구실을 한다. 이것은 어떤 측면에 중점을 두고 어떻게 해설하는가에 따라 배경 설명형, 전망 설명형, 분석 설명형, 해석 설명형, 혼합형 등으로 나뉜다.

　배경 설명형은 정치적·경제적·사회적 사건들 중에서 독자가 구체적으로 알고 싶어하는 배경에 대하여 중점적으로 해설한 것이다. 전망 설명형이란 발생한 어떤 사건이 현재 처하여 있는 상황이나 동향(動向)을 중심으로 그 사건이 앞으로 전개될 사태에 대하여 내다보는 것이다. 국내 정치뿐만 아니라 국제 문제와 외교 문제 등이 이것의 대상이 된다. 분석 설명형이란 통계 숫자로 제시된 일반 행정의 계획이나 성과를 분석하여 그것의 의미를 해설한 것이다. 해석 설명형이란 정치·경제·군사 등에 관한 새로운 용어와 법적 해석상의 문제점이나 행정상의 절차 문제에 대해서 자세하게 해설한 것이다. 혼합형은 배경 설명형, 전망 설명형, 분석 서령형, 해석 설명형 등을 적당히 혼합하여 작성한 것이다.

▶ 해설 기사의 보기

그린벨트 대거 해제 … 집값에 큰 영향 미칠 듯

　21일 정부가 수도권지역에서 3천 754만평의 개발제한구역(그린벨트)을 해제키로 발표, 이중 택지 대상 면적과 주택 가구 수가 얼마나 될 것인지에 관심이 쏠리고 있다.

　건설교통부에 따르면 전체 해제 대상 면적은 3천 754만평이며 이중 우선 해제되는 집단 취락이 655곳 1천 158만평, 신규 개발되는 조정 가능 지역 130곳 1천 982만평, 국책 사업 지역 12곳 308만평, 지역 현안 사업 지역 26곳 306만평 등이다.

이중 주택 건설 가능 면적은 대규모 공영 개발이 가능한 조정 가능 지역의 80%인 1천 478만평과 국책 사업중 국민 임대 주택 용지 267만평 등 1천 745만평이 될 것이라는 게 건교부의 설명이다.

이는 일산, 분당, 중동, 평촌, 산본 등 5개 신도시의 총면적인 1천 517만평보다 228만평 넓은 면적이다. 5개 신도시에는 190%의 평균용적률이 적용됐다.

따라서 이번 개발제한구역 해제에 따라 건설될 수 있는 주택 가구 수는 같은 용적률을 적용할 경우, 현재 5개 신도시의 가구수인 29만 2천 가구를 훨씬 넘을 것으로 예상된다.

건교부는 해제 대상 면적에 5개 신도시의 용적률 190%를 적용하게 되면 35만 1천 가구가, 150%를 적용하면 26만 5천 가구가 건설될 수 있다고 밝혔다.

따라서 이 정도의 주택물량이 공급되면 작년말 현재 89.5%인 수도권의 주택보급률은 94.2%(용적률 150% 적용) 또는 95.7%(190% 적용)로 높아질 것으로 보인다.

특히 주택난이 심각한 서울시의 경우, 가구 수가 100가구이고 가구 수 밀도가 ha당 20가구 이상인 집단 취락이 우선 해제 지역으로 지정돼 서울시의 도시 계획 입안만으로 해제가 가능하며 빠르면 8월부터 본격적인 주택 건설을 위한 택지가 공급될 전망이다.

또 서울 인근 고양, 시흥, 김포 등은 우선 해제 집단 취락지와 조정 가능 지역을 포함해 300만평 이상이 풀리며 과천도 현재 아파트 주거단지 총면적과 비슷한 76만평이 해제될 예정이어서 주택 부족난은 해소될 것이라고 건교부는 설명했다.

이와 함께 고양, 남양주, 성남, 시흥, 안산, 군포, 부천. 의왕, 의정부, 하남, 광명 등 11곳에 국민임대주택이 대거 공급된다.

건교부 최재덕 주택도시국장은 "최근 강남권을 중심으로 한 주택 가격 급등세는 시세 차익을 노린 가수요 이외에 주거 불안 심리가 주요 원인"이라며 "이번 발표로 주거 불안 심리가 해소돼 조만간 집값이 안정될 것"이라고 말했다.

> 부동산 114 김희선 상무는 "주택 부족으로 인해 89년 말부터 급등하던 주택 가격이 90년 5개 신도시를 발표하고 분양이 시작되면서 91년 5월부터 가격이 꺾였다."면서 "이번에도 주택 물량 대거 공급으로 장기적으로 주택 가격이 안정될 것"이라고 전망했다.
>
> Chosun. com 2002년 1월 21일 부동산

이상에 보기로 든 기사는 그린벨트를 매우 많이 해제함으로써 주택을 많이 지을 수 있게 됨에 따라 앞으로 주택 값이 하락할 것을 전망한 것이다.

논설 기사란 작성자 — 논설인 — 의 의견을 논리적으로 내세운 것이다. 이것은 일정한 사건에 대해서 신문사의 견해를 밝히는 글이기 때문에 '사설(社說)'이라고 일컫기도 한다. 논설 기사는 현실의 문제 — 정치·경제·사회·문화·교육·군사 등 — 를 비판하여 여론을 자극하며 일반 대중을 계몽하고 교육하는 기능을 한다. 그래서 논설 기사는 의견 기사에 속하는 것들 중에서 가장 중요한 비중을 차지한다.

▶ 논설 기사의 보기

보안 불감증 바이러스

코드레드 바이러스가 인터넷망을 통해 빠른 속도로 번져 미국 유럽 중국 일본 등 전 세계의 컴퓨터를 공격하고 있다. 미국에서는 마이크로소프트의 핫메일 서비스가 이 바이러스에 감염됐고 AP통신사를 비롯해 수많은 기업과 가정의 컴퓨터들이 맥없이 당했다.

컴퓨터 이코노믹스라는 연구기관에 따르면 코드레드 바이러스로 인한 경제적 손실이 벌써 20억 달러에 이른다. 종국적으로는 작년 러브버그 바이러스로 인한 피해액 87억 달러를 웃돌 것이라는 예상이 나온다.

코드레드 바이러스는 지금까지 출현한 어떤 바이러스보다 지능적이고 악의

적이다. 홈페이지를 제공하는 웹 서버를 공격하기 때문에 감염이 돼도 자각 증상이 없다. 국내외에서 개발한 백신도 아직 완벽하지는 않다.

한국에서도 1만 3000천여 개 공공기관과 기업의 컴퓨터 4만여 대가 감염된 것으로 집계됐다. 정부 대전청사 전산망과 인터넷데이터 센터가 감염돼 서비스가 한때 중단되는 사태가 발생했다.

코드레드 바이러스에 대해서는 정보통신부와 산하 정보보호진흥원이 7월 초부터 여러 차례 경고를 했다. 마이크로소프트가 무료로 제공하는 버그를 없앤 프로그램으로 바꿔주는 것이 가장 완전한 예방법이라고 알려져 있다. 그럼에도 불구하고 정부기관과 주요 기업들이 속수무책으로 당한 것은 컴퓨터 바이러스 보안 불감증이 얼마나 심각한가를 보여 준다.

최근에 출현하는 컴퓨터 바이러스는 차단 및 탐지가 점차 어렵고 변종이 다양하다. 피해 규모도 크다. 코드레드도 해킹과 바이러스의 성격을 동시에 지니고 있다. 컴퓨터 바이러스 전쟁은 기술 싸움이다. 기술 우위를 확보하기 위한 정부와 기업의 적극적인 투자가 필요하다. 바이러스와 해킹 영역으로 나누어져 있는 보안업체들의 공동 대응과 함께 학계도 바이러스 연구에 더 많은 관심을 기울여야 한다.

정보통신부가 현재 추진하는 컴퓨터 비상 대응팀의 네트워크를 확장해 보안 전문 인력이 부족한 영세한 기관이나 기업을 신속하게 묶어야 한다. 예보 경보 체제의 확립도 시급하다.

코드레드 바이러스가 물러가더라도 신종 바이러스가 계속 만들어져 인터넷망을 통해 컴퓨터를 공격해 올 것이다. 통신망에 연결된 모든 컴퓨터가 공격의 대상이 될 수 있다. 정부와 기업은 물론 개인 이용자도 인터넷의 순기능만 보지말고 역기능에 대한 경각심을 가져야 한다.

컴퓨터와 정보를 보호하기 위해서는 내부의 보안 불감증 바이러스부터 퇴치해야 한다.

동아일보, 2001년 8월 10일 제5면

칼럼(column)은 시사·사회·풍속 등을 짧게 평하는 기사이다. 이것은 논설 기사와 같은 의견 기사의 한 형태이다. 칼럼은 논설 기사처럼 분석과 비판의 요소를 많이 가지고 있으면서 동시에 오락적인 성격도 포함하고 있다. 칼럼은 주장에 대한 근거를 제시하는 논리성을 갖추어야 할 뿐 아니라 때로는 웃음과 풍자를 자아낼 수 있는 재치를 필요로 한다(임영호, 2001 : 169). 논설 기사는 작성자의 이름을 밝히지 않는데, 칼럼은 작성자의 이름을 밝힌다.

▶ 칼럼의 보기

이젠 교육대통령이다

사공일(세계경제연구원 이사장)

오늘날 우리는 싫든 좋든 무한 경쟁의 세계화 시대에 살고 있다. 따라서 각자 자기 분야에서 세계 최고 혹은 세계 일류가 되지 않으면 경쟁에서 이길 수 없다. 교육 분야도 여기에서 예외가 될 수 없다. 그런데 현재 우리 나라에서는 교육 부문에 관한 한 학생과 기업들의 일류 선호 자체를 '학벌주의 혹은 일류병'으로 문제시한다. 과연 무엇이 문제인가.

미국의 명문 하버드대학의 발전을 위해 40여 년간에 걸쳐 많은 개혁을 해낸 어느 총장이 백여 년 전에 했다는 말이 생각난다. 어느 만찬석상에서 한 교수가 "총장께서 취임한 이래 우리 하버드대학은 지식의 보고가 되었다."고 총장의 노고를 치하하자 그 총장은 "당신 말은 맞다. 그러나 그것은 나 때문이 아니라 단지 신입생들은 많은 지식을 갖고 들어오는데 졸업생들은 별로 갖고 나가지 않기 때문"이라고 농조로 받아넘긴 말이다. 만약 이것이 사실이었다면 하버드대학이 오늘에 이르기까지 도태되지 않고 세계 최고의 명문으로 남아 있을 수 있겠는가.

이미 세계는 산업사회를 거쳐 '지식 기반 사회'시대에 들어와 있다. 이 지식 기반 사회가 앞으로 어떻게 변화, 발전해 나갈 것인지 아무도 장담할 수 없지만 지식 기반 사회에서는 지식이 가장 중요한 생산 요소이자 가치 창출의 원천이 된다는 사실 자체는 변하지 않을 것이 분명하다. 따라서 지식 기반 사회에서의 개인 혹은 국가 간 경쟁은 결국 국민 개개인이 받게 될 교육의 내용과 질에 의해 판가름나게 된다고 봐야 할 것이다.

과거 산업화 시대의 우리 나라는 부존 자원이 빈약했기 때문에 산업화 경쟁에서 크게 불리한 위치에 있었다. 그러나 지식 기반 사회를 맞은 오늘의 우리 나라는 과거 어느 때보다 유리한 위치에서 국제 경쟁에 임할 수 있게 되었다. 지식 기반 사회의 가장 큰 자산인 무한한 교육열을 지닌 우수한 인력을 갖고 있으니 말이다. 문제는 이러한 천혜의 자산도 우리 교육의 내용과 질이 크게 바뀌지 않는 한 앞으로 그 진가가 발휘될 수 없다는 데에 있다.

한번 생각해 보자. 창의력이 무엇보다 중요한 지식 기반 사회에서 암기 위주의 교육 방식이 통하겠는가. 영재 교육은 무시한 채 교육 수준의 하향 평준화와 영재(英才)의 범재화(凡才化)마저 우려되는 고교 평준화 시책만을 고집하면서 지식 기반 사회의 국제 경쟁에서 앞설 수 있겠는가. 더욱이 기계가 아닌 지식을 가진 사람과 사람의 접촉과 네트워킹에 의해 부가 가치가 창출되는 지식 기반 사회에서 남을 이해하고 남과 더불어 사는 지혜가 무엇보다 강조되는 인성 교육의 강화 없이 경쟁력이 생길 수 있겠는가.

그런데 금년 들어 새로 실시된 경기도 일원의 고교 평준화 시책과 기업 취업 서류에 학력란을 없애야 한다는 어처구니없는 아이디어를 보며 우리의 교육 정책 당국은 아직도 문제의 핵심은 무시한 시대착오적인 발상에 얽매여 있는 것 같아 안타깝기 그지없다.

연 7조원에 이르는 사교육비 지출과 '과열 과외'가 공교육을 황폐화하는 원인이 아니라 공교육이 제대로 되지 않아 생긴 큰 부작용이 아닌가. 또한 이것은 고교 평준화 시책과 입시, 정원 등 대학 학사 행정에 관한 지나친 간섭, 그리고 초·중·고교 교사의 처우 개선 및 교육 여건 개선을 위한 교육 재정 확보에 대한 사고의 경직성 등 현행 교육 시책에서 주로 연유된 것 아닌가.

학벌주의와 일류병의 폐해를 없애기 위해 필요한 것은 교육 부문에서도 경쟁을 기초로 한 시장 기능이 제대로 작동될 수 있는 여건을 만들어 줘 모든 대학이 일류가 되기 위해 전력을 경주하도록 해야 하는 일이 아니겠는가.

결론적으로 말해 이 시점에서 우리에게 주어진 가장 중요한 국가적 과제는 지식 기반 사회에 초점을 맞춘 교육 부문 전반에 걸친 개혁이다. 과거 절대 빈곤의 악순환의 수렁에서 벗어나기 위해 경제 발전과 안정에 주력하는 '경제 대통령'이 필요했던 것처럼 이제 선진 일류 국가 건설을 위해 교육 부문의 진정한 개혁을 추진할 수 있는 안목과 자질을 갖춘 '교육 대통령'이 절실히 요청되는 때이다. 그래서 이번 대통령 선거에서 교육 대통령을 뽑아야 한다.

중앙일보, 2002년 1월 28일

비평 기사는 영화·연극·음악·책·대중 매체 등에 대해서 비평한 기사이다. 이것은 비평 대상에 대한 보도와 평가라는 두 가지 요소를 포함하고 있다. 서평, 영화 비평, 연극 비평, 문학 작품 비평, 문화 비평, 텔레비전이나 라디오에 관한 비평, 만화나 게임에 대한 비평 등이 비평 기사에 속한다.

▶ 비평 기사의 보기

한강 신작 '예술가 소설' 풍미 느껴져

남진우(이하 남) ═ 해도 바뀌고 했으니 문단 분위기를 일신하는 징후가 나타났으면 한다. 우선 소설가 한강 씨의 장편소설 '그대의 차가운 손'(문학과지성사)이 눈길을 끌었다. 이 소설은 우리 문학에서 보기 드문 예술가 소설로 분류가 가능할 것 같다. 예술가 소설은 대개 사회적 자아와 예술적 자아의 대립을 문제삼는다. 이 작품은 존재론적 탐구 성격이 강화되고, 많이 드러난다는 특성이 있다. 수기 형식을 취하면서 본질과 형식, 가면과 실체의 문제를 탐구하고 있는 듯하다.

이광호(이하 이) ═ 나도 재미있게 읽었다. 아주 새로운 기법은 물론 아니지만 소설이 이중적 액자 형식을 띠면서 액자 안과 밖이 이중적 시선으로 교차하는 점은 흥미로웠다. 기본적으로 상처와 가면의 문제를 다루고 있다. 작가가 진지한 실존적 주제를 나름의 성숙한 문장으로 다뤘다는 점에서 평가할 만하다. 아쉬움이 있다면 실존적 문제로 몰고 가다보니 가면과 상처의 문제를 덧입힌 허위와 진실 부재의 문제로 단순화한 것은 아닌가 하는 생각도 들었다. 가면은 감추는 부분이 있는가 하면 보여 주는 부분도 있다. 좀 더 복합적이고 문화적으로 접근했다면 어떠했을까 하는 생각이 들었다.

남 ═ 소설에 '껍질 벗기기'라는 모티브가 있다. 이는 아무리 계속 탐구해도 존재의 진실이나 핵심에 다가가지 못한다는 의미를 담고 있으며 연금술에서 변신의 테마와 같다. 이런 주제 의식은 거식증과 폭식증을 오가는 여자를 통해 흥미롭게 제시됐다. 하지만 액자가 너무 헐거워서 유기적 상호 조응 효과를 내주지는 못한다는 점이 아쉽다.

이 = 문화일보에서 연재될 때부터 화제를 모은 전경린 씨의 장편 소설 '열정의 습관'(이룸)도 눈길을 끌었다. 작품이 화제가 됐던 이유는 묘사의 감각적인 강도와 성에 대한 파격적인 묘사 때문이었다. 특유의 감각적인 묘사가 읽는 재미를 주는 것은 사실이다. 소설 후반부에 가면 정신성을 강조하고 계몽적 제스처를 보이며 후퇴하고 있는 것은 단점이다. 또 여성의 성에 대한 묘사가 과연 정치적 의미에서 여성의 시선에서 그려진 것인지를 검토할 필요가 있다. 소설엔 오히려 남성의 팬터지가 개입됐다고 생각한다. 성의 사회적 문화적 성찰은 좀처럼 보이지 않는다는 점도 지적할 만하다.

남 = 여성의 욕망과 섹스라는 주제는 의욕적이기도 하지만 진부하기도 하다. 몇몇 인상적인 대사나 장면에도 불구하고 짜임새가 부족하다는 인상을 받았다.

우리 시단의 원로 고은 씨가 시집 '두고온 시'(창작과비평사)를 출간했다. 두툼한 만큼 양적으로나 질적으로 무겁게 다가왔다. 시인은 체질적으로 낭만주의자라는 생각을 다시 했다. 감탄형, 돈호형, 청유형, 명령형의 과도한 사용이 이를 말해 준다. 시인이 감정적 흥분 상태에 빠져 있는 것을 볼 수 있다. 남자의 정열 분출은 가상하기도 하지만, 싫증을 느끼게 하는 면이 있다. 다행인 것은 기행의 경험을 다룬 긴 시편을 지나면 일본의 하이쿠 같은 짧은 시들이 한숨 돌리게 해 준다.

이 = 짧은 시들이야말로 고은 선생이 능숙하게 할 수 있는 영역이 아닌가 생각했다. 고은의 시는 회환과 희망 사이에서 쓰여졌다. 고은의 시는 항상 소년의 노래, 출발의 노래다. 시인으로 당연히 세상에 대해 감탄하고 아이와 같은 목소리를 내야 하겠지만 시대의 정의에 대한 발언은 어느 정도 강박으로 느껴지기도 한다. 이런 강박은 다른 식으로 말하면 고은식 상투형이다. 기존의 시적인 포즈에서 크게 벗어나지 않은 시라는 점에서 고은 시의 자질과 한계를 동시에 보여주는 시집이다.

www.munhwa.co.kr, 2002년 1월 28일

3. 신문 기사의 구조

신문 기사의 구조 유형에는 역피라미드형(inverted pyramid form), 피라미드형 (pyamid form), 혼합형(mixed form) 등이 있다.

역피라미드형은 첫머리에 기사의 중요한 핵심이 먼저 제시되고, 그 다음 본문에서 그것에 대한 보충 사항과 세부 사항들을 중요도 순서대로 배열하는 것이다. 이것은 가장 중요한 사실을 맨 먼저 제시하고, 가장 중요하지 않은 것은 맨 나중에 제시한다. 역피라미드형은 미국의 AP통신사에서 최초로 창안한 것이어서 'AP기사형'이라고 일컫기도 한다. 이것은 오늘날 세계적으로 스트레이트 기사를 작성할 때 표준이 되고 있다.

【 도표 1 】 역피라미드형

결   론   ← 리 드

세부 사실   ← 본 문

역피라미드형의 장점은 다음과 같다(서정우 외, 1988 : 213).

첫째, 바쁘게 생활하는 독자가 전체 기사를 읽지 않더라도 리드만 읽음으로써 기사의 대략적인 내용을 파악할 수 있고, 독자의 흥미나 관심을 즉각적으로 만족시켜 준다.

둘째, 편집상 거두절미(去頭截尾)를 할 경우 기사의 전체적인 내용에는 큰 차질을 초래하지 않고 지면에 따라 기사의 길이를 처리할 수 있는 실제성이 크다.

셋째, 편집 기자로 하여금 기사의 제목을 다는 데 편리함을 제공한다.

피라미드형은 어떤 사건에 대한 설명의 한 부분을 도입으로 시작해서 점점 흥미나 서스펜스를 형성하고 끝에 가서 그 사건의 클라이맥스를 제시하는 것이다. 이것을 문학적 혹은 연대기적 유형이라고 일컫기도 한다. 피라미드형은 역피라미드형과 정반대가 되는 형태로서, 의견 기사나 피처 기사에 주로 사용된다. 이것은 사건의 발단에서 시작하여 시간적인 또는 논리적인 순서에 따라 서술해 나가면서 끝에 결론을 맺는 것이다.

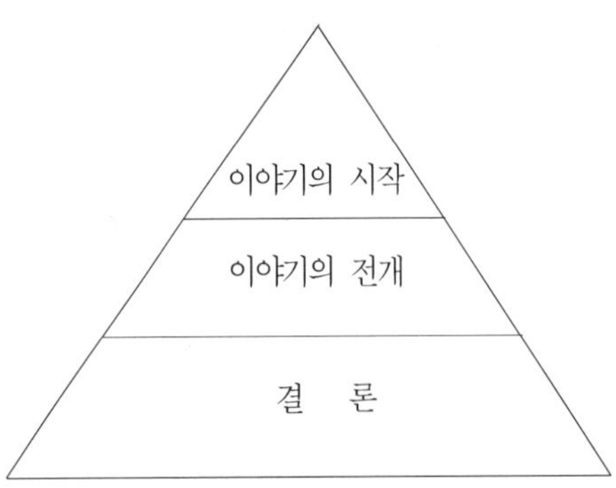

【 도표 2 】 피라미드형

혼합형은 리드가 맨 앞에 오고, 그 다음에 사실들을 연대기적(年代記的)으로 서술한 본문이 오는 것이다. 이것은 역피라미드형과 피라미드형을 혼합한 형태이다.

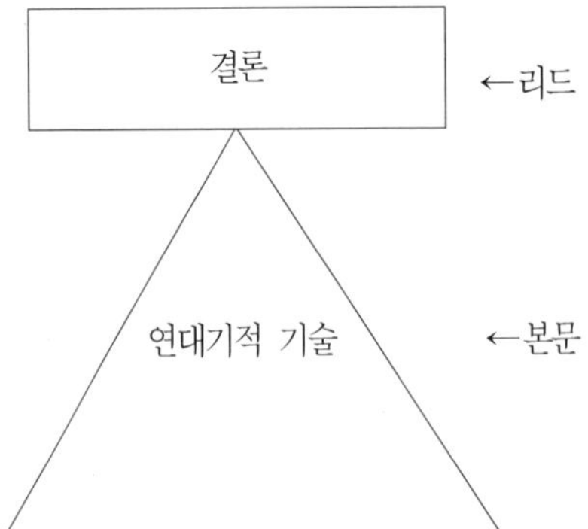

【 도표 3 】 혼합형

4. 신문 언어의 특성

독자에게 사랑을 받는 신문 기사문을 작성하려면 기자는 신문 언어의 특성을 알아서 독자가 원하는 정보를 독자가 쉽게 이해하고 좋아하는 언어로 표현할 수 있는 능력을 지녀야 한다. 독자가 원하는 정보—뉴스—는 시의성(timeliness) · 근접성(proximity) · 저명성(prominence) · 유용성(usefulness) · 영향성(consequence) · 인간적 흥미(human interest) 등의 요건을 갖추어야 한다(Dominick, 1994 : 339～339).

시의성이란 제때에 보도한 뉴스가 뉴스로서 가치가 있음을 뜻하는 것이다. 제때에 보도하지 못한 정보는 뉴스로서 가치가 떨어진다. 그 날 일어난 사건이 그 전날에 일어난 사건보다 더욱 가치가 있는 뉴스가 된다.

근접성이란 지리적, 심리적으로 가까운 뉴스일수록 뉴스로서 더욱 가치가 있음을 뜻하는 것이다. 독자는 외국에서 발생한 사건보다 국내에서 일어난 사건에 더욱 관심을 가진다. 그리고 독자는 다른 직업인에 관한 기사보다 자신과 같은 직업인에 관한 기사에 관심을 더 가진다.

저명성이란 일반인에 관한 사건보다 저명한 사람에 관한 사건이 뉴스로서 더욱 가치가 있음을 뜻하는 것이다. 독자들은 전자보다 후자에 더욱 관심을 가진다. 유명한 정치가나 연예인의 사생활을 기사화하는 것도 그러한 이유 때문이다. 다음 기사는 인기 연예인인 유승준 씨가 한국 국적을 포기하고 미국 시민권을 획득함으로써 한국에서 군대에 가지 않기로 하자 한국에서 그를 비난하는 글이 인터넷 사이트에 많이 실린다는 것이다. 유승준 씨가 평범한 사람이라면 이러한 일은 기사거리가 되지 못한다.

"군대 간다더니 … 배신 …" 유승준 쇼크

"완전히 배신당했다는 생각이 든다. 사기당한 기분이다."
인기가수 유승준(26) 씨가 미국 시민권을 획득, 병역이 면제된다는 소식이 전해지자 21일 하루 동안 팬 페이지 등 인터넷 사이트마다 유 씨를 비난하는 글이 수백 건씩 폭주했다.

특히 유 씨가 청소년 금연 홍보사절(1999년), 한국복지재단 청년홍보대사(2000년)에 임명되고 평소에도 "당당히 군에 입대하겠다"고 말하는 등 모범 연예인의 이미지를 대표했다는 점에서 청소년들이 느끼는 '유승준 쇼크'는 더욱 크다.

네티즌들은 "(군대) 갈 것처럼 다하고 이제 와서 그렇게 나오면 어떡합니까"처럼 배신감과 실망감을, 일부는 "다신 돌아오지 마라" 등 비난을 표시하고 있다.

오는 28일 입대를 앞두고 있는 곽영환(郭英煥. 24. 대학3년 휴학) 씨는 "그동안 선행도 많이 한 데다 기회가 있을 때마다 '군대를 당당하게 가겠다'고 하다 돌연 안 가는 방법을 택했다니 씁쓸하다"고 말했다.

반면 이주연(28. 서울 강남구 압구정동) 씨는 "아무리 유승준 씨가 인기가수라 하더라도 개인의 신상에 관해 내린 결정을 무조건 비판만 하는 것은 바람직하지 않다"며 "각 분야에 외국 국적자들이 들어와 활동중인 현실에서 우리가 너무 배타적인 게 아닌가"라고 말하기도 했다.

유 씨는 지난 18일 미국 LA에서 시민권 취득 선서를 하고 한국 총영사관에 국적 포기 의사를 밝힌 것으로 알려졌다.

한국 국적을 포기하면 병역 의무가 자동 소멸된다. 유 씨는 당초 이르면 4월에 입대, 28개월 간 복무할 예정이었다.

www.joins.com, 2002년 1월 21일 사회면

유용성이란 독자의 일상 생활에 유용한 정보가 뉴스로서 가치가 있음을 뜻하는 것이다. '가 볼 만한 관광지, 장보기 요령, 부동산 시세, 겨울에 차량을 정비하는 요령, 새로 생산된 차, 소문난 음식점 등에 관한 정보는 유용성이 있는 뉴스거리가 된다.

비즈니스맨의 '퍼스트카' … 터프한 외모에 안락한 실내디자인

목 끝까지 단추를 채우고 넥타이를 매는 정장은 아니지만 청바지 같은 캐주얼도 아닌 비즈니스 수트 요즘 화이트 칼라들은 연령대에 크게 구애받지

않고 정장과 캐주얼 사이의 비즈니스 수트를 평일에도 스스럼없이 입는다. 편안함과 세련된 디자인 때문이다.

이런 기호는 자동차 선택에서도 날로 두드러져 간다. 비포장도로를 주행하거나 많은 짐을 싣고 야영을 떠나는 젊은 캠핑족들의 차로만 여겨지던 RV(Recreational Vehicle)가 승용차가 늘어선 도심 출근 행렬에 속속 등장하고 있다. 운전자도 젊은 남성에서 연륜 있는 중년층과 여성으로 바뀌고 있다.

'RV'는 이미 21세기 자동차 시장의 총아. 세계적인 규모에서 출시되는 종수가 전통적인 승용차인 세단보다 많고, 판매 총 대수에서도 세단을 앞지르는 추세다.

▽ RV는 비즈니스 정장 = 최근의 RV는 명품 의상에 비유하자면 정장인 '조르지오 아르마니'보다는 캐주얼한 비즈니스 정장인 '아르마니 익스체인지'에 해당한다. 승차감, 편의 장치에서는 웬만한 고급 세단을 능가하며 주행 성능은 스포츠카에 버금간다. 자동차업체들은 RV의 주소비자층이 바뀌어 대부분의 시간을 산길이 아닌 포장도로 위에서 지낸다는 특성을 고려해 '외모는 터프하게, 실내는 안락하게'라는 개념으로 RV의 디자인을 바꾸고 있다.

이제 RV 운전자는 모험을 즐기는 젊은이들만이 아니다. 아이가 둘만 돼도 통학용으로 미니밴을 구입하는 미국처럼, 짐을 많이 싣고 다녀야 하는 주부들이 편리성 때문에 RV에 관심을 갖는다. 운전 자세가 높아 시계가 확 트이기 때문에 남편들도 승용차보다는 안전하다는 생각에서 아내에게 RV를 권한다. 도심 속에서 당당하게 '끼어들기'를 하는 커리어우먼의 차이기도 하다. 식구가 많아 차가 한 대 더 있는 집의 '패밀리카' '세컨드 카'만으로 RV가 주목받는 것은 아니다. 비록 용도는 출퇴근용이지만 세단의 단조로운 디자인을 벗어나고 싶어하는 비지스맨의 '퍼스트카'로도 이용된다.

▽크로스오버 디자인 = 최근의 RV에서 주목할 변화는 여러 차종의 특성을 하나로 결합한 '장르 파괴' '크로스오버'다. 픽업트럭, 캠핑카, SUV(Sports Utility Vehicle) 등이 고급 세단을 흉내내며 조금씩 변형돼 SUT(Sports Utility Truck), SAV(Sports Activity Vehicle), SLV(Sports Luxury Vehicle)라는 이름을 달고 세계의 RV시장에 선을 보이고 있다.

……＜후략＞……

www.donga.com, 2002년 1월 17일 weekend

영향성이란 뉴스가 독자에게 미치는 영향의 정도를 뜻한다. 독자에게 영향을 많이 미칠 수 있는 사건이나 사고일수록 뉴스로서 더욱 가치가 있다. 언론이 지방자치단체장 선거보다도 대통령 선거를 더 중시하는 것은 대통령이 지방자치단체장보다 우리 생활에 미치는 영향이 더 크기 때문이다.

인간적 흥미란 인간의 본능이나 호기심을 만족시켜 주는 속성들을 뜻한다. 섹스, 돈, 폭력, 서스펜스, 갈등, 신기함, 미담, 새로운 발견과 발명, 범죄 등은 인간적 흥미를 유발시키는 주제이다(임영호, 2001 : 120).

신문은 불특정 다수의 독자가 읽는 것이므로 신문에 쓰이는 언어는 다음과 같은 특성을 지닌다.

첫째, 신문 기사문의 언어는 독이성(讀易性)을 지닌다. 신문의 언어는 모든 독자가 이해하기 쉬운 것이어야 한다.

신문 기사문에 쓰이는 단어는 음절수가 적고, 널리 잘 알려져 있으며, 구체적인 의미를 나타내는 것이어야 한다. '신체'보다는 '몸'이, '출산하다'보다는 '낳다'가 이해하기 쉽다. '디스카운트하다'보다는 '깎다'가, '카테고리(category)'보다는 '범주'가, '상시(常時)'보다는 '늘'이 더 이해하기 쉽다. 고유어·한자어·외래어 등이 공존할 경우에는 저속한 의미를 나타내는 것이 아닌 한 고유어를 사용하여야 한다.

(1) 저 아이는 매우 {날카롭게, 예리하게, 샤프하게} 생겼다.
(2) 아기가 배고파서 우니 아기에게 {소젖, 우유, 밀크}를 먹여라.

예문 (1)에서는 '날카롭게, 예리하게, 샤프하게' 중에서 고유어인 '날카롭게'를 사용하는 것이 가장 적절하다. 그런데 예문 (2)에서는 한자어인 '우유'를 사용하는 것이 가장 적절하다. '소젖'은 고유어이지만 (2)와 같은 문맥에서 이 단어를 사용하면 수용자는 '송아지가 먹는 어미 소의 젖'을 연상하여 언짢게 생각할 것이다. '밀크'는 영어 계통의 외래어이기 때문에 영어를 배운 적이 없는 사람들 중에는 이 단어를 이해하지 못하는 이가 있을 수 있다.

또한 '이것, 그것, 이런 것, 저런 것, 이 날, 그 날' 등은 구체적인 의미를 나타내지 못한다. 이것들이 지시하는 것을 구체적으로 밝혀 쓰는 것이 이해하기 쉽다.

(3) 건설교통부는 8일 오전 재정경제부, 교육부, 행정자치부, 국세청, 서울시 등이
     참석하는 차관회의를 갖고 '최근 주택시장 동향 점검 및 대응 방안'을 발표했다.
     이 날 회의에서 각 정부 부처는 "작년 수학능력시험이 어렵게 출제되면서 겨울
     방학을 이용, 학원 학군이 좋은 강남지역으로 이사 수요가 늘고 재건축에 따른
     가격 상승 기대가 겹치면서 최근 서울 수도권의 아파트 가격이 오르고 있다."
     고 분석했다.(www.donga.com, 2002년 1월 8일 정치면)

예문 (3)에서 밑줄 친 '이 날'은 '8일'로 명기하는 것이 좋다. 또한 되도록
약어(略語)를 사용하지 않아야 한다.

(4) **地自體**가 **민노총** 22億 지원.(조선일보, 2001년 7월 13일, 제2면)
(5) 차이나유니콤의 **CDMA** 사업은 우선 전국 300개 도시, 1515만 회선으로 실시
     되며 계속적인 네트워크 구축에 나설 경우 향후 2~3년내에 최소 6000만명의
     가입자를 확보 할 것으로 예상되고 있다.(www.munhwa.co.kr, 2002년 1월 8
     일. 국제면)

(4)의 '地自體'는 '지방자치단체'의 약어이고, '민노총'은 '민주노동조합총
연합회'의 약어이다. (5)의 'CDMA'는 'Code Divided Multiaccess'의 약어로
'코드분할다중접속'을 뜻하는 말이다. 널리 통용되지 않거나 새로운 약어를 처
음 사용할 경우에는 '지자체(지방자치단체)'와 같이 약어의 본디말을 (   )에 명
기한 다음 두 번째부터는 약어를 그대로 써도 상관없다.

신문 기사의 각 문장은 다음 요건을 갖추어야 이해하기가 쉽다[5].

(ㄱ) 이해하기 쉬운 일상어로 구성된 문장이어야 한다. 문장에 쓰인 단어의

---

5) 박갑수(1990 : 105)에서는 난해한 문장을 짓지 않는 요령으로 다음과 같은 것을 들고 있다.
  가. 성분 생략을 하지 않는다.
  나. 문장 성분의 호응이 잘 되도록 한다.
  다. 장문의 도미문(掉尾文)을 피한다.
  라. 어순을 바로 한다.
  마. 병렬되는 문장을 동질의 것으로 한다.
  바. 주술어 및 수식·피수식어가 지나치게 떨어져 있지 않게 한다.
  사. 모호성을 지니는 표현을 피한다.
  아. 통사론적으로 하자가 없으나, 의미론적으로 불완전한 문장을 피한다.

난이도는 문장의 난이도와 비례한다. 따라서 기자는 모든 독자가 이해할 수 있는 일상어로 기사문을 작성하여야 한다. 난해한 단어가 사용된 문장의 보기를 들면 다음과 같다.

(6) 서울 강남 지역이 투기과열지역으로 지정돼 정부 합동대책반의 **상시** 점검을 받게 된다.(www.chosuncom, 2002년 1월 8일 수도권·전국면)

(7) 인권쪽에 초점을 맞추는 정치권과는 **엇박자**를 내고 있는 셈이다.(www.joins.com, 2002년 1월 8일 국제면)

(8) 이날부터 본격 실시된 **CDMA** 서비스는 한국을 비롯한 미국, 일본, 대만, 홍콩 등 전 세계 7개 국가와 지역에서는 **로밍**이 가능해 가입자가 외국 여행시 그대로 단말기를 사용할 수 있다.(www.munhwa.co.kr, 2002년 1월 8일. 국제면)

(ㄴ) 50자 내외의 단문(短文)이어야 한다. 문장의 길이가 50자 이상이 되면 난해한 장문이 될 확률이 높다. 따라서 기자는 되도록 50자 내외로 쓰기 위해 노력할 필요가 있다. 일본의 아사히 신문사에서는 1950년대 말에 기자들로 하여금 기사문의 각 문장을 50자 이내로 작성하게 한 뒤부터 이 신문이 독자들에게 인기를 끌었다고 한다. 다음 예문 (9)는 125자로 이루어진 장문이다. 이것을 두 문장으로 나누어 고쳐 쓴 것이 (10)이다. 독자는 (9)보다 (10)을 더욱 쉽게 독해할 것이다.

(9) 인터넷 결혼정보 전문사이트 '선우(www.sunoo.com)'는 지난해 10월 25일부터 한 달 동안 수도권 지역 20~30대 미혼남녀 595명을 대상으로 이상적인 배우자상을 조사한 결과 남성들은 키 163.9cm의 날씬한 체형을 가지고 있으며 생머리를 한 여교사를 가장 선호하는 것으로 나타났다고 9일 밝혔다. (www.munhwa.co.kr, 2002년 1월 9일 사회면)

(10) 인터넷 결혼정보 전문사이트 '선우(www.sunoo.com)'는 지난해 10월 25일부터 한달 간 수도권 지역 20~30대 미혼남녀 595명을 대상으로 이상적인 배우자상을 조사했다. 그 결과 남성은 키가 163.9cm로 체형이 날씬하며 생머리를 한 여교사를 가장 선호하는 것으로 나타났다.

다만 단문으로 표현하는 것보다 장문으로 표현하여야 메시지를 더욱 구체적으로 명료하게 전달할 수 있고 생동감을 줄 경우에는 단문과 장문을 혼용한다.

(ㄷ) 구조가 단순한 단문(單文)이어야 한다. 독자는 문장의 구조가 복잡한 복문(複文)보다 구조가 단순한 단문(單文)을 더 쉽게 이해한다.

(11) ㄱ. 은행들의 기업 대출 실적도 정체 상태를 보이고 있으며, 대기업 대출은 오히려 줄어들고 있다.(조선일보, 2001년 7월 13일, 제1면)

ㄴ. 은행들의 기업 대출 실적도 정체 상태를 보이고 있다. 대기업 대출은 오히려 줄어들고 있다.

이상의 예문 (11ㄱ)은 복문인데, (11ㄴ)은 (11ㄱ)을 두 개의 단문으로 나누어 작성한 것이다. 대부분의 독자는 (11ㄱ)보다 (11ㄴ)을 더 쉽게 독해할 것이다.

(ㄹ) 되도록 문장 성분을 생략하지 않는다. 우리말은 상황 의존적인 언어이기 때문에 문장 성분이 생략되는 경우가 많다. 그런데 기사문에서는 되도록 문장 성분을 생략하지 않아야 메시지를 쉽고 명료하게 파악할 수가 있다.

(12) ㄱ. 의회와 법무부의 조사는 왜 부시 대통령이 대선 관련 기록들을 공개하지 않고 있고, 자신의 친(親) 기업적인 생각과 반대되는 목소리에 귀를 기울이지 않았으며, 미국 경제에는 아무런 긍정적인 영향도 끼치지 못한 감세안의 의회 통과를 강행했는지를 밝혀낼 것으로 예상된다. 아울러 엔론 최고경영자인 켄 레이와 그의 보좌관들이 지난해 정부가 에너지 정책을 통합할 때 체니 부통령과 에너지 관련 특별팀을 6차례나 만나 어떻게 영향력을 행사했는지 **확인할** 것으로 관측된다.

ㄴ. 의회와 법무부의 조사는 왜 부시 대통령이 대선 관련 기록들을 공개하지 않고 있고, 자신의 친(親) 기업적인 생각과 반대되는 목소리에 귀를 기울이지 않았으며, 미국 경제에는 아무런 긍정적인 영향도 끼치지 못한 감세안의 의회 통과를 강행했는지를 밝혀낼 것으로 예상된다. 아울러 엔론 최고경영자인 켄 레이와 그의 보좌관들이 지난해 정부가 에너지 정책을 통합할 때 체니 부통령과 에너지 관련 특별팀을 6차례나 만나 어떻게 영향력을 행사했는지 **의회와 법무부에서는 조사를 통해 확인할** 것으로 관측된다.

　이상의 예문 (12ㄱ)의 둘째 문장에서 밑줄 친 '확인할'과 호응하는 주어가 생략되어 있다. 따라서 독자는 누가 확인하는지에 대해서 궁금해할 것이다. 그런데 (12ㄴ)에서는 '확인할'과 호응하는 주어 '의회와 법무부에서는'을 밝혀 씀으로써 그러한 궁금증을 해소하여 주고 있다.

　(ㅁ) 한글로 표기한 문장이어야 한다. 우리 나라 사람으로서 초등학교 이상의 교육을 받은 사람이라면 한글로 쓰인 글을 모두 읽을 수 있을 것이다. 그런데 한자나 로마자를 섞어 쓰면 한자와 로마자를 모르는 이는 이해하지 못한다. 독자의 독해를 돕기 위하여 한자나 로마자를 사용할 경우에는 반드시 한글과 병기하여야 한다.

　　(13) ㄱ. 中國 오늘 WTO 가입 (조선일보, 2001년 11월 10일 제1면)

　　　　ㄴ. 강동석 사장·이상호 前단장 外壓 의혹 내주 대질

　　　　　　(중앙일보, 2001년 8월 8월 10일 제1면)

　　　　ㄷ. 미묘한 때마다 '불쑥' 政爭 일삼다 '흐지부지'

　　　　　　(동아일보, 2001년 8월 11일 제5면)

　(13ㄱ)의 '中國'은 '중국'으로, 'WTO'는 '세계무역기구'로, (13ㄴ)의 '前'은 '전'으로, '外壓'은 '외압'으로, (13ㄷ)의 '政爭'은 '정쟁'으로 표기하면 더욱 많은 독자가 쉽게 읽을 수 있을 것이다.

　둘째, 신문 기사문의 언어는 간결성(簡潔性)을 지닌다. 신문 기사문에는 불필요한 어구(語句)를 사용하여서는 안 된다. 신문은 제한된 지면에 독자에게 유용한 정보를 신속하게 전달하는 매체이므로 기사문에 메시지 전달에 불필요한 어구를 써서는 안 된다. 특히 기사문에 불필요한 수식어나 접속어를 사용해서는 안 된다. 다음의 (14ㄴ)이 (14ㄱ)보다 더욱 간결성을 지닌 기사문이다.

　　(14) ㄱ. 특검팀은 또 S씨와 **가까운 여자 지인**의 계좌에 출처 불명의 자금 1억원

　　　　　　가량이 입금돼 있는 사실을 확인, 이 돈이 이씨로부터 나온 돈인지 여부

　　　　　　를 조사하고 있다. 특검팀은 **이에 따라** 신씨와 G & G 그룹 관계자 및

　　　　　　S씨의 여자 지인 등 3~4명을 소환, 조사했다.(www.chosun.com, 2002

　　　　　　년 1월 10일 사회면)

ㄴ. 특검팀은 S씨의 여자 지인의 계좌에 출처 불명의 자금 1억원 가량이 입금돼 있는 사실을 밝혀냈다. 특검팀은 이 돈이 이씨가 준 돈인지 여부를 가리기 위해 S씨와 G & G 그룹 관계자 및 S씨의 여자 지인 등 3∼4명을 소환해 조사했다.

셋째, 신문 기사문의 언어는 정확성(正確性)을 지닌다. 기사문의 언어가 정확성을 지닌다는 것은 각 문장이 문법에 맞는 문장임을 뜻하는 것이다. 문법에 맞지 않는 문장은 문장이 아니다. 문법에 맞는 문장이어야 메시지를 정확하게 전달할 수 있다.

> (15) ㄱ. **한중 수교 이래 우리 정치인에 대한 중국의 비자 발급 거부가 불거져 나온** 것은 처음이어서 논란이 불가피할 **전망이다**.(www.joins.com, 2002년 1월 1일 국제면)
> ㄴ. 한중 수교 이래 우리 정치인에 대한 중국의 비자 발급 거부가 불거져나온 것은 처음이어서 **논란이 불가피할 것으로** {**보인다/ 전망된다/ 전망한다**}.
> (16) ㄱ. 정부는 일단 공식적인 언급을 자제하는 분위기다.
> (www.joins.com, 2002년 1월 1일 국제면)
> ㄴ. 정부에서는 공식적인 언급을 자제하고 있다.

(15ㄱ)에서는 주어인 '한중 수교 이래 …나온 것은'과 서술어 '전망이다'가 주술 관계를 맺으면 어색하다. (16ㄱ)에서는 주어 '정부는'과 서술어 '분위기다'는 주술 관계를 맺을 수 없다. 따라서 (15ㄱ)과 (16ㄱ)은 비문법적인 문장이다. 이것들을 각각 문법에 맞게 고쳐 쓴 것이 (15ㄴ)과 (16ㄴ)이다.

문법에 맞는 문장을 작성할 때 특히 유의할 점은 다음과 같다.

> ① 문장 성분 — 주어와 서술어, 목적어와 서술어, 관형어와 피수식어, 부사어와 피수식어 — 간에 호응이 바르게 되도록 문장을 구성한다.
> ② 조사와 어미를 정확히 사용한다.
> ③ 시제와 상 표현을 바르게 한다.

넷째, 신문 기사문의 언어는 품위성(品位性)을 지닌다. 기사문에는 속어나 비어가 쓰이지 않는다. 기자가 아무리 불쾌하게 생각하는 사건이나 사고라 하더라도 감정에 치우치지 않고 품위 있는 언어로 그것을 기사화하여야 한다.

다섯째, 신문 기사문의 언어는 공정성(公正性)을 지닌다. 기사문은 기자가 독자에게 어떤 사실을 객관적인 입장에서 알려 주기 위하여 쓰는 것이기 때문에 공정성을 유지하여야 한다. 공정성이 결여된 기사문은 죽은 문장이라고 할 수 있다. 왜냐하면 독자는 그러한 기사문은 읽지 않기 때문이다.

다음 예문 (17)은 "택시 기사들 요금 인상 반대"라는 제목으로 보도된 기사문이다.

(17) ㄱ. 서울시가 이달 말 택시요금을 28% 정도 크게 올리기로 했으나 택시 기사들이 이례적으로 요금 인상을 반대하고 나섰다.

전국민주택시노동조합연맹(민주노총 계열)은 16일 서울시청에서 기자회견을 열고 "택시요금이 28.24% 오른다고 하나 이는 업계의 원가보전 요구분만을 그대로 받아들인 것이어서 받아들일 수 없다"고 주장했다. 이들은 "기사들의 처우 개선을 고려하지 않았기 때문에 임금이 오르더라도 서비스 개선은 요원하다"고 말했다.

이에 앞서 전국택시노동조합연맹(한국노총 계열)도 지난 6월 성명을 통해 "기사 처우나 승객 서비스 개선에 초점을 맞추지 않은 임금인상안을 백지화하라"고 요구했다.

양대 노조에는 서울지역 2백 59개 택시업체 중 2백 56개 업체 5만 5천여명의 기사들이 가입해 있다.

ㄴ. ◇요금 인상 반대＝노조는 시가 산정한 요금 인상액 중 90%가 원가보전용으로 책정한 것이고 기사 임금인상분은 10%에 불과하다고 주장했다. 이 비율을 그대로 요금 인상에 따른 추가 수입 배분에 적용하면 기사들이 회사에 내야 하는 사납금(현행 7만 7천원)은 하루에 약 2만원 오른다. 반면 임금은 한 달에 약 2만원 오르는데 그친다는 것. 이 때문에 합승이나 승차 거부 등이 더 늘어날 수밖에 없다는 얘기다.

또 노조는 1998년 2천 만원이었던 서울지역 회사택시의 매매가가 최근 4천 만원까지 오를 정도로 경영여건이 호전됐는데도 인상분 대부분을 원가보전에 책정한 것은 업계 편들기라고 지적했다.

ㄷ. ◇서울시 입장＝서울시측은 "원가 보전분 가운데 50%는 인건비를 반영한 것이며 기사들의 처우 개선을 위해 시가 추가로 3%포인트를 더 올려

주었다"고 밝혔다. 또 원가 및 요금 인상 산정은 객관적인 회계법인이 실시한 것이라고 주장했다. 노조측이 요금인상의 전제조건으로 주장하는 전액관리제나 월급제 시행은 업계 여건상 당장 시행할 순 없으나 지속적으로 유도하고 있다고 말했다.

한편 요금인상안은 17일 열릴 시 물가대책심의원회의 심의를 거치면 최종 확정된다. 시 관계자는 "전례로 볼 때 현재의 요금인상안이 큰 변동없이 확정될 것"이라고 말했다.(중앙일보, 2001년 8월 17일 제20면)

(17ㄱ)은 택시 기사들이 서울시의 택시 요금 인상을 반대한다는 내용을 보도하고, (17ㄴ)과 (17ㄷ)에서는 택시 기사 노조와 서울시의 입장을 각각 보도함으로써 이 기사문은 공정성을 유지하고 있다.

여섯째, 신문 기사문의 언어는 진실성(眞實性)을 지닌다. 이것은 기사문 언어의 내용과 관련되는 특성이다. 기사문의 내용이 바르고 참된 것이라야 한다는 것이다. 신문 기사가 진실성이 없으면 독자에게 외면을 당한다. 기자는 사건이나 사고를 보도할 적에 그것들을 확인하는 과정을 반드시 거쳐야 한다. 어떤 정보원이 제공한 정보를 확인하지 않고 보도한 뒤에 그것이 거짓된 것임이 드러남으로써 언청난 피해를 입어서는 결코 안 된다.

일곱째, 신문 기사문의 언어는 명료성(明瞭性)을 지닌다. 명료성을 지니도록 하려면 무엇보다도 문법에 맞게 문장을 구성하여야 하고, 되도록 문장 성분을 생략하지 않아야 하며, 의미 표현에 가장 적절한 단어를 사용하여야 한다.

(18) ㄱ. 허난성에서 한국인 사업가 **중국인에 강도 피살**

　　　(www.yonhapnews.co.kr, 2002년 1월 6일, 국제면)

　　ㄴ. 특검팀은 신씨와 가까운 **여자 지인**의 계좌에 출처불명의 **자금** 1억원 가량이 입금돼 있는 사실을 확인했다.

　　　(www.chosun.com, 2002년 1월 10일, 사회면)

(18ㄱ)은 어느 뉴스 기사문의 제목이다. (18ㄱ)은 조사를 부적절하게 사용하여 모호한 표현이 되었다. 한국인 사업가가 중국인에 피살된 것이 아니라 중국인 강도에게 피살된 사건을 보도한 것이므로 '중국인에 강도 피살'이 아니라 '중국인 강도에게 피살'로 표현하여야 한다. (18ㄴ)은 '여자 지인'이라는 불명

료한 단어를 사용함으로써 모호한 표현이 되었다. 피의자의 명예가 손상될까 보아 그처럼 표현한 것 같다. 그런데 이렇게 모호하게 표현함으로써 독자에 따라 다양하게 해석할 우려가 있다.

육하원칙 중 '언제, 어디서, 누가'를 생략하는 경우가 많은데 이러한 것을 가급적 생략하지 않고 표현하여야 명료성을 지니게 된다. 문법에 맞지 않거나 50음절 이상으로 길게 문장을 작성하여도 모호성을 지니게 된다. 기사문은 되도록 문법에 맞는 단문(短文)으로 작성하도록 힘써야 한다.

5. 신문 기사 언어의 문제점과 개선 방안

우리 나라의 연합통신사의 '연합뉴스'와 중앙 일간지들을 대상으로 그것들이 앞에서 논의한 신문 기사 언어의 특성 — 독이성(讀易性) · 간결성(簡潔性) · 정확성(正確性) · 품위성(品位性) · 공정성(公正性) · 진실성(眞實性) · 명료성(明瞭性) — 을 어느 정도 충족시키고 있는지에 대해서 살펴보면 아직도 부족한 점이 많이 있다. 따라서 이 절에서는 그러한 점들에 대해서 구체적으로 고찰하고, 개선 방안을 제시하여 보기로 한다[6].

첫째, 난해한 단어 — 외래어 · 혼종어 · 외국어 · 한자어 · 약어 — 와 50음절 이상의 장문(長文)을 사용하고, 한글 · 한자 · 로마자 등을 혼용함으로써 독이성이 결여된 경우가 많다.

이해하기 쉬운 고유어나 한자어를 사용하지 않고 널리 통용되지 않는 외래어를 사용한 보기를 들어 보면 다음과 같다.

(1) **그린벨트** 3천 754만평 해제(www.chosun.com, 2002년 1월 21일 사회면)
(2) 일부 국내 유통업체들이 지난 11일부터 겨울 정기**세일**에 돌입하면서, 벌써부터 설날 선물 예약을 받고 있다.
   (www.chosun.com, 2002년 1월 16일 홈&마트)

---

6) 우리 나라의 신문 기사문에는 어문 규정에 어긋나게 표기된 것이 많다. 그런데 이 글에서는 각 신문사의 기사문을 원문 그대로 인용하여 논의하기로 한다.

(3) 33국 CEO "**아웃소싱**이 불황 탈출 비법"
  (www.joins.com, 2002년 2월 1일 국제면)

(4) 이 주간지는 '폭력배 게이트'로 불리는 이 같은 **스캔들**은 金 대통령에게 큰 상
  처를 주었으며 金 대통령이 조직범죄에 대한 전국적인 단속을 발표했음에도 불
  구하고 집권당은 지난해 10월의 매우 중요한 보선에서 패배했다고 지적했다.
  (www.joins.com, 2002년 1월 9일 사회면)

(5) 민주당 대선 후보 경선 **레이스**가 본격화하면서 이인제 진영과 노무현, 김근태고
  문 등 당내 개혁 후보간 긴장의 파고가 급속히 높아지고 있다.
  (www.munhwa.co.kr, 2002년 1월 9일 정치면)

(6) 참석자들은 보건당국의 일방적 담배부담금 부과에 항의하는 의미로 '오늘 하루
  담배 사지도, 피우지도 말자'라는 **퍼포먼스**를 진행했다.
  (www.chosun.com, 2002년 2월 1일 사회면)

(7) 사상 첫 남북합작 it단지 '**부팅**' 초읽기(한겨레, 2002년 1월 27일 정치)

(8) 베이징 1cm 눈에 '**올스톱**'(www.chosun.com, 2001년 12월 9일 국제면)

(9) **비즈니스맨**의 '퍼스트 카' …터프한 외모에 안락한 실내 **디자인**
  (www.donga.com, 2002년 1월 17일 weekend)

(10) '**샐러리맨**의 꽃' 관리직 시든다(www.munhwa.co.kr, 2002년 2월 5일 경제면)

(11) [新차이나 **리포트③**] IT 용틀임 "매출 10년내 96조원"
  (www.donga.com, 2002년 1월 10일 money & biz.)

(12) 미국 시티그룹의 자회사(子會社)인 SSB는 현재 하이닉스반도체의 경영 전반
  과 구조 조정에 대한 **컨설팅**을 맡고 있다.(조선일보, 2001년 8월 13일 제2면)

  이상의 예문 (1)~(12)에 쓰인 외래어 중 경제 용어인 '아웃소싱'을 제외하
고 그 나머지 것들은 영어를 배운 사람은 대부분 이해할 수 있을 것이다. 그런
데 영어를 모르는 사람에게는 난해한 것들이다. 이상의 예문 (1)~(12)에 쓰인
외래어를 좀더 이해하기 쉬운 말로 바꾸면 다음의 (1)'~(12)'와 같다.

(1)' 그린벨트(greenbelt) →개발 제한 구역/녹지대

(2)' 세일(sale) →염가 매출

(3)' 아웃소싱(outsourcing) →외주(外注)

(4)' 스캔들(scandal) →추문

(5)' 레이스(race) →경주/달리기

(6)' 퍼모먼스(performance) →행위 예술

(7)' 부팅(booting)7) →가동

(8)' 올스톱(all stop) →모두 멈춤

(9)' 비즈니스맨(businessman) →사업가, 디자인(design) →설계

(10)' 샐러리맨(salaried man) → 봉급 생활자

(11)' 리포트(report) → 보고서

(12)' 컨설팅(consulting) →자문(諮問)

기사문에 이해하기 어려운 혼종어가 사용되는 경우도 있다. 그 보기를 들어 보면 다음의 (13)~(15)와 같다.

(13) 민주당이 김대중 대통령의 총재직 사퇴의 격동 속에서 돌파구를 찾기 위해 **다이내믹한** 몸부림을 치고 있는데도, 한나라당 안에서는 어떤 움직임도 나타나지 않고 있는 것을 지켜보면서 이런 생각을 해 보았다.
(www.munhwa.co.kr, 2002년 12월 3일 정치면)

(14) 대다수 기업이 영업, 서비스 부문 인력은 계속 보강하는 반면 총무 인사 자재 등 지원부서 조직을 대폭 축소하거나 **아웃소싱하면서** 관리직 인력이 국제통화기금(IMF) 관리체제 이전의 절반 수준 또는 그 이하로 줄어들었다.
(www.munhwa.co.kr, 2002년 2월 5일 경제면)

(15) **터프한** 외모에 안락한 실내 디자인
(www.donga.com, 2002년 1월 17일 weekend)

(13)의 '다이내믹한'은 '힘찬'으로, (14)의 '아웃소싱하면서'는 '외주(外注)하면서'로, (15)의 '터프한'은 '튼튼한'으로 바꾸어 쓸 수 있다. 그러면 좀더 많은 독자가 쉽게 기사를 이해할 수 있을 것이다. (13)의 '다이내믹한'은 영어 'dynamic'에 고유어 '하다'가 결합하여 형성된 '다이내믹하다'의 활용형이고, (14)의 '아웃소싱하면서'는 영어 'outsourcing'에 '하다'가 결합하여 이루어진

---

7) '부팅'은 컴퓨터 용어로서 '컴퓨터를 사용할 수 있도록 보조 기억 장치에 있는 운영 체계를 주기억 장치로 복사하는 과정'을 뜻하는 영어 'booting'에서 유래한 외래어이다. 그런데 이 기사의 리드는 "북한 안에 들어서는 사상 첫 남북 합작 정보기술산업협력단지인 '고려정보기술센터'가 2월부터 가동에 들어간다."이다. 이를 참고로 이 기사에서는 '부팅'을 '가동(稼動)'으로 옮기는 것이 무난하다.

‘아웃소싱하다’의 활용형이며, (15)의 ‘터프한’은 영어 ‘tough’에 고유어 ‘하다’
가 결합하여 형성된 ‘터프하다’의 활용형이다. 예로부터 우리 나라의 지식인들
은 이와 같이 우리 나라보다 문화가 발달한 나라의 언어를 음차하거나 해당
외국어에 고유어 ‘하다’를 결합해서 새로운 단어를 만들어 사용하여 왔다. ‘단
순하다(單純-), 복잡하다(複雜-), 디스카운트하다(discount-), 심플하다(simple-), 차
밍하다(charming-), 섹시하다(sexy-), 플러스하다(plus-)’ 등이 그 보기에 해당한다.
오늘날 국어의 어휘 중에는 이와 같은 조어법에 따라 형성된 단어가 매우 많
다. 이와 같은 현상은 국어의 어휘를 풍부하게 하는 장점은 있으나, 국어의 순
수성을 훼손시키며, 나아가서 국민간에 의사 소통에 지장을 주고, 위화감을 조
성하는 단점이 있다. 따라서 지식인들은 세계 공통어를 제외하고 그 나머지 외
국어는 되도록 고유어로 번역해서 차용하여야 한다.

기사문에 외래어나 혼종어보다 더욱 이해하기 어려운 외국어가 쓰이는 경우
도 있다.

> (16) 비즈니스맨의 ‘**퍼스트 카**’ …터프한 외모에 안락한 실내 디자인
> (www.donga.com, 2002년 1월 17일 weekend)

(16)은 어느 기사문의 제목이다. (16)의 ‘퍼스트 카’는 문맥상 ‘최선호 차’로
바꾸어 쓰면 될 것이다. (16)의 ‘비즈니스맨의 퍼스트 카’를 ‘기업인이 가장 좋
아하는 차’라고 바꾸어 쓰면 더 많은 독자가 이해할 수 있을 것이다.

오늘날 우리 나라에는 이른바 한자 세대보다 한글 세대가 훨씬 많다. 대학
을 졸업한 20~30대 독자들 중에는 상용 한자를 읽지 못하는 이가 많다. 그런
데 기사문에 난해한 한자어가 한자로 표기되어 독해에 어려움을 주는 경우가
있다. 한글 세대 중에서도 이른바 인터넷 세대라고 일컬어지는 30대 이하 사
람들 중에는 다음의 (17)~(25)에서 밑줄 친 한자어를 정확히 이해하는 사람이
많지 않을 것이다.

> (17) ‘누가 나설 건가’ **同床異夢**(조선일보, 2001년 8월 13일 제5면)
> (18) 항공기 전문인력 **태부족**(한겨레, 2001년 7월 13일 제2면)

(19) 새역사8) 교과서를 사실상 **무용지물**로 만든 것은 일본의 풀뿌리 시민운동이다.
(중앙일보, 2001년 8월 17일 제2면)

(20) 이번 역사 교과서 파동을 통해 중요한 것은 반일(反日)이 아닌 **지일(知日)**과 **극일(克日)**이며, 그 길은 뜨거운 감정보다 냉철한 이성에 있음을 다시 한번 되새겨야 한다.(중앙일보, 2001년 8월 17일 제2면)

(21) 지난해 7월 **우여곡절** 끝에 부패방지법이 마련되긴 했지만 법이 모든 것을 해결해 주지는 못한다.(www.donga.com, 2002년 1월 2일)

(22) 농림부 관계자는 8일 "도시 인구의 농촌 유입을 유도하고 농가의 농업 외 소득을 높이기 위해 **경자유전(耕者有田)**의 원칙에 어긋나지 않는 범위 내에서 도시민들이 소규모 농지를 취득할 수 있도록 농지 취득 규제를 완화하는 방안을 검토중"이라고 말했다.(www.joins.com, 2002년 1월 8일 사회면)

(23) 소비자들이 **입도선매하는** 셈치고, 이번 정기세일을 잘 활용하면 설날 혼잡을 피하면서 할인된 가격으로 상품을 구입할 수 있다.
(www.chosun.com, 2002년 1월 16일 경제면)

(24) 중국어 학원도 **문전성시**를 이루고 있다.
(www.joins.com, 2002년 1월 10일 사회면)

(25) 문건은 또 미국이 탈레반 정권 와해 후 후세인과 김정일 정권을 차례로 전복시킬 경우 미국의 위풍이 2차대전 후 최고 수준으로 상승할 것이며 지금이(북한 등 숙적 타도를 위한) **천재일우**의 기회라고 강조했다.
(www.munhwa.co.kr, 2002년 2월 9일, 국제면)

이상의 (17)~(25)에서 밑줄 친 한자어를 문맥에 맞게 좀더 쉬운 말로 바꾸어 쓰면 다음의 (17)'~(25)'와 같다.

(17)' 同床異夢(동상이몽) →각각 다른 생각
(18)' 태부족(太不足) →매우 많이 부족함/몹시 많이 부족함
(19)' 무용지물(無用之物) →쓸모 없는 것
(20)' 지일(知日) →일본을 앎, 극일(克日) →일본을 이김9)
(21)' 우여곡절(迂餘曲折)10) →어려운 과정을 거친

---

8) 중앙일보 2001년 8월 17일 제2면 '채택률 0.4%의 의미'라는 사설의 원문에는 '새 역사'가 '새 역모'로 잘못 표기되어 있다.

9) '지일(知日)이고 극일(克日)이며'를 '일본을 알고 일본을 이기는 것이며'로 바꾸어 쓰면 좀더 많은 사람이 쉽게 이해할 수 있을 것이다.

(22)' 경자유전(耕者有田)11) →농부가 농지를 소유하여야 한다

(23)' 입도선매(立稻先賣)12) →손해를 보면서 미리 파는 것

(24)' 문전성시(門前成市)13) →만원(滿員)/성황(盛況)

(25)' 천재일우(千載一遇)14) →다시없이 좋은

신문 지면의 제약으로 말미암아 신문 기사문에는 약어(略語)가 많이 쓰인다. 기자는 되도록 대부분의 독자가 이해할 수 있는 약어를 가려 써야 하는데, 난해한 외국어와 한자어 계통의 약어를 남용하기 때문에 독자가 기사문을 독해할 적에 어려움을 겪는 경우가 많다.

(26) 전국 521개 私學재단 **MBC** 상대 26억 **損賠訴**
　　　 (동아일보, 2001년 8월 15일, 제23면)

(27) **KAL** 승무원 '꼴불견 승객 톱 7'
　　　 (www.munhwa.co.kr, 2002년 1월 7일, 사회면)

(28) 中國 오늘 **WTO** 가입(조선일보, 2001년 11월 10일 제1면)

(29) 野 '**DJ** 언론 압살 7大 거짓말' 발표(조선일보, 2001년 8월 13일 제5면)

(30) **大選** 겨냥한 **JP**의 '高空 정치'(조선일보, 2001년 8월 17일 제5면)

(31) **PC**는 한 대만 있어도 되지만 자료의 입.출력15)을 위한 모니터와 키보드는 따로 있어야 한다.(www.joins.com, 2002년 1월 16일 경제면)

(32) "법 체계 미비가 해외 투자 걸림돌" … **WEF** 참석 **CEO** 설문
　　　 (www.donga.com, 2002년 2월 1일 경제면)

(33) 총련 학교 '우리말 제대로 쓰기' 열풍(한겨레, 2002년 1월 30일 정치면)

(34) **LA**한미은행 북은행과 송금 거래(한겨레, 2001년 7월 13일 제4면)

---

10) '우여곡절(迂餘曲折)'의 사전적인 의미는 '복잡하게 뒤얽힌 사연이나 과정'이다.

11) '경자유전(耕者有田)'은 국어 대사전에도 수록되어 있지 않은 말이다. 이 말은 '농사를 실지로 짓는 사람이 밭을 소유하여야 한다.'는 것을 뜻한다.

12) '입도선매(立稻先賣)'의 사전적인 의미는 '아직 논에서 자라고 있는 벼를 파는 것'이다. 이 말은 이 예문에서 부적절하게 사용되었다.

13) '문전성시(門前成市)'의 사전적인 의미는 '어떤 집에 찾아오는 사람이 많아서 문 앞이 마치 시장 바닥처럼 많은 사람으로 북적대는 것'이다.

14) '천재일우'의 사전적인 의미는 '좀처럼 만나기 어려운 좋은 기회'이다. 글자 그대로의 의미는 '천 년만에 한 번 만난다'는 것이다.

15) '입.출력'은 '입력·출력' 혹은 '입출력'으로 표기하여야 한다.

(35) 자민련, 언론 **國調** 등 한나라와 협력 검토
 (중앙일보, 2001년 8월 17일 제1면)

(36) 타임 "한국 조폭은 못 건드려"
 (www.joins.com, 2002년 1월 9일 사회면)

(37) "**健保**적자 봉급자에만 떠넘겨" 분통
 (www.chosun.com, 2002년 1월 22일 사회면)

(38) '교통**몰카**' 150만건 신고(중앙일보, 2001년 8월 9일 제25면)

(39) 公正委가 시장 活力 걸림돌(중앙일보, 2001년 8월 9일 제1면)

(40) [新차이나 리포트③] IT 용틀임 "매출 10년내 96조원"
 (www.donga.com, 2002년 1월 10일 money & biz.)

(41) 사상 첫 남북 합작 *it*단지 '부팅' 초읽기(한겨레, 2002년 1월 27일 정치면)

 이상의 (26)의 'MBC'는 Munhwa Broadcasting Company의 약어이다. 이것은 '문화방송사'를 영어로 옮긴 것이다. '損賠訴(손배소)'는 '損害賠償請求訴訟(손해 배상 청구 소송)'의 약어이다. (27)의 'KAL'은 'Korean Air Lines'의 약어이다. 이것은 '대한항공'을 영어로 옮긴 것이다. (28)의 'WTO'는 'World Trade Organization'의 약어이다. 이것은 '세계 무역 기구'를 뜻한다. (29)의 'DJ'는 김대중 대통령을 지칭하고, (30)의 'JP'는 김종필 자유민주연합의 총재를 지칭한다. 'DJ'는 'Dae-jung'의 약자이고, 'JP'는 'Jong-phil'의 약자이다. 1960년대부터 우리 나라의 신문 기사에서는 이와 같이 주로 특정한 정치가에 한하여 본명 대신에 로마자로 옮긴 이름의 첫 글자를 따서 지칭한다[16]. 그 이전까지는 우리 민족은 본명 대신에 아호(雅號)를 사용하였다. 우리의 글자인 한글 대신에 로마자로 인물을 지칭하는 것은 배미사상(拜美思想)에서 나온 것이며, 일정한 정치가에 한하여 이러한 약자를 사용하는 것은 일부 언론인의 권력 지향적인 일면을 보여 주는 것이다. 본명을 쓰기가 어려우면 아호를 사용하는 것이 바람직하다. (30)의 '大選'은 '대통령 선거'의 준말이고, (31)의 'pc'는 'personal computer'의 약어로 '개인용 컴퓨터'를 뜻한다. (32)의 'WEF'는 'world economic forum'의 약어로 '세계 경제 포럼'을 뜻하며, 'CEO'는 'Chief executive officer'의 약자로 '최고 경영자' 혹은 '경영 최고 책임자'를 뜻한다.

---

16) 때로는 정치가 이외에 대기업 회장을 로마자 이름의 첫 글자를 따서 지칭하기도 한다.

(33)의 '총련'은 '조선인총연합회'의 약어이고, (34)의 'LA'는 'Los Angeles'의 약어이며, (35)의 '國調'는 '國政調査(국정조사)'의 약어이다. (36)의 '조폭'은 '조직 폭력배'의 약어이고, (37)의 '健保'는 '健康保險(건강보험)'의 약어이다. (38)의 '몰카'는 '몰래 카메라'의 약어이며, (39)의 '公正委'는 '公正去來委員會(공정거래위원회)'의 약어이다. (40)의 'IT'는 information technology의 약자이므로 '정보 기술'로, (41)의 'it'는 'IT'를 잘못 쓴 것이다.

약어가 쓰인 기사의 예 (26)~(41)중에서 뉴스 기사문의 본문에서 발췌한 (31)을 제외한 나머지 것들은 기사문의 제목이다. 오늘날 신문 독자 중에는 제목만 대충 훑어보고 마는 이가 있다. 이러한 사람 가운데 제목에 쓰인 약어의 뜻을 모르는 사람은 그것의 의미를 알기 위해 어쩔 수 없이 리드나 본문을 읽게 된다. 난해한 약어를 씀으로써 독자로 하여금 시간을 낭비하게 하는 역기능을 하는 것이다. 우리 나라 신문은 불특정 다수의 독자를 대상으로 발간하고 있으므로 기자는 되도록 신문 기사문의 제목에는 난해한 약어를 사용하지 않아야 한다.

다음의 예문 (42), (43)과 같이 50음절 이상의 장문이어서 독자가 기사의 의미를 파악하는 데 어려움을 겪는 경우가 있다.

(42) 각 부문 남녀 6위까지 입상자(5km 건강달리기 제외)들에게는 상장과 부상을 드리며 풀코스 남녀부 우승자에게는 별도로 내년 가을에 개최되는 2002**베이징(北京)마라톤대회 참가에 따른 항공료 체제비 등 경비를 제공합니다.**
(동아일보, 2001년 8월 10일 제1면)

(43) 복지위는 이와 함께 보험료와 보험수가를 각각 따로 결정하던 건강보험 심의조정위원회와 재정운영위원회를 통합, 건강보험정책심의위원회를 구성키로 하고 산하에 각각 11명으로 구성된 보험료조정소위와 수가조정소위를 둬 건보재정의 수입과 지출 부문이 동일한 기구에서 심의, 결정되도록 했다.
(www.munhwa.co.kr, 2002년 1월 7일 경제면)

한 문장의 길이가 50음절 이내이면서 단문(單文)이면 대개 용이성과 간결성을 띠게 된다. 기자는 이러한 점에 유의하여 기사를 작성하면 이해하기 쉽고 간결한 문장이 될 것이다[17]. 이상의 예문 (42)는 다음의 (42)′와 같이 두 문장으로 나눌 수 있다. 또한 "베이징(北京)마라톤대회 참가에 따른 항공료 체제비 등 경비를 제공합니다"는 "베이징(北京)마라톤대회에 참가할 때 항공료와 체재비를 제공합니다"로 바꾸면 더욱 간결해진다.

> (42)' 각 부문 남녀 6위까지 입상자(5km 건강달리기 제외)들에게는 상장과 부상을 드
> **립니다.** 풀코스 남녀부 우승자에게는 별도로 내년 가을에 개최되는 2002베
> 이징(北京)마라톤대회**에 참가할 때 항공료와 체재비를** 제공합니다.

　(43)은 다음의 (43)'와 같이 "복지위는 이와 함께 ～ 구성키로 하고"와 "산하에 ～ 결정되도록 했다"를 각각 별개의 문장으로 작성하며, '이와 함께'와 '각각 11명으로 구성된', '동일한 기구에서' 등을 삭제하고, 피동형인 "수입과 지출 부문이 동일한 기구에서 심의, 결정되도록 했다"를 능동형인 "수입과 지출 부문을 심의하여 결정하도록 했다."로 바꾸어 쓰면 더욱 간결하고 이해하기 쉬운 기사가 된다.

> (43)' 복지위는 보험료와 보험수가를 각각 따로 결정하던 건강보험심의조정위원회와
> 재정운영위원회를 통합해 건강보험정책심의위원회를 구성키로 했다. 산하에
> 보험료조정소위와 수가조정소위를 둬 건보 재정의 수입과 지출 부문을 심의
> 해 결정하도록 했다.

　둘째, 단어나 연결 어미를 오용하거나, 문장 성분 간에 공기 관계를 잘못 맺

---

17) 박갑수(1990 : 104～105)에서는 장문을 짓지 않는 요령으로 다음과 같이 세 가지를 들고 있다.
　　가. 문장의 길이를 50자 내로 한다.
　　나. 일문(一文) 일 개념(一槪念) 또는 일문(一文) 일 사실(一事實)의 진술을 원칙으로 한다.
　　다. 문장의 구조를 단순화한다.
　　　ㄱ. 단문(單文)을 즐겨 쓴다.
　　　ㄴ. 대등절의 반복을 피한다.
　　　ㄷ. 수식절화를 피한다.
　　　ㄹ. 보문절화(補文節化)를 피한다.
　　　ㅁ. 문장의 접속화를 피한다.
　　　ㅂ. 문장 삽입을 피한다.
　　　ㅅ. 직접 인용을 길게 하지 않는다.

도록 구성하거나, 맞춤법과 문장 부호 사용법에 어긋나게 표기함으로써 정확성이 결여되고, 번역투로 문장을 작성하여 자연성이 결여된 예를 많이 찾아볼 수 있다.

단어의 오용 중에서 의존명사 '등'을 오용하는 경우가 가장 많다.

> (44) 하지만 전국교직원노동조합 등 교육단체가 자립형 사립고를 '귀족학교'로 규정, 도입에 강력 반발하고 있어 논란이 예상된다.
> (중앙일보, 2001년 8월 8일 제1면)
> (45) 병무청은 국외 이주 제도를 악용해 병역을 회피하는 일부 해외파 연예인 등에 대한 병역 의무를 강화하기 위해 병무직원에 대한 사법권 확보 등 특단의 대책을 마련키로 했다고 1일 밝혔다.(www.chosun.com., 2002년 2월 1일 정치면)

'등'은 같은 종류의 것이 앞에 둘 이상 열거되어 있음을 묶어 나타내는 의존명사이다18). 그런데 (44)에서는 '전국교직원노동조합'이란 단체 하나만을 든 뒤에 '등'을 오용하였다. 그리고 (45)에서 '연예인' 바로 뒤에 있는 '등'과 '확보' 뒤에 놓인 '등'도 오용한 것이다. 의존 명사 '등' 이외에 조사를 오용하는 경우도 있다.

> (46) 허난성에서 한국인 사업가 중국인에 강도 피살
> (www. yonhapnews. co. kr, 2002년 1월 6일 국제면)

(46)은 조사 '에'를 '중국인'에 붙여 써서 한국인 사업가와 중국인에게 강도가 피살되었다는 의미를 나타낸다. (46)은 한국인 사업가가 중국인 강도에게 피살되었다는 기사의 제목이다. 이러한 의미를 나타내게 하려면 조사 '에' 대신에 '에게'를 '중국인'에 붙여 써서는 안 되고 '강도'에 붙여 써야 한다. '에'와 '에게'는 다의성을 지닌 부사격 조사이지만 그것들의 용법이 상이하다. '에'는 다음과 같이 다양한 의미를 나타낸다(연세한국어사전, 1998 : 1283~1286).

---

18) 의존명사 '등(等)'을 바르게 사용한 예문을 들면 다음과 같다.
　(ㄱ) 어제 나는 사과·밤·대추·호두·배 등 과일을 많이 먹었다.
　(ㄴ) 아기에게 매를 든다거나 손찌검을 하는 등의 체벌은 좋지 않다.

① 장소, 자리를 나타냄. [예문] 들**에** 핀 꽃을 꺾지 말아라.
② 행위자의 행위가 영향이 미치는 대상을 나타냄.
  [예문] 청중이 그 가수의 노래**에** 매혹됐다.
③ 기준을 나타냄. [예문] 그 학생의 답안은 완벽**에** 가까웠다.
④ 자격, 신분을 나타내는 말에 붙어 '~로'의 뜻을 나타냄.
  [예문] 그가 국방부 장관**에** 임명되었다.
⑤ 원인, 이유를 나타냄. [보기] 그는 더위**에** 지쳤다.
⑥ 도구나 수단을 나타냄. [보기] 돌부리에 채여 넘어지지 않게 조심해라.
⑦ 시간을 나타내는 말에 붙어 '~의 때/동안', '~의 기간을 통하여'의 뜻을 나타냄.
  [보기] 자명종 시계가 다섯시**에** 울게 되어 있다.
⑧ 상황이나 출전을 나타냄. [보기] 우리 나라 속담**에** 열 길 물 속은 알아도 한 길
  사람 속은 모른다고 한다.
⑨ 단위를 나타냄. [보기] 어제 나는 그 헌 냉장고를 3만원**에** 팔았다.

　'에게'도 다음과 같이 다의성을 지니고 있다(연세한국어사전, 1998 : 1286). 이
상의 예문 (46)에서 '에'를 '에게'로 바꾸어 쓸 경우 다음의 ①～⑧ 가운데 ③
의 의미를 나타낸다.

① 행위자의 행위를 받는 대상을 나타내는 말에 붙어 '~를 상대로 하여'의 뜻을
  나타냄. [예문] 사회적 동물은 남**에게** 보이기 위하여 무척 많은 일을 하기 마련
  이다.
② 무엇을 가지고 있는 대상을 나타내는 말에 붙어서 '~가 가진 것으로'의 뜻을
  나타냄. [예문] 불혹의 나이를 넘긴 사람**에게** 무슨 설레임과 두근거림이 있을
  까?
③ 피동문에서 행위의 주체를 나타내는 말에 붙어서 '~에 의해'의 뜻을 나타냄.
  [예문] 다행히 이웃나라 부족**에게** 발견되어 목숨을 부지하게 되었다.
④ 주어에 행위를 가하는 자를 나타내는 말에 붙어서 '~로부터'의 뜻을 나타냄.
  [예문] 친구들**에게** 간단한 문안 편지만 받아도 반가워 몇 번씩 읽었다.
⑤ 어떠한 행위를 하도록 시킴을 받는 대상을 나타내는 말에 붙어서 '~로 하여금,
  ~가(~하도록)'의 뜻을 나타냄. [예문] 어머니가 아기**에게** 우유를 먹인다.
⑥ 어떠한 느낌을 가지게 하는 대상을 나타내는 말에 붙어서 '~에 대하여'의 뜻
  을 나타냄. [예문] 난 너**에게** 정말 실망했다.
⑦ 어떠한 느낌이나 상태를 느끼는 주체를 나타내는 말에 붙어서 '~가 느끼기에'

의 뜻을 나타냄. [예문] 7년 간의 외국 생활이란 것이 나약한 여성**에게** 쉬운 것이었을 리 없다.

⑧ 어떠한 기준임을 나타내는 말에 붙어서 '~과/~를 기준으로 할 때'의 뜻을 나타냄. [예문] 나**에게** 맞는 일은 무엇일까?

다음의 예문 (47)~(49)도 조사를 오용한 것이다. (47)에서 '중국에'는 '중국의'로, (48)에서 '미국은'은 '미국의'로, (49)에서 '검찰총장에'는 '검찰총장에게'로 각각 바꾸어 써야 한다.

(47) 중국**에** 2002년은 지도자 교체의 해다.
   (www.chosun.com, 2002년 1월 1일 국제면)
(48) 지난 96년 초 빈 라덴을 추방하라는 **미국은** 강한 압력을 받고 있던 수단 정부는 미 중앙정보국(CIA)과 연결돼 있는 전직 정보원을 워싱턴에 보내 지난 94년 테러범 카를로스 자칼을 프랑스의 손에 넘겨준 것과 같이 빈 라덴을 미국에 인도하겠다고 제의했다고 신문은 말했다.(www.yonhapnews.co.kr, 2002년 1월 6일 속보)
(49) 野 "처조카가 검찰총장**에** 압력 넣다니…"
   (www.chosun.com, 2002년 2월 2일 정치면)

조사를 잘못 쓰면 문법에 어긋난 문장이 되거나, 작성자의 의도와 다른 의미를 나타내거나, 모호한 의미를 나타내는 문장이 된다. 따라서 기자는 조사의 용법을 정확히 알고 바르게 쓸 수 있어야 한다.

다음의 (50)~(53) 등과 같이 명사나 동사 등을 잘못 사용하여 어색한 문장이 된 것도 있다.

(50) 이용호씨, DJ 차남 접근 시도 의혹, 불거지는 '**設**' 쏠리는 '관심'
   (www.chosun.com., 2002년 1월 28일 정치면)
(51) **청화대** 가는 길(www.munhwa.co.kr., 2001년 12월 3일, 정치)
(52) 빈 라덴은 96년 5월 18일 C-130 전세기편으로 부인들을 포함해 모두 150여 명에 이르는 추종자들과 함께 커르툼을 이륙, 아프가니스탄 동부의 잘랄라바드로 향했으며 도중에 카타르에 **들어** 재급유를 받기도 했다.
   (www.yonhapnews.co.kr, 2002년 1월 6일 속보)

(53) 당시 미 국무부는 빈 라덴을 '테러에 대한 세계 최대의 단일 자금주'로 표현하
   고 있었으며 수단이 테러범들을 보호하고 있다고 비난했으나 수단의 빈 라덴
   추방 제의는 거절했다고 신문은 **말했다**.
   (www.yonhapnews.co.kr, 2002년 1월 6일 속보)

(50)의 '設'은 '사람들 사이에 떠도는 이야기'를 뜻하는 '說(설)'로, (51)의 '청화대'는 '청와대'로, (52)의 '들어'는 '들러'로, (53)의 '말했다'는 '보도했다'로 각각 바꾸어 써야 자연스러운 문장이 된다. 어떤 의미를 나타내는 데 적확한 단어를 골라 써야 정확한 문장이 된다. 그렇지 않으면 메시지를 바르게 전달하지 못한다. 따라서 기자는 휴대용 국어 사전을 늘 가지고 다니면서 적확한 단어를 골라 기사를 작성하기 위하여 힘써야 한다.

다음의 예문 (54)와 같이 연결 어미를 잘못 사용하여 어색한 문장이 되는 경우도 있다.

(54) 남녀 모두 배우자 선택 시 가장 중요하게 생각하는 것은 성격(남성 57.1% ·
   여성 53.6%)이라고 **응답했으나** 성격 다음으로 남성은 외모(20.1%), 여성은
   경제적 능력(24.9%)이라고 응답했다.
   (www.munhwa.co.kr, 2002년 1월 9일 사회면)

연결 어미 '-(으)나'는 앞뒤의 사실을 대립적으로 이어 주는 구실을 하는 것이다. 예문 (54)는 남자와 여자가 배우자를 선택할 때 중시하는 것에 대해서 설문 조사를 한 결과 가장 중시하는 것과 그 다음으로 중시하는 것을 보도한 것이다. 이 기사문에서 '성격'은 남녀 모두가 가장 중시하는 것임을 보도한 뒤에 그 다음으로 중시하는 것은 남자와 여자가 다름을 보도하고 있다. 따라서 (54)의 '응답했으나'를 '응답했고' 혹은 '응답했다'로 바꾸어 써야 (54)가 자연스러운 문장이 된다.

문장 성분 간에 공기 관계를 잘못 맺도록 구성하여 비문법적인 문장이 된 것이 있다. 다음 예문 (55ㄱ)에서 '도난당해'는 타동사이므로 이것과 호응하는 목적어가 있어야 하는데 이 문장에는 없다. 이 문장은 (55ㄴ)과 같이 '여권 300여 장이 무더기로 도난당해'를 '여권 300여 장을 무더기로 도난당해'로 바

꾸어 써야 자연스러운 문장이 된다.

> (55) ㄱ. 18일 오후 1시께 서울 강남구 삼성동 도심공항터미널 내 강남구청 민원
> 여권과 출장사무소에서 **<u>여권 300여장이 무더기로 도난당해</u>** 경찰이 수
> 사에 나섰다.(한겨레, 2002년 1월 18일 사회면)
> ㄴ. 18일 오후 1시께 서울 강남구 삼성동 도심공항터미널 내 강남구청 민원
> 여권과 출장사무소에서 **<u>여권 300여 장을 무더기로 도난당해</u>** 경찰이 수
> 사에 나섰다.

다음의 예문 (56)~(60)은 주술 관계가 어색하여 부자연스러운 문장이 된
것이다.

> (56) **<u>홍씨는</u>** 지난 5일 서울 도봉구 쌍문동 모텔에서 남자친구 이모(28, 구속)씨와
> 함께 히로뽕을 투약하는 등 모두 2차례에 걸쳐 히로뽕을 투약한 **<u>혐의다</u>**.
> (www.munhwa.co.kr, 2002년 1월 10일 사회면)
> (57) 경찰에 따르면 **<u>안씨는</u>** 히로뽕 환각상태서 5일 오후 1시 20분께 서울 서대문
> 구 창천동 H백화점 1층에서 임신 7주인 화장품 매장 직원 김모(27. 여)를 붙
> 잡고 '죽여 버리겠다'며 흉기로 **<u>위협</u>**, 5분 여 간 인질극을 벌인 **<u>혐의다</u>**.
> (www.yonhapnews.co.kr, 2002년 1월 6일 사회면)
> (58) **<u>이씨는</u>** 2000년 1월 윤씨에게서 패스21에 대한 홍보성 기사를 써 달라는 청
> 탁과 함께 시가 8000만원 상당의 패스21 주식 400주(액면가 5000원)를 200
> 만원에 받았으며 지난해 2월에는 같은 명목으로 시가 1억원 상당의 주식
> 1000주를 무상으로 받은 **<u>혐의(배임수재)다</u>**.
> (www.donga.com, 2002년 1월 8일 사회면)
> (59) 경찰에 따르면 **<u>이씨는</u>** 지난 18일 오후 4시께 집 안방에서 평소 의처증이 있
> 던 남편 남 모(45) 씨가 '누구와 바람을 피웠느냐'며 폭행하려 해 부부싸움을
> 벌이는 과정에서 둔기로 남편을 때려 숨지게 한 **<u>혐의다</u>**.
> (www.joins.com, 2002년 1월 21일 사회면)
> (60) **<u>정부는</u>** 일단 공식적인 언급을 자제하는 **<u>분위기다</u>**.
> (www.joins.com, 2002년 1월 7일 국제면)

"누구는 … 혐의다."는 우리 나라 범죄 기사에서 흔히 볼 수 있는 비문법적
인 문장이다. 주어와 서술어 공기 관계를 맺을 수 없는 말을 주술 관계를 맺도

록 문장을 구성하였기 때문이다. 예문 (56)~(59) 등의 맨 끝에 오는 서술어 '혐의다'를 '혐의를 받고 있다'로 바꾸어야 (56)~(59) 등 자연스러운 문장이 된다. 예문 (60)도 주어인 '정부는'과 서술어인 '분위기다'가 주술 관계를 맺도록 구성하여 비문적인 문장이 되었다. (60)은 "정부에서는 일단 공식적인 언급을 자제하고 있다."고 바꾸어 쓰는 것이 자연스럽다.

다음의 (61)~(66)도 우리 나라 신문 기사문에서 흔히 볼 수 있는 것이다. 이것들은 각 문장의 맨 끝에 놓인 서술어 '전망이다, 평가다, 예정이다' 등과 호응하는 주어가 분명히 제시되어 있지 않아서 어색한 문장이 된 것들이다.

(61) …1974년 이후 전국으로 확대돼온 획일적인 '고교 평준화 체제'가 부분적으로 해제될 **전망이다**.(중앙일보, 2001년 8월 8일 제1면)

(62) 지난해 사상 최초로 100억달러의 수출을 기록, 효자상품으로 떠오른 단말기가 여전히 주력 수출 상품으로 자리를 지킬 **전망이다**.
(www.munhwa.co.kr, 2002년 1월 7일 경제면)

(63) 올해는 1년 내내 선거판으로 지샐 **전망이다**.
(www.chosun.com, 2002년 1월 8일 정치면)

(64) 만약 한나라당도 전국 순회 경선을 하게 되면 전국이 여야의 순회 경선장이 될 **전망이다**.(www.chosun.com, 2002년 1월 8일 정치면)

(65) 또(이상호 인천공항 전 개발사업단장은) 일에 대한 자부심과 고집이 무척 강하다는 **평가다**.(중앙일보, 2001년 8월 8일 제26면)

(66) 무엇보다도 CDMA 서비스 본격 실시는 서비스 요금 하락을 가져와 소비자에게 가장 큰 이익을 가져다 줄 **예정이다**.
(www.munhwa.co.kr, 2002년 1월 8일 국제면)

(61)~(64)에서 전망한 주체는 기사의 작성자이다. 따라서 (61)~(64)의 '전망이다'는 '~것으로 보인다' 혹은 '~것으로 전망한다/전망된다'로 바꾸어 써야 자연스러운 문장이 된다. (65)는 이상호 인천공항 전 개발사업단장에 대한 다른 사람들의 평가에 대해서 보도한 것이다. (65)는 다음의 (65)′와 같이 바꾸어 표현할 수 있을 것이다.

(65)' 주위 사람들은 이상호 씨가 일에 대한 자부심과 고집이 무척 강한 사람이라고
한다.

(66)은 기사 작성자가 "CDMA 서비스를 실시함으로써 서비스 요금 하락을
가져와 소비자에게 가장 큰 이익을 가져다 줄 것을 예상한다."라는 메시지를
보도하기 위하여 작성한 문장이다. 따라서 '예정이다'도 (61)~(64)에 쓰인 '전
망이다'와 같이 서술어로서 부적절하다. 이것도 '~것으로 예상한다/예상된다'
로 바꾸어 써야 한다.

다음의 (67ㄱ)은 밑줄 친 '파행을 맞게 됐다'와 같이 객술 관계를 맺을 수
없는 문장 성분들이 객술 관계를 맺도록 구성하고 '파행을 맞게 됐다'와 호응
하는 주어를 생략함으로써 어색한 문장이 된 것이다. (67ㄱ)은 다음의 (67ㄴ)
과 같이 바꾸어 써야 자연스러운 문장이 된다.

(67) ㄱ. 올 10월까지 자립형 사립고교를 선정하려던 교육인적자원부의 방침에 대
해 서울시교육청이 16일 "올해에는 자립형 사립학교를 선정하지 않겠다"
고 최종 결정해 시작 단계부터 **파행을 맞게 됐다.**
(중앙일보, 2001년 8월 17일 제27면)
ㄴ. 올 10월까지 자립형 사립고교를 선정하려던 교육인적자원부의 방침에 대
해 서울시교육청이 16일 "올해에는 자립형 사립학교를 선정하지 않겠다"
고 최종 결정해 **자립형 사립고교 선택제**는 시작 단계부터 **파행을 보이
고 있다.**

다음의 (68ㄱ)은 문장 성분을 생략하여 문장을 작성함으로써 비문법적인 문
장이 되었다. 이것은 (68ㄴ)과 같이 표현하여야 문법에 맞는 문장이 된다.

(68) ㄱ. 정기국회가 끝나면 대통령 선거다.
(www.chosun.com., 2002년 1월 8일 정치면)
ㄴ. 정기국회가 끝나자마자 대통령 선거를 하게 된다.

기자는 기사문을 작성할 때 기사의 특성 중 하나인 간결성을 중시하여야 하
지만 간결성보다 정확성을 더욱 중시하여야 한다. 비문법적인 문장은 문장이

아니기 때문이다. 기자는 국어 문법을 숙지하고, 문장 성분 간의 호응 관계 ― 주술 관계, 객술 관계, 수식어와 피수식어 관계 등 ― 에 유의하면서 문장을 작성하여야 한다.

우리 나라의 기사문 중에는 외국어 번역투 문장이어서 부자연스러운 느낌을 주는 것이 있다. (69ㄱ)~(73ㄱ)은 접미사 '-들'을 남용하여 어색한 문장이 된 것이다. 이것들은 (69ㄴ)~(73ㄴ)과 같이 바꾸어 써야 한다.

(69) ㄱ. **대부분의 국가들**은 앞좌석 탑승자들의 안전띠 착용은 의무화하고 있으나, **많은 나라들**이 뒷좌석 탑승자들의 안전띠 착용까지 의무화하지는 않고 있다.(www.chosun.com, 2002년 1월 5일 사회면)

　　 ㄴ. **대부분의 국가**는 앞좌석 탑승자들의 안전띠 착용은 의무화하고 있으나, **많은 나라**가 뒷좌석 탑승자들의 안전띠 착용까지 의무화하지는 않고 있다.

(70) ㄱ. 이들은 "'중대 결심' 운운하며 협박한 것은 도가 지나쳤다"며 "이 고문의 정체성에 대해서도 여전히 **많은 사람들**이 의문을 버리지 못하고 있다"고 말했다.(www.munhwa.co.kr, 2002년 1월 9일 정치면)

　　 ㄴ. 이들은 "'중대 결심' 운운하며 협박한 것은 도가 지나쳤다"며 "이 고문의 정체성에 대해서도 여전히 **많은 사람**이 의문을 버리지 못하고 있다"고 말했다.

(71) ㄱ. **여러분들**은 지난 10년 간 콜레스테롤에 대해 상당히 많은 사실이 밝혀졌을 것이라고 생각할 것이다.
(www.joins.com, 2002년 1월 5일, CNN. com 한글 뉴스)

　　 ㄴ. **여러분은** 지난 10년 간 콜레스테롤에 대해 상당히 많은 사실이 밝혀졌을 것이라고 생각할 것이다.

(72) ㄱ. 사설학원들이 밀집해 있는 서울 강남 지역은 작년 12월 수능시험에서 좋은 점수를 얻은 **학생들이 많이 나왔다**는 소문이 돌면서 아파트 값이 급등바람을 타기 시작, 최근 한달간 3000만~5000만원씩 오른 곳이 속출하고 있다.(www.chosun.com, 2002년 1월 8일 경제면)

　　 ㄴ. 사설학원들이 밀집해 있는 서울 강남 지역은 작년 12월 수능시험에서 좋은 점수를 얻은 **학생이 많이 나왔다**는 소문이 돌면서 아파트 값이 급등바람을 타기 시작, 최근 한달 간 3000만~5000만원씩 오른 곳이 속출하고 있다.

(73) ㄱ. 2002년 대학 정시모집의 경우 각 대학의 중국어 관련학과에 **많은 수험생**

　　　　들이 몰려 한국외국어대학교 "다"군의 중국어과는 18명 모집에 710명이

　　　　원서를 접수, 39.4 대 1의 높은 경쟁률을 기록하기도 했다.

　　　　(www.joins.com, 2002년 1월 10일 사회면)

　　ㄴ. 2002년 대학 정시모집의 경우 각 대학의 중국어 관련학과에 **많은 수험**

　　　　생이 몰려 한국외국어대학교 "다"군의 중국어과는 18명 모집에 710명이

　　　　원서를 접수, 39.4 대 1의 높은 경쟁률을 기록하기도 했다.

　다음의 (74ㄱ)~(77ㄱ)에서 밑줄 친 부분은 외국어를 직역한 느낌을 준다.
이것들은 (74ㄴ)~(77ㄴ)과 같이 바꾸어 써야 자연스러운 문장이 된다.

(74) ㄱ. 그는 또 "근로자의 권익을 보호하고 과거의 **실수로부터** 교훈을 얻도록

　　　　하기 위해 엔론 파산을 철저히 조사해 나갈 것"이라고 약속했다.

　　　　(www.joins.com,　2002년 1월 11일 국제면)

　　ㄴ. 그는 또 "근로자의 권익을 보호하고 과거의 **실수를 통해** 교훈을 얻도록

　　　　하기 위해 엔론 파산을 철저히 조사해 나갈 것"이라고 약속했다.

(75) ㄱ. 조지 W 부시 미국 대통령은 29일 전 세계 테러조직 소탕과 대량살상 무

　　　　기 개발 **국가들로부터의** 위협 방지를 테러와의 전쟁의 2대 목표로 규정

　　　　한 뒤 북한·이란·이라크 등 3개 국가를 차례로 직접 거명하면서 "미

　　　　국은 세계에서 **가장** 위험한 국가들[19]이 세계에서 **가장** 파괴적인 **무기들**

　　　　로 미국을 위협하도록 허용하지 않을 것"이라고 말했다.

　　　　(www.chosun.com, 2002년 1월 30일 국제면)

　　ㄴ. 조지 W 부시 미국 대통령은 29일 전 세계 테러조직 소탕과 대량살상 무

　　　　기 개발 국가**의** 위협 방지를 테러와의 전쟁의 2대 목표로 규정한 뒤 북

　　　　한·이란·이라크 등 3개 국가를 차례로 직접 거명하면서 "미국은 세계

　　　　에서 매우 위험한 국가들이 세계에서 **대단히** 파괴적인 **무기**로 미국을 위

　　　　협하도록 허용하지 않을 것"이라고 말했다.

(76) ㄱ. **보다 나은**[20] 교육 환경에서 자녀를 공부시키려는 학부모들에게는 '선망

　　　　의 주거지'이기도 하다.(www.joins.com, 2002년 1월 8일 사회면)

---

19) '가장'은 '여럿 가운데에서 으뜸으로·제일로'라는 뜻을 나타내는 부사이다. 따라서 '가장 위험
　　한 국가들'이나 '가장 파괴적인 무기들'과 같이 표현하여서는 안 되고, '가장 위험한 국가'나
　　'가장 파괴적인 무기'로 표현하여야 한다.

20) '보다 나은, 보다 용감한, 보다 씩씩한' 등은 영어의 비교급을 직역한 인상을 준다.

   ㄴ. **더욱 나은** 교육 환경에서 자녀를 공부시키려는 학부모들에게는 '선망의
주거지'이기도 하다.

   다음의 (77ㄱ)과 같이 사건의 시차성을 무시하고 문장을 구성하여 어색한
느낌을 주는 경우도 있다. 이 모 씨의 딸이 숙소에서 뛰어내리다가 골절상을
입을 행위가 공안에 신고한 행위보다 먼저 일어난 것이므로 (77ㄴ)과 같이 전
자를 후자보다 먼저 기술하거나 (77ㄷ)과 같이 이 모 씨가 부상당한 것과 그
녀의 딸이 공안국에 신고한 행위를 표현한 뒤에 그녀의 딸이 2층에서 뛰어내
리다 발목 골절상을 입은 것을 별개의 문장으로 표현하여야 한다.

(77) ㄱ. 조선족 통역 이모씨는 **강도들에** 저항하다 칼에 부상했으며, **딸이 2층에
서 뛰어내려 공안에 신고했고, 뛰어내리다 발목 골절상을 입었다.**
(www.yonhapnews.co.kr, 2002년 1월 6일 국제면)
   ㄴ. 조선족 통역 이모씨는 **강도들에게** 저항하다 칼에 부상했으며, **그녀의 딸
은 2층에서 뛰어내리다 발목 골절상을 입은 채 공안에 신고했다.**
   ㄷ. 조선족 통역 이모씨는 **강도들에게** 저항하다 칼에 부상했으며, **그녀의 딸
은 2층에서 뛰어내려 공안에 신고했다.** 그녀의 딸은 숙소에서 뛰어내리
다 발목 골절상을 입었다.

   국어는 인구어와 달리 능동태가 발달한 언어이다. 그런데 국어에는 8·15
광복 이후 영어의 영향을 받아 피동문이 남용되는 경향이 농후하다. 기사문에
서도 다음의 예문 (77ㄱ)과 같이 능동문으로 작성하여야 할 것을 피동문으로
작성함으로써 문장이 길어지고 부자연스러운 느낌을 주는 보기를 많이 찾아볼
수 있다. (77ㄱ)을 능동문으로 바꾸어 쓰면 (77ㄴ)과 같다. 기자는 특별한 경
우— 능동 주어보다 피동 주어를 더 강조하여야 하거나, 능동 주어를 밝히기
가 어려운 경우— 가 아니면 되도록 능동문으로 기사를 작성하여야 한다(이주
행, 2001 : 262).

(78) ㄱ. 체세포를 이용해 난자를 만들어내는 기술이 국내 의료진에 의해 선보였다.
(중앙일보, 2001년 8월 8일 제2면)
   ㄴ. 체세포를 이용해 난자를 만들어내는 기술을 국내 의료진이 선보였다.

　문법적인 기능을 하는 파생접미사를 생략하고 단어를 사용하여 문장을 작성
하면 부정확한 비문법적인 문장이 된다. 우리 나라의 기사문 중에는 다음의
(79ㄱ), (80ㄱ), (81ㄱ) 등의 '규정, 우려, 병행'과 같이 '한자어 어근 + 하다'
로 이루어진 혼종어의 어근만을 서술어로 사용하거나 (79ㄱ)의 '강력'과 같이
"한자어 어근 + 부사화 접미사 '-히'"로 형성된 부사의 접미사를 생략하고 쓰
는 바람에 부자연스러운 문장이 된 것이 있다[21]. (79ㄱ), (80ㄱ), (81ㄱ) 등을
문법에 맞는 문장으로 바꾸어 쓰면 다음의 (79ㄴ), (80ㄴ), (81ㄴ) 등과 같다.

(79) ㄱ. 하지만 전국교직원노동조합 **등** 교육단체가 자립형 사립고를 '귀족학교'로
　　　　 규정, 도입에 **강력** 반발하고 있어 **논란이 예상된다.**
　　　　 (중앙일보, 2001년 8월 8일 제1면)
　　 ㄴ. 하지만 전국교직원노동조합 외 교육단체가 자립형 사립고를 '귀족학 교'
　　　　 로 **규정하고**, 도입에 **강력히** 반발하고 있어 **실시에 어려움이 있을 것으**
　　　　 로 예상된다.
(80) ㄱ. 이 당국자는 "독일 정부는 북한에 광우병 감염 우려가 있는 소를 지원했
　　　　 다는 비난을 받지 않을까 **우려**, 결정을 못 내리고 있는 것으로 안다"고
　　　　 밝혔다.(조선일보, 2001년 2월 14일 제1면)
　　 ㄴ. 이 당국자는 "독일 정부는 북한에 광우병 감염 우려가 있는 소를 지원했
　　　　 다는 비난을 받지 않을까 **우려해서** 결정을 못 내리고 있는 것으로 안다"
　　　　 고 밝혔다.
(81) ㄱ. 정부는 현대건설에 대한 신규 자금지원을 계속하는 조건으로 조만간 자신
　　　　 실사(實査)를 **병행**, 실사 결과 거액의 잠재부실이 적발되는 **등** 독자회생
　　　　 이 불가능하다고 판단될 경우 출자전환(出資轉換) 조치를 취하기로 방침
　　　　 을 정했다.(조선일보, 2001년 2월 14일 제1면)
　　 ㄴ. 정부는 현대건설에 대한 신규 자금지원을 계속하는 조건으로 조만간 자신
　　　　 실사(實査)를 **병행해 실시해서** 실사 결과 거액의 잠재부실이 **적발되어**
　　　　 독자 회생이 불가능하다고 판단될 경우 출자전환(出資轉換) 조치를 취하
　　　　 기로 방침을 정했다.

---

21) (79ㄱ)은 의존 명사 '등'을 잘못 사용하고, '논란이 예상된다'가 주술 관계를 잘못 맺고 있어
　　 비문법적인 문장이다.

공적인 글은 어문 규정에 맞게 쓰여야 한다. 그런데 우리 나라 기사문에는 맞춤법에 어긋나게 표기하거나 띄어쓰기 규정에 어긋나게 띄어 쓰거나 문장 부호 사용법에 어긋나게 문장 부호를 사용한 예가 보인다. 맞춤법에 어긋나게 표기한 보기를 들어 보면 다음의 (82)~(86)과 같다.

(82) 뒷좌석 안전띠도 꼭 **메세요**.(www.chosun.com, 2002년 1월 5일 사회면)

(83) 한 공안 소식통은 "시골에서 거액의 돈을 찾으면 자연히 소문이 나기 마련인데 중국에서 **체제하려면** 안전을 위해 여러 측면에서 주의해야 한다."고 말했다.(www.joins.com, 2002년 1월 6일 사회면)

(84) 사회과학원 보고서는 특히 대·중형기업 관리자, 개체 상공업자, 사영기업 주가 시가 시장 경제 개혁의 주요 추진 세력이고 선진적인 생산력을 대표하는 계층이며, 사영기업주는 노동력을 착취하는 계층이 아니라고 말해 올해 가을 16차 전국대표대회(전당대회)에서 이들의 공산당 입당을 허용하기 위한 길을 **터고** 있다.(www.yonhapnews.co.kr, 2002년 2월 2일)

(85) 문제는 컴퓨터 **보급율**이 1%선에 머물고 있는 것으로 알려진 북한에서 어떻게 질높은 정보기술 전문인력을 안정적으로 확보하느냐는 것이다.
(한겨레, 2002년 1월 27일 정치면)

(86) 중국은 조지 W.부시 미 대통령의 '악의 축' 발언에 이은 대(對)북한 군사 행동 가능성을 주시하고 있으며 반(反)테러 분위기를 **빌어** 북한을 공격하는 것을 결연히 반대한다는 입장이라고 홍콩의 경제 일간 신보(信報)가 8일 베이징 소식통을 인용, 보도했다.(www.munhwa.co.kr, 2002년 2월 9일 국제면)

(82)의 '메세요'는 '매세요'로, (83)의 '체제하려면'은 '체재하려면'으로, (84)의 '터고'는 '트고'로, (85)의 '보급율'은 '보급률'[22]로, (86)의 '빌어'는 '빌려'[23]

---

22) "'한글 맞춤법' 제11항 [붙임 1]"에는 "다만 모음이나 'ㄴ' 받침 뒤에 이어지는 '렬, 률'은 '열, 율'로 적는다."라고 규정되어 있다. 따라서 '나렬(羅列)'은 '나열'로, '백분률(百分率)'은 '백분율'로 표기하여야 한다.

23) 종전에는 '빌다'와 '빌리다'를 구별하여 사용하였다. '나중에 돌려주기로 하고 남에게서 어떤 것을 가져오다.'라는 뜻을 나타낼 적에는 '빌다'라는 단어를 사용하고, '나중에 도로받기로 하고 어떤 것을 남에게 내어주다'라는 뜻을 나타낼 적에는 '빌리다'라는 단어를 사용하였다. 그런데 표준어 사정 원칙 제6항의 규정에 따라 '빌다'를 '빌리다'로 바꾸어 쓰게 되었다. 일반인이 '빌다'와 '빌리다'를 정확히 구별하여 사용하지 못하는 현실을 고려해서 '빌다'를 사용하지 않기로 한 것이다. 이러한 표준어 개정은 재고할 필요가 있다. 우리말의 어휘 중에서 고유어가 차지하

로 바꾸어 써야 한다. 이것들 중에서 (82), (83), (86) 등과 같이 맞춤법에 어긋나게 표기하면 기사 작성자가 원래 전달하려는 의미와 다른 의미를 표현하는 문장이 되거나 부자연스러운 문장이 된다.

띄어쓰기를 잘못하면 독자가 기사의 의미를 정확하게 빨리 파악하지 못한다. 오늘날 우리 나라에서는 띄어쓰기 규정에 따라 바르게 띄어 쓴 신문 기사문을 찾아볼 수가 없다. 이것은 일반 독자에게 어문 규정을 잘못 가르쳐 주고, 나아가서 어문 규정을 무시하고 대충 메시지만 전달하면 된다는 그릇된 인식을 가지게 하는 역기능을 하므로 하루빨리 시정되어야 한다. 다음의 (87ㄱ)~(106ㄱ)은 띄어쓰기 규정에 어긋나게 띄어 쓴 것이고, (87ㄴ)~(106ㄴ)은 (87ㄱ)~(106ㄱ)의 띄어쓰기 오류를 바로잡은 것이다.

(87) ㄱ. '부시방한' 찬반시위확산
  (www.munhwa.co.kr, 2002년 2월 19일 사회면)
  ㄴ. '부시 방한' 찬반 시위 확산

(89) ㄱ. 일부 쇄신연대 의원들은 "쇄신안 확정 과정에서 이 고문이 지나치게 표결을 서두르고 여기에 당권파가 동조하고 나선데 대해 다수가 불만을 갖고 있다"며 "쇄신 내용보다는 자신의 이익을 관철하기 위해 윽박질러 일방적으로 몰아간 것은 실책"이라고 가세했다.
  (www.munhwa.co.kr, 2002년 1월 9일 정치면)
  ㄴ. 일부 쇄신연대 의원들은 "쇄신안 확정 과정에서 이 고문이 지나치게 표결을 서두르고 여기에 당권파가 동조하고 나선 **데** 대해 다수가 불만을 갖고 있다."며 "쇄신 내용보다는 자신의 이익을 관철하기 위해 윽박질러 일방적으로 몰아간 것은 실책"이라고 가세했다.

(90) ㄱ. 법무부가 전날 엔론 사건 전담반을 편성해 전국적인 수사에 **착수한데** 이어 노동부와 증권거래위원회(SEC), **의회내** 여러 위원회가 엔론 사태에 대한 조사를 벌이고 있다.
  (www.joins.com, 2002년 1월 11일 국제면)
  ㄴ. 법무부가 전날 엔론 사건 전담반을 편성해 전국적인 수사에 **착수한데** 이어 노동부와 증권거래위원회(SEC), **의회 내** 여러 위원회가 엔론 사태에

___

는 비율이 적은데 고유어인 '빌다'를 사용하지 못하게 함으로써 고유어의 수를 줄이는 결과를 초래하였기 때문이다.

대한 조사를 벌이고 있다.

(91) ㄱ. 반면 임금은 한 달에 약 2만원 **오르는데** 그친다는 것. 이 때문에 합승이
나 승차 거부 등이 더 늘어날 수밖에 없다는 얘기다.
(중앙일보, 2001년 8월 17일 제20면)

ㄴ. 반면 임금은 한 달에 약 2만원 **오르는 데** 그친다는 것. 이 때문에 합승이
나 승차 거부 등이 더 늘어날 수밖에 없다는 얘기다.

(92) ㄱ. 강남 사람들은 미국 등 선진국의 유행과 생활 방식을 좇아가는데 적극적
이며, **건강. 미용. 음식** 등에 돈을 아끼지 않는다.
(www.joins.com, 2002년 1월 16일 사회면)

ㄴ. 강남 사람들은 미국 외 여러 선진국의 유행과 생활 방식을 좇아가는데 적
극적이며, **건강 · 미용 · 음식** 등에 돈을 아끼지 않는다.

(93) ㄱ. 현재 중3 학생들이 고교에 입학하는 내년부터 일반계 **고교과정**의 자립형
사립고교가 전국적으로 30개 생겨나 학생 · **학부모들**24)이 진학할 학교
를 고르는 '고교 선택제'가 도입된다.(중앙일보, 2001년 8월 8일 제1면)

ㄴ. 현재 중3 학생들이 고교에 입학하는 내년부터 일반계 **고교 과정**의 자립
형 **사립 고교**가 전국적으로 30개 생겨나 학생 · **학부모들**이 진학할 학교
를 고르는 '고교 선택제'가 도입된다.

(94) ㄱ. 방송은 이날 '진실은 밝혀지기 마련이다'라는 제목의 **<시사논단>**에서
미국이 자국의 **미사일방위(MD) 체계** 구축을 위해 북한 미사일 위협설을
과장해온데 이어 '악의축'이라고 몰아세운데 대해 "한 나라 대통령의 체
면도 초보적인 **국제관례도 안중에 없는** 무례한이고 정치 무식쟁이며 악
의 화신"이라고 강조했다.
(www.yonhapnews.co.kr, 2002년 1월 12일 정치면)

ㄴ. 방송은 이날 **"진실은 밝혀지기 마련이다"**라는 제목의 **'시사 논단'**에서
미국이 자국의 **미사일방위(MD) 체계** 구축을 위해 북한 미사일 위협설
을 **과장해온 데** 이어 '악의축'이라고 **몰아세운 데** 대해 "한 나라 대통령
의 체면도 초보적인 **국제관례도 안중에 없는** 무례한이고 정치 무식쟁이
며 악의 화신"이라고 강조했다.

(95) ㄱ. "朴智元 씨 대출外壓 강한의혹"
법원, 검찰 '단순 사기극' 결론과 **시각差**

---

24) 예문 (93)의 '학부모들'에 쓰인 '들'은 두 개 이상의 사물을 벌여 말할 때 맨 끝에 놓이어, 그
열거한 사물 모두를 가리킴을 뜻하는 의존명사이다. 예문 (93)에서는 '들'이 학생과 학부모를
총칭하는 것이다. 따라서 '들'을 '학부모'에 붙여 써서는 안 되고 띄어 써야 한다.

　　　　(조선일보, 2001년 2월 14일 제31면)

　　ㄴ. **"朴智元 씨[25] 대출 外壓 강한 의혹"**
　　　　법원, 검찰 '단순 사기극' 결론과 **시각 差**

(96) ㄱ. **"아파트 소음 이제그만" 피해住民들 팔걷었다**[26]
　　　　(조선일보, 2001년 2월 14일 제31면)

　　ㄴ. **"아파트 소음 이제 그만" 피해 住民들이 팔을 걷어붙였다**

(97) ㄱ. 野 **"文件 따라 세무조사 진행"**
　　　　정부 **"확증없이 말하면 안돼"**
　　　　(동아일보, 2001년 2월 14일 제1면)

　　ㄴ. 野 **"文件 따라 세무 조사 진행"**
　　　　정부 **"확증 없이 말하면 안 돼"**

(98) ㄱ. 결국 **성역못깬 병역비리수사**
　　　　檢-軍 합동수사반 해체
　　　　327명적발 168명 **구속기소**
　　　　정치인 1명만 **사법처리**
　　　　지도층 **연루의혹 못밝혀**
　　　　(동아일보, 2001년 2월 14일 제31면)

　　ㄴ. 결국 **성역 못 깬 병역 비리 수사**
　　　　檢-軍 합동수사반 해체
　　　　327명 적발 168명 **구속 기소**
　　　　정치인 1명만 **사법 처리**
　　　　지도층 **연루 의혹 못 밝혀**

(99) ㄱ. 운행 자동차 **절반이상 타이어공기압 과다. 부족**[27]
　　　　(www.hankooki.com, 2002년 2월 19일 사회면)

　　ㄴ. 운행 자동차 **절반 이상 타이어 공기압 과다·부족**

(100) ㄱ. **철도, 가스 등** 파업 25일 **국민불편** 우려
　　　　(www.hankooki.com, 2002년 2월 19일 사회면)

---

25) 대부분의 국어 사전에서는 '씨'를 접미사로 처리하고 있는데, 이것은 성 또는 이름 뒤에 놓여 '…이라는 성 또는 이름을 가지신 분'이라는 뜻을 나타내는 의존 명사이다. '씨'는 '한글 맞춤법' 제48항에 따라 띄어 써야 한다.

26) '팔걷었다'는 합성어가 아니다. 또한 문맥상 '걷었다'를 '걷어붙였다'로 바꾸어 써야 정확한 문장이 된다.

27) 이 기사에서는 문장 부호도 잘못 사용하고 있다.

ㄴ. **철도·가스 노조** 등 파업 25일 **국민 불편** 우려
(101) ㄱ. 여야 **파행계속** ···낯뜨거운 '**반쪽국회**'
　　　 (www.khan.co.kr, 2002년 2월 19일 정치면)
ㄴ. 여야 **파행 계속** ···낯뜨거운 '**반쪽 국회**'
(102) ㄱ. **테러척결**·남북 **긴장완화** 추진
　　　 (www.khan.co.kr, 2002년 2월 19일 국제면)
ㄴ. **테러 척결**·남북 **긴장 완화** 추진
(103) ㄱ. 역사왜곡 초당대처 '말뿐'(한겨레, 2001년 7월 13일 제5면)
ㄴ. **역사 왜곡 초당 대처** '말뿐'
(104) ㄱ. **전쟁 위협·무기 강매** 중단
　　　 (www.hani.co.kr, 2002년 2월 19일 사회면)
ㄴ. **전쟁 위협·무기 강매** 중단
(105) ㄱ. 수백만원 **벌수** 있다(한겨레, 2001년 7월 13일 제15면)
ㄴ. 수백만원 **벌 수** 있다
(106) ㄱ. 美에 '**반미소동**' 유감전달
　　　 (www.yonhapnews.co.kr, 2002년 2월 19일 정치면)
ㄴ. 美에 '**반미 소동**' 유감 전달

　오늘날 우리 나라의 중앙 일간지 중에서 띄어쓰기 규정에 따라 바르게 띄어 쓴 것은 찾아보기가 어려운 실정이다. 이것은 대단히 부끄러운 일일 뿐만 아니라 독자들에게 띄어쓰기 규정을 잘못 이해시키는 역기능을 하기도 한다. 기자가 띄어쓰기를 잘못 하는 원인은 기자가 띄어쓰기 규정을 모르거나, 단일어와 합성어를 정확히 구별하지 못하거나, 연결 어미와 의존 명사를 바르게 식별하지 못하는 데 있다. 우선 기자는 '한글 맞춤법'에 포함되어 있는 띄어쓰기 규정을 분명히 숙지하여야 한다. '한글 맞춤법'에서 띄어쓰기 규정을 발췌하여 적으면 다음과 같다.

　제2항 문장의 각 단어는 띄어 씀을 원칙으로 한다.
　제41항 조사는 그 앞말에 붙여 쓴다.
　제42항 의존 명사는 띄어 쓴다.
　제43항 단위를 나타내는 명사는 띄어 쓴다. 다만 순서를 나타내는 경우나 숫자와
　　　　 어울리어 쓰이는 경우에는 붙여 쓸 수 있다.

제44항 수를 적을 적에는 '만(萬)' 단위로 띄어 쓴다.

제45항 두 말을 이어 주거나 열거할 적에 쓰이는 다음의 말들은 띄어 쓴다.

국장 **겸** 과장   열 **내지** 스물   청군 **대** 백군   책상, 걸상 **등**이 있다.

이사장 **및** 이사들   사과, 배, 귤 **등등**   사과, 배 **등속**[28]   부산, 광주 **등지**

제46항 단음절로 된 단어가 연이어 나타날 적에는 붙여 쓸 수 있다.

그때 그곳   좀더 큰것   이말 저말   한잎 두잎

제47항 보조 용언은 띄어 씀을 원칙으로 하되, 경우에 따라 붙여 씀도 허용한다. 다만 앞말에 조사가 붙거나 앞말이 합성 동사인 경우, 그리고 중간에 조사가 들어갈 적에는 그 뒤에 오는 보조 용언은 띄어 쓴다.

제48항 성과 이름, 성과 호 등은 붙여 쓰고, 이에 덧붙는 호칭어, 관직명 등은 띄어 쓴다. 다만 성과 이름, 성과 호를 분명히 구분할 필요가 있을 경우에는 띄어 쓸 수 있다.

제49항 성명 이외의 고유 명사는 단어별로 띄어 씀을 원칙으로 하되, 단위별로 띄어 쓸 수 있다.

한국 대학교 사범 대학   한국대학교 사범대학

제50항 전문 용어는 단어별로 띄어 씀을 원칙으로 하되, 붙여 쓸 수 있다.

만성 골수성 백혈병   만성골수성백혈병

우리 나라의 띄어쓰기 규정은 모두 11항으로 되어 있다. 대원칙은 단어별로 띄어 쓰되 몇 가지 예외를 허용하고 있다. 조사를 앞말에 붙여 쓰는 것을 제외하고 단어별로 띄어 쓰도록 규정하지 않고 예외 규정을 설정함으로써 일반인이 띄어쓰기를 할 적에 어려움을 겪게 하고, 나아가서 띄어쓰기 규정을 경시하도록 하는 경향이 있다. 현행 띄어쓰기 규정이 문제를 지니고 있다고 하더라도 공적인 글인 기사문을 작성할 때에는 반드시 띄어쓰기 규정에 맞게 띄어 써야 한다. 단어와 구(句)를 구별하지 못하거나, 연결 어미와 의존 명사를 구별하지 못할 경우에는 국어 사전을 보고 식별하면 될 것이다.

문장 부호도 의미를 나타내는 상징 기호이므로 문장을 작성할 때 문장 부호를 정확히 사용하여야 의미를 바르게 표현할 수 있는 것이다. 그런데 기사문 중에는 다음의 (107ㄱ)~(110ㄱ)과 같이 문장 부호를 '한글 맞춤법'의 부록에 있는 문장 부호 사용법에 어긋나게 사용하는 경우가 있다. 이것들을 바르게

---

28) '등속(等屬)'은 앞에 열거되어 있는 것들을 몰아서 이르는 의존 명사이다.

고쳐 쓴 것이 (107ㄴ)∼(110ㄴ)이다.

(107) ㄱ. 경기도 **고양. 남양주. 시흥** 등의 개발제한구역(그린벨트) 해제면적이 300
　　　　만평을 넘는 등 수도권에서 3천 754만평의 그린벨트가 풀리며 이중 절
　　　　반 이상이 택지로 활용된다.
　　　　(www.chosun.com, 2002년 1월 21일 사회면)
　　ㄴ. 경기도 **고양 · 남양주 · 시흥** 등의 개발제한구역(그린벨트) 해제면적이
　　　　300만평을 넘는 등 수도권에서 3천 754만평의 그린벨트가 풀리며 이
　　　　중 절반 이상이 택지로 활용된다.
(108) ㄱ. 강남 사람들은 미국 등 선진국의 유행과 생활 방식을 좇아가는 데 적극
　　　　적이며, **건강. 미용. 음식** 등에 돈을 아끼지 않는다.
　　　　(www.joins.com, 2002년 1월 16일 사회면)
　　ㄴ. 강남 사람들은 미국 등 선진국의 유행과 생활 방식을 좇아가는 데 적극
　　　　적이며, **건강 · 미용 · 음식** 등에 돈을 아끼지 않는다.
(109) ㄱ. PC는 한 대만 있어도 되지만 자료의 **입. 출력**을 위한 모니터와 키보드
　　　　는 따로 있어야 한다.(www.joins.com, 2002. 1. 16. 컴퓨터)
　　ㄴ. PC는 한 대만 있어도 되지만 자료의 **입력과 출력**을 위한 모니터와 키
　　　　보드는 따로 있어야 한다.
(110) ㄱ. 이 당국자는 "독일 정부는 북한에 광우병 감염 우려가 있는 소를 지원했
　　　　다는 비난을 받지 않을까 **우려**, 결정을 못 내리고 있는 것으로 안다"
　　　　고 밝혔다.(조선일보, 2001년 2월 14일 제1면)
　　ㄴ. 이 당국자는 "독일 정부는 북한에 광우병 감염 우려가 있는 소를 지원
　　　　했다는 비난을 받지 않을까 **우려해** 결정을 못 내리고 있는 것으로 안
　　　　다"고 밝혔다.

　　(107ㄱ)과 (108ㄱ)의 밑줄 친 부분에서는 가운뎃점을 사용하여야 하는데 온
점(.)을 사용함으로써 문장 부호 사용법에 어긋난 것이다. (109ㄱ)의 '입·출
력'은 온점을 삭제하고 '입출력'이라고 표기하거나 (109ㄴ)과 같이 '입력과 출
력'으로 표기하여야 한다. (110ㄱ)에서 밑줄 친 '우려'는 '우려하여'의 준말로
그 다음에 이어지는 '결정을 못 내리고 있는'을 수식하는 말이므로 '우려' 바
로 다음에 찍은 반점(,)을 삭제하여야 한다[29].
　　국어의 어순에 어긋나게 접속어를 배열해서 부자연스러운 기사문이 된 것이

있다. 그 보기를 들어 보면 다음의 (111ㄱ) ~(114ㄱ)과 같다.

(111) ㄱ. …하루 한 갑 반을 피우던 임채정(林采正) 의원도 올들어 금연 대열에
합류했다. **임 의원은 그러나** 최근 내각제 개헌을 둘러싼 정계 개편 논
의로 자신이 산파(産婆) 역할을 했던 국민참여경선제 등 당 쇄신의 취지
가 퇴색되자 금연 결심이 '흔들리는 모습'을 보이고 있다고 한 측근이
전했다.(www.yonhapnews.co.kr, 2002년 2월 3일. 정치면)

ㄴ. …하루 한 갑 반을 피우던 임채정(林采正) 의원도 올들어 금연 대열에
합류했다. **그러나 임 의원은** 최근 내각제 개헌을 둘러싼 정계 개편 논
의로 자신이 산파(産婆) 역할을 했던 국민참여경선제 등 당 쇄신의 취지
가 퇴색되자 금연 결심이 '흔들리는 모습'을 보이고 있다고 한 측근이
전했다.

(112) ㄱ. **복지위는 그러나** 지역의료보험 재정의 40%를 오는 2006년까지 국고
에서 지원한다는 당초 민주당안을 원안대로 통과시켜 지역의보 재정을
지원할 수 있는 법적 근거를 마련했다.
(www.munhwa.co.kr, 2002년 1월 7일 경제면)

ㄴ. **그러나 복지위는** 지역의료보험 재정의 40%를 오는 2006년까지 국고
에서 지원한다는 당초 민주당안을 원안대로 통과시켜 지역의보 재정을
지원할 수 있는 법적 근거를 마련했다.

(113) ㄱ. **복지위는 이와 함께** 보험료와 보험수가를 각각 따로 결정하던 건강보험
심의조정 위원회와 재정운영위원회를 통합…
(www.munhwa.co.kr, 2002년 1월 7일 경제면)

ㄴ. **이와 함께 복지위는** 보험료와 보험수가를 각각 따로 결정하던 건강보험
심의조정 위원회와 재정운영위원회를 통합….

(114) ㄱ. **그는 그러나** "미국은 한국 정부의 대북 정책을 변함없이 지지하며, 언제
어디서든 북한과 진정으로 대화할 의사가 있다"고 덧붙였다.
(www.donga.com., 2002년 2월 1일 국제면)

ㄴ. **그러나 그는** "미국은 한국 정부의 대북 정책을 변함 없이 지지하며, 언
제 어디서든 북한과 진정으로 대화할 의사가 있다"고 덧붙였다.

---

29) 예문 (110ㄱ)이 자연스러운 문장이 되게 하려면 '우려' 바로 다음에 찍은 반점(,)을 삭제하고,
'우려'는 '우려해'로 바꾸어 써야 한다.

이상의 (111ㄱ), (112ㄱ), (114ㄱ) 등에 쓰인 '그러나'와 (113ㄱ)의 '이와 함께'는 문두 접속어 구실을 하는 것이므로 (111ㄴ) ~(114ㄴ)과 같이 문장의 맨 앞에 놓여야 자연스러운 문장이 된다.

오늘날 우리 나라의 중앙 일간지 중에서 속어나 비어를 사용함으로써 품위성이 결여된 기사문은 찾아볼 수 없다. 그런데 공정성이 결여된 기사문이 있다. 다음의 (115)는 지하철공사의 사측과 노조측이 단체 교섭 협의과정에서 빚어진 갈등을 보도한 것인데, 노조측 주장보다 사측의 주장을 더욱 구체적으로 보도함으로써 공정성을 잃고 있다.

(115) **지하철공사 노사협상 재개**
　서울 지하철공사 노조의 4일 총파업 예정 시한이 임박한 가운데 노사간 마지막 단체 교섭이 재개됐다.
　지하철공사 노사는 3일 오전 11시 35분께 서울 성동구 용답동 군자차량기지내 교육원에서 교섭을 재개했다.
　사측은 이날 새벽 결렬된 협상에서 노조측에 내놨던 ▲올 임금은 6% 인상하되 호봉 승급 등 자연증가분 1.81%는 산입하지 않고 도시철도공사 조정에 따라 추후 조정 ▲사내복지기금 50억원 출연 ▲해고자 2명 복직 ▲노조 전임자 2~3명 감축 등의 교섭안을 수정, 제시했다.
　노조측은 "오늘 오후 6시까지 합의가 이뤄지지 않으면7시 합원총회와 총파업전진대회를 개최하는 등 4일 총파업 수순에 들어가겠다."는 입장이다. 이에 앞서 지하철공사 노사는 2일 오전 11시 서초구 방배동 본사에서 단체 교섭을 재개, 밤샘 마라톤 협상을 벌였으나 임금 인상률 등에서 이견을 좁히지 못해 3일 오전 3시 10분께 교섭을 중단했다.(www.yonhapnews.co.kr, 2002년 2월 3일 사회면)

다음의 (116)은 한나라당 주류측과 비주류측의 갈등을 보도한 것인데 주류측의 주장보다 비주류측의 주장에 더욱 비중을 두어 보도한 듯한 인상을 주고 있다.

(116) **야 연찬회 주류·비주류 충돌**
　한나라당은 1일 국민참여경선제와 당 지도체제 등 2대 쟁점을 놓고 소속 의원과 지구당위원장 연찬회를 열었으나, 주류와 비주류가 치열한 의견대립을 보여 공감대를 찾는데 실패했다. 특히 박근혜 부총재와 김덕룡 의원 등 비주류 일부 인사들은 당 지도부가 연찬회에 앞서 '권력핵심 비리척결 구국 결의대회'를 전격 개최하는데 반발해 결의대회와 연찬회에 불참했다.

◇ 주류와 비주류 충돌＝이날 연찬회에서 주류쪽 의원들은 비주류쪽이 요구하는 국민참여경선제와 대선 전 집단지도체제 도입에 반대하는 의견을 잇따라 개진했다.

신경식 의원 등 주류쪽 의원들은 "국민참여경선제는 당의 재정에 감당하지 못할 부담을 줄 것"이며 "야당으로서 대선을 치르기 위해선 대선 전까지 단일지도체제가 불가피하다"고 주장했다. 또 일부 주류쪽 의원들은 "집단지도체제는 대선 뒤 도입하는 것으로 당헌·당규에 명문화하자"는 의견을 제시했다.

이에 맞서 이부영 부총재 등 비주류 의원들과 미래연대 등 소장파 의원들은 대선 전에 국민참여경선제와 집단지도체제를 도입할 것을 거듭 주장했다. 이들은 "지난 97년 대선 당시 조순 총재, 이회창 대선후보 체제를 꾸리며 당헌에 조 총재의 임기를 2000년 4월로 명문화했지만, 대선 뒤 이 총재가 조 총재를 밀어내고 다시 당을 장악했다"고 말했다. 이들은 "(이 총재가) 대선에 지고도 약속을 지키지 않았는데 당선된 뒤 제대로 지키겠느냐"며 대선 전에 집단지도체제를 도입해야 한다는 주장을 폈다.

이날 박근혜 부총재는 "(전당대회 준비기구인 선택 2002 준비위에서) 정당개혁과 공정경선 방안 마련이 제대로 될 것 같지 않다"고 밝혀, 곧바로 이 총재를 향해 집단지도체제와 국민경선제 도입 요구를 벌여나갈 뜻을 내비쳤다.

◇ 구국결의대회 논란＝박 부총재와 김덕룡, 김영춘 의원 등 일부 비주류 의원들은 당 지도부가 연찬회 직전 결의대회를 개최하는 것은 자유토론을 탄압하려는 의도라며 연찬회에 불참했다.

김원웅 서상섭 의원 등 개혁파 의원들도 "당 지도부가 연찬회 직전 대여투쟁을 위해 단합하자며 결속분위기를 다지는 것은 있을 수 없는 일"이라고 강하게 반발했다.

(한겨레, 2002년 2월 1일, 정치면)

다음의 (117)은 서울시와 택시 노조의 갈등을 보도하면서 서울시 주장보다 택시 노조의 주장을 더욱 상세히 기사화해서 공정성을 잃고 있다.

(117) **택시 노조 "요금 인상 반대"**
"사납금 올라 서비스만 악화"
서울시에 전면 철회 요구
서울시의 택시요금 28% 인상안에 대해 시민들이 강력히 반발하고 있는 가운데 택시노조도 요금 인상이 사납금 인상으로 서비스 악화만을 초래할 것이라며 인상안 전면 철회를 주장하고 나섰다.

전국민주택시노동조합연맹은 16일 "서울시의 요금 인상안은 투명한 실사 등을 거치지 않은 채 업체들의 운송원가 보전 요구를 시민에게 전가시키는 것에 불과하다"며 요금 인상을 처음부터 전면 재검토할 것을 요구했다.

택시노련은 "택시요금 인상이 결국 사납금의 인상만을 초래할 가능성이 크며 이 결과 서비스가 개선되기는커녕 난폭운전과 승차 거부 합승 등 고질적인 병폐만이 가중되는 악순환이 반복될 것"이라고 주장했다.

이들은 또 "최근 택시 승객이 크게 늘면서 택시업계가 전례 없는 호황을 누리고 있으며 회사 택시 1대의 매매가격이 4000만원에 육박하는 것이 그 증거"라며 요금 인상의 부당성을 설명했다.

이에 대해 **시 관계자**는 "이번 인상안은 물가상승분 등 원가 상승요인을 고려해 결정할 것"이라며 "다만 아직 인상폭이 결정되지 않아 다소 조정될 가능성은 있다"고 말했다.(동아일보, 2001년 8월 17일 제31면)

신문 기사가 공정성을 잃으면 독자는 그 신문을 신뢰하지 않는다. 기자는 기사를 작성할 때 공정성을 잃지 않도록 유의하여야 한다.

단어를 오용하거나 취재를 정확히 하지 않아서 진실성이 결여된 기사문이 있다. 다음의 (118)은 단어를 오용하여 진실성이 결여되어 있는 것이다.

(118) '高校 선택제' 내년 **확대**(중앙일보, 2001년 8월 8일 제1면)

이상의 예문 (118)은 머리기사의 제목인데, 이 기사의 리드는 "현재 중3 학생들이 고교에 입학하는 2003년부터 일반계 고교과정의 자립형 사립고교가 전국적으로 30개 생겨나 학생·학부모들이 신학할 학교를 고르는 '고교 선택제'가 도입된다."이다. 이 리드를 통해 볼 때 (118)은 '확대'라는 단어 대신에 '도입 예정'이라는 어구를 사용하여 "'고교 선택제' 내년 도입 예정"이라고 붙여야 한다.

다음의 (119)는 기자가 사건 현장에 가서 직접 확인하고 기사를 작성하지 않고 취재원의 말만 듣고 그의 그릇된 정보를 입수하여 기사화함으로써 진실성이 결여된 것이다. (119ㅈ)을 통해 도난을 당한 여권은 모두 260개임을 알 수 있다. 그런데 정확히 보도한 신문이 하나도 없다. 이것은 서울시 강남구 삼성동 도심공항터미널 민원여권과 출장사무소 담당 직원이 기자에게 도난을 당한 여권의 개수를 정확히 알려 주지 않은 데 그 원인이 있다. 그런데 궁극적으로는 그 기사를 작성한 기자가 정확히 확인하지 않고 기사를 작성한 책임을 면할 수 없을 것이다.

(119) ㄱ. 여권 **170여 개** 통째 도난(www.joins.com, 2002년 1월 19일. 사회면)

ㄴ. 공항터미널內 구청서 여권 **236장** 도난

(www.chosun.com, 2002년 1월 19일 사회면)

ㄷ. 한편 강남구청 여권민원계 출장사무소는 도난 여권이 총 **236장**임을 확인했다.(www.kdaily.com, 2002년 1월 19일 사회면)

ㄹ. 또 공항과 항만 출입국관리소에 도난여권 **236장**의 소유자 명단을 통보, 도난 여권을 긴급 수배했다.

(www.munhwa.co.kr, 2002년 1월 19일 사회면)

ㅁ. 도심 공항터미널서 여권 **230여 장** 도난

18일 오후 1시부터 1시30분 사이 서울 강남구 삼성동 도심공항터미널 민원여권과 출장사무소에서 여권 **236장**이 한꺼번에 도난당해 경찰이 수사에 나섰다.(www.khan.co.kr, 2002년 1월 19일 사회면)

ㅂ. 도심공항터미널서 여권 **300여매** 분실

18일 오후 1시경 서울 강남구 삼성동 도심공항터미널 1층 강남구청 민원여권과 여권민원계 출장사무소에서 여권 300장이 분실돼 경찰이 수사에 나섰다.(www.donga.com, 2002년 1월 18일 사회면)

ㅅ. 도심공항터미널 여권 **300장** 도난

18일 오후 1시께 서울 강남구 삼성동 도심공항터미널 내 강남구청 민원여권과 출장사무소에서 여권 300여장이 무더기로 도난 당해 경찰이 수사에 나섰다.(www.hani.co.kr, 2002년 1월 18일 사회면)

ㅇ. 공항서 여권 **300여 장** 도난

(www.hankooki.com 2002년 1월 18일 2일 사회면)

ㅈ. 도난여권 **260개** 최종 확인…177명 재발급

(www.chosun.com, 2002년 1월 21일 사회면)

기사문 가운데는 부적절한 단어를 사용하거나, 단어를 생략하거나, 띄어쓰기를 바르게 하지 않아서 명료성이 결여된 것이 있다.

다음의 (120ㄱ)~(122ㄱ)은 단어를 잘못 사용하여 불명료한 기사문이 된 것이다. 이것을 바꾸어 쓴 것이 (120ㄴ)~(122ㄴ)이다. (120ㄱ)은 아들이 자살하자 그의 어머니가 뒤따라 자살한 사건을 보도한 기사의 제목이다. 따라서 (120ㄱ)에 쓰인 '남편' 대신에 '아들'로 바꾸어 써야 의미가 명료한 제목이 된다. (121)은 '개발함' 대신에 '추구함'을 사용하여 모호한 문장이 되고, (122)는 '설(說)' 대신에 '設'을 써서 의미가 모호한 제목이 되었다.

(120) ㄱ. **남편** 목숨 끊자 노모 뒤따라
　　　　(www.munhwa.co.kr, 2002년 1월 26일 사회면)

　　　ㄴ. **아들** 목숨 끊자 노모 뒤따라

(121) ㄱ. 부시 대통령은 "이들 국가들은 세계 평화를 위협하기 위해 무장하면서 악의 한 축을 형성하고, 대량살상무기를 **추구함**으로써 중대하고도 점증하는 위험이 되고 있다."고 말했다.
　　　　(www.chosun.com, 2002년 1월 30일 국제면)

　　　ㄴ. 부시 대통령은 "이들 국가들은 세계 평화를 위협하기 위해 무장하면서 악의 한 축을 형성하고, 대량살상무기를 **개발함**으로써 중대하고도 점증하는 위험이 되고 있다."고 말했다.

(122) ㄱ. 이용호씨, DJ 차남 접근 시도 의혹, 불거지는 **'設'** 쏠리는 '관심'
　　　　(www.chosun.com, 2002년 1월 28일 정치면)

　　　ㄴ. 이용호씨, DJ 차남 접근 시도 의혹, 불거지는 **'說'** 쏠리는 '관심'

다음의 (123ㄱ)과 (124ㄱ)은 단어를 생략함으로써 불명료한 기사문이 된 것이다. (123ㄱ)은 '횡령'과 '포착' 사이에 '혐의'를 추가하고, (124ㄱ)은 '아버지'에 조사 '에게'를 연결하여 써야 의미가 명료한 제목이 된다. (124ㄱ)은 남매가 사경을 헤매는 그들의 아버지에게 자신들의 간을 이식하였다고 해석할 수 있고, 사경을 헤매는 아버지의 남매가 간을 이식하였다고도 해석할 수 있다.

(123) ㄱ. 일부 사주 공금 횡령 포착
　　　　(www.hani.co.kr, 2001년 7월 13일 제1면)

　　　ㄴ. 일부 사주 공금 횡령 **혐의** 포착

(124) ㄱ. 사경 헤매는 **아버지** 남매가 반씩 간이식
        (www.joins.com, 2002년 1월 31일 사회면)
     ㄴ. 사경 헤매는 **아버지에게** 남매가 반씩 간이식

다음의 (125ㄱ)은 띄어쓰기를 잘못하여 의미가 불명료한 기사문이 된 것이다. 이것을 바르게 띄어 쓰면 (125ㄴ)과 같다.

(125) ㄱ. 서울지역 79만평 **우선해제집단** 취락 지정
        (www.chosun.com, 2002년 1월 21일 사회면)
     ㄴ. 서울지역 79만평 **우선 해제 집단** 취락 지정

지금까지 이 절에서는 신문 기사에 쓰인 언어에 대해서 살펴보았다. 그 결과 품위성을 제외하고 독이성·간결성·정확성·공정성·진실성·명료성 등이 결여된 기사문이 있다는 것을 알게 되었다. 기사문이 이러한 결점을 지니게 되면 독자들로부터 신뢰성을 잃게 된다. 따라서 기자는 투철한 사명 의식을 가지고 독자가 바라는 정보를 제공하기 위해 노력할 뿐만 아니라 부단히 기사문 작성 능력을 신장시키기 위해 힘써야 한다.

참고 문헌

문철수(1997), 새로운 사건·사고 기사 쓰기, 한국언론연구원.

박갑수 외 2인(1990), 신문 기사의 문체와 표현, 신문 기사의 문체, 한국언론연구원.

서정우 외 3인(1988), 신문학 이론, 박영사.

연세대학교 언어정보개발연구원(1998), 연세한국어사전, 두산동아.

耘平語文硏究所(1988), 그랜드 국어사전, 금성출판사.

유선영(1998), 신세대와 신문, 한국언론연구원.

이상철(1997), 신문의 이해, 박영사.

이석주 외 2인(1990), 기사 문장의 변천, 신문 기사의 문체, 한국언론연구원.

이주행(1988), 한국어 의존명사의 통시적 연구, 한샘출판사.

────(1991), 남북한 신문 문체 비교 연구, 한국언론연구원.

────(1992), 신문 기사의 문장, 새 국어 생활 제5권 제4호, 국립국어연구원.

────(1993), 현대 국어 문법론, 대한교과서주식회사.

────(1996), 한국어 문법 연구, 중앙대출판부.

────(1999), 방송 화법, 역락출판사.

────(2001), 한국어 문법의 이해(개정판), 월인출판사.

이주행 외 2人(1990), 기사문의 문제점과 개선 방안, 신문 기사의 문체, 한국언론연구원.

이주행 외 5인(1985), 글을 어떻게 쓸 것인가, 경문사. Hartwell & Bently(1982) Open to Language.

이주행 외(1996), 신문 방송 기사 문장, 한국언론연구원.

임영호(2001), 신문원론, 연암사.

Dominick, Joseph(1994), *The Dynamics of Mass Communication*, Updated 1994 Edition, New Youk : McGraw-Hill.

공공 게시물의 언어

1. 공공 게시물의 성격

공공 기관(公共機關)[1]은 국가나 사회의 구성원에게 두루 관계되는 업무를 수행하는 기관이다. 따라서 거기에서 각종 표지판, 벽보, 플래카드, 인터넷 등을 통하여 공개하는 공공 게시물[2]은 공공성(公共性)을 띤다. 이런 게시물은 불

---

[1] 여기에서의 '공공 기관'이란 국가나 사회의 구성원에게 공동으로 딸리거나 관계되는 업무를 수행하는 모든 단체를 포괄한다.

[2] 여기에서의 '공공 게시물'에는 '사무관리규정(개정 1998.7.1 대통령령 제15823호)'에서 규정한 '공문서'와 '자료'라도 불특정 다수의 사람에게 공개한 것이라면 여기에 포함한다. '공문서'란 행정기관 내부 또는 상호간이나 대외적으로 공무상 작성 또는 시행되는 문서(도면·사진·디스크·테이프·필름 및 슬라이드를 포함한다) 및 행정 기관이 접수한 모든 문서를 말한다. '자료'란 행정기관이 생산 또는 취득하는 각종 기록물(공문서를 제외한다)중 행정기관에서 상당 기간에 걸쳐 이를 보존 또는 활용할 가치가 있는 도서·사진·디스크·테이프·필름·슬라이드 기타 각종 형태의 기록물을 말한다.

특정 다수의 사람들에게 공공 기관의 의사를 전달하는 수단이므로 대중 매체의 하나라고 볼 수 있다.

공공 게시물은 작성자의 입장보다는 국민의 입장을 염두에 두고 작성하는 것이 바람직하다. 그것은 공공 기관이 국민에게 일방적 알리거나 협조를 바라는 내용이 대부분이다. 그런데 게시물의 내용을 국민이 이해하기 어렵게 작성한다면 오히려 국민을 혼란스럽게 하여 국민 생활을 불편하게 할 것이다.

공공 게시물은 국민 편의를 생각하는 행정 서비스 차원에서 작성하는 것이다. 게시물의 작성은 단순히 표현 기능의 문제에만 그치는 것이 아니라, 작성자의 위민 의식(爲民意識)이나 봉사 정신의 수준과도 상통하는 것이다. 기능과 정신은 다같이 소중하고 또한 서로 작용한다. 위민 정신이 있으면 그것을 실천하기 위한 기능의 향상을 소홀히 할 수가 없다.

공공 게시물의 국어 표현은 국민의 바른 국어 생활의 본보기가 된다. 공공 게시물은 일반 국민들이 생활 속에서 쉽게 접하는 것인 만큼 바람직한 국어 사용으로 국민들의 바른 국어 생활을 선도할 책임이 있다. 학교에서의 국어 교육이 현실에서의 국어 생활과 서로 어긋나는 점이 있다면, 국민이나 학생들의 어문 생활에 부정적인 영향을 미치게 된다.

2. 공공 게시물의 작성 기준

위와 같은 공공 게시물의 성격에 비추어 보면 그것은 작성하는 데에는 다음과 같은 기준이 필요하다.

(1) 국어 어문 규정을 준수한다.

공공 게시물은 한글맞춤법, 표준어 규정, 외래어 표기법, 국어의 로마자 표기법 등 국어 어문 규정에 맞게 한글로 작성하여야 한다.[3]

각종 형태의 기록물을 말한다.

(2) 국민 모두가 이해할 수 있게 쓴다.

공공 게시물은 국어 어문 규정을 따를 뿐 아니라 한글로 쉽고 간명하게 작성하여야 한다. ‘쉽게 작성한다’는 것은 전문가가 아닌 당사자가 이해할 수 있고, 이해 관계자나 일반 국민이라면 누구나 알 수 있게 쓰는 것이다. 쉽게 쓰려면 되도록 쉬운 단어를 사용하고 간명한 문장으로 작성하여야 한다.

‘쉬운 단어’란 공공 게시물을 접하는 사람들이 어휘력이 뛰어나며 학식이 많은 사람들만이 아니기 때문에 일반 국민이라면 누구나 알 수 있는 어휘를 말한다. 쉬운 단어를 사용하려면 다음과 같은 점을 생각하여야 한다.

① 어려운 한자어는 되도록 한글로 풀어쓴다.
② 순화 대상의 행정용어는 순화된 용어를 쓴다.
③ 필요 이상의 외래어는 우리말로 바꾸어 쓴다.
④ 외국어식 표현은 우리말답게 바꾸어 쓴다.
⑤ 어려운 약어(略語)는 될 수 있는 대로 알맞게 풀어쓴다.

‘간명한 문장’이란 간단하고 명료한 문장을 말한다. 필요 없이 문장을 길게 만들어 내용이 모호한 문장을 작성하면 의미 전달을 제대로 할 수 없다. 의미가 명확하지 않은 문장을 쓰면 공공 게시물은 그 효력을 잃게 되고, 국민에 따라 달리 해석하여 불이익을 당할 수도 있다. 간명한 문장을 쓰려면 다음과 같은 점을 생각하여야 한다.

---

3) 그 근거로는 다음과 같은 것을 들 수 있다. “국가 및 지방자치단체는 공문서 기타 서류를 작성함에 있어 어문규범을 준수하여야 한다.”(문화예술진흥법(1995.1.5. 법률 제4883호) 제8조) “문서는 쉽고 간명하게 한글로 작성하되, 특별한 사유가 있는 경우를 제외하고는 한글맞춤법에 따라 가로로 쓴다.”(사무관리규정, 문서작성의 일반사항) “광고물의 문자는 한글맞춤법·국어의 로마자표기법·외래어표기법 등에 맞추어 한글로 표시함을 원칙으로 하되, 외국문자로 표시할 경우에는 특별한 사유가 없는 한 한글과 병기하여야 한다.”[옥외광고물등관리법시행령 제4장 표시방법 제13조(개정 2000.6.23. 대통령령제16850호)] “대한민국의 공용문서는 한글로 쓴다. 다만, 얼마동안 필요한 때에는 한자를 병용할 수 있다.”(한글전용에관한법률)

① 여러 개의 짧은 문장으로 쓴다.
② 주어나 목적어 등을 생략하지 않고 완전한 문장을 쓴다.
③ 주관적인 표현을 삼가고 객관적으로 쓴다.,
④ 모호한 점이 없도록 분명하게 서술한다.
⑤ 서술의 앞뒤가 맞고 논지에 일관성을 유지한다.
⑥ 구체적으로 기술하되 장황하지 않고 간결하게 쓴다.

(3) 국민 감정이나 시대 감각에 어울리지 않는 표현은 삼간다.

명령조로 불쾌감을 주거나 비민주적이며 권위주의적인 위압적인 표현은 피해야 한다. 따라서 '지시, 경고, 금지, 제한'하는 표현은 되도록 삼가야 한다.

(4) 중립적이고 편견 없는 표현을 한다.

계층 사이에 직종 사이에 또는 지역 간 갈등을 일으킬 우려가 있는 표현은 삼가야 한다.

(5) 오해나 반감이 빚어질 소지가 없게 한다.

공공 기관이 게시한 공공 광고라도 상업적 광고와는 달라야 한다. 특히 특정 사항을 두둔하거나 비난하는 문안을 작성해서는 안 된다.

위와 같은 점에서 다음 공공 게시물은 그 작성 기준을 제대로 반영하지 못한 예로 볼 수 있다.

사자 석상(獅子石像)

○ 사자상(獅子像)은 중국(中國)에서 권력(權力)과 위엄(威嚴)의 상징(象徵)으로 여겨져 칠품(七品, 오늘날의 현級) 이상의 봉건관료(封建官僚)와 관사(官舍)의 정문(正門)에 석상(石像)을 진열(陳列)하였고

○ 민간(民間)에서는 향로(香爐), 가옥(家屋), 누정(樓亭)에 사용되었으며, 대문바깥쪽(大門外)면에 석상(石像)을 진열(陳列)하여 사자(獅子)의 위풍당당(威風堂堂)함을 빌어 요귀(妖鬼)를 몰아내고 액운(厄運)을 피(避)하려는 목적(目的)과 영화(榮華)와 부귀(富貴)를 의미(意味)합니다.

○ 사자상(獅子像)은 일반적(一般的)으로 한쌍(一雙)으로 진열(陳列)되며 수사자(♂獅子)의 오른쪽앞발(右前足)은 구술(玉)을 누르고 있는데 권력(權力)을 상징(象徵)하며 오른쪽(右側)에 설치(設置)하고, 암사자(♀獅子)의 왼쪽앞발(左前足)은 작은 사자(小獅子)를 누르고 있는데 후손(後孫)이 창성(昌盛)하고 유능(有能)한 후계자(後繼者)가 있다는 뜻입니다.

○ 이 사자석상(獅子石像)은 '97고양세계꽃박람회('97世界花博覽會) 기념(記念)으로 중국(中國)의 빈주시(賓州市)에서 기증(寄贈)한 것입니다.

고양시 공원관리사무소

이 게시문은 공원을 출입하는 일반 시민들에게 '사자석상'에 대하여 설명한 글이다. 그런데 다음과 같은 점에서 공공 게시물이 갖추어야 할 점을 고려하지 않고 작성하였다.

글 전체를 한글로 쓰지 않고 한자를 병용하여 시민들이 이해하는데 어려움을 주고 있다. '중국, 권력, 위엄, 상징, 봉건관료, 관사, 정문, 석상, 진열, 민간, 향로, 가옥, 사자, 위풍당당, 액운, 피, 목적, 영화, 부귀, 의미, 일반적, 수사자, 설치, 암사자, 후손, 유능, 후계자, 기념, 기증' 등은 굳이 한자를 병기하지 않아도 의미를 전달하는데 무리가 없다. '대문바깥쪽(大門外), 한쌍(一雙), 오른쪽앞발(右前足), 구술(玉), 오른쪽(右側), 작은 사자(小獅子), '고양세계꽃박람회(世界花博覽會)' 등은 한글과 한자가 대응되지 않는다. 그리고 괄호 안의 말이 바깥 말과 음이 다를 때에는 대괄호 [ ]를 쓸 것을 한글맞춤법은 규정하고 있는

데 이를 지키지 않았다. '현級'은 한자를 모르는 시민에게는 읽기가 어렵고 또 '오늘날의 현'은 무슨 뜻인지 모호하다. '칠품(七品, 오늘날의 현級) 이상의 봉건 관료(封建官僚)와 관사(官舍)의 정문(正門)'에서 '관료'는 집을 뜻하는 것인지 직위를 뜻하는지 모호하다. '칠품(七品, 오늘날의 현級), 누정(樓亭), 창성(昌盛)하고' 등은 한자를 병기하되 설명을 덧붙여 시민들이 이해하기 쉽게 써야 한다. 가령 '누정'은 '누각과 정자', '창성하고'은 '번성하여 잘 되어 가고'와 같이 풀이하여야 하는 것이 좋을 것이다. '빌어'는 '빌려'를, '구술'은 '구슬'을 잘못 쓴 것이다. '빈주(賓州)'는 중국어 표기법에 따라 표기하여야 한다.

3. 공공 게시물의 국어 표현 실태

여기에서는 공공 게시물 가운데 그 특성을 갖추지 못한 대표적인 사례를 들어 분석해 본다.

(1) 한글 맞춤법에 어긋난 표기

한글 맞춤법은 사회적인 제도로서 정해진 규범에 따라 바르게 적어 나타내는 법이다. 그러므로 우리 국민은 누구나 이를 따르고 지켜야 할 의무를 가지게 된다. 언어 행위는 단지 의미 전달에만 있지 않다. 언어 자체가 역사적 산물이고 사회적 약속이고 보면 맞춤법도 법이다. 따라서 공공 기관은 그 누구보다도 국민 서로가 약속한 일정한 어문 규범을 지킬 필요가 있다. 그런데 다음의 게시물들은 이런 점을 지키지 않고 있다.

① '年'의 표기

한글 맞춤법 제10항에 따라, '年(년)'은 단어의 첫머리에 올 적에는 두음 법칙에 따라 '연'으로 적는다. '年'이 합성어에서 뒷말의 첫머리로 쓰일 경우에도 두음 법칙에 따라 적는다.

○ **보험년도중에** 보험관계가 성립한 경우에는 그 성립일부터 70일 이내에 보험료 신고서 작성하여 제출(노동부 홈페이지 어린이마당) → 보험연도 중에

'보험년도(保險年度)'는 '보험'과 '연도'의 합성어이기 때문에 '보험연도'로 표기하여야 한다.

② '率, 列'의 표기

한글맞춤법 제11항에 따라, '률'과 '렬'은 단어의 첫머리 이외의 경우에는 본음대로 적는다. 다만 모음이나 'ㄴ'받침 뒤에 이어질 경우 '율'과 '열'로 적는다.

○ 월드컵대회 기간 중 오염물질 매출공정 휴무 및 **가동율** 저감에 적극 협조합시다 (송파 구청)
   → 월드컵 대회 기간 중 오염 물질을 내뿜는 공정은 쉬고 가동률을 줄이는 데 적극 협조합시다.

○ "EMS 프리미엄"으로 접수된 우편물의 서비스 품목은 **정시송달율**이 세계적인 수준이며, 전 세계 215개국으로 실시간으로 행방조회가 가능합니다(우체국)
   → 정시 송달률

○ **수송부담율**이란? 사람들이 통행할 때 이용하는 교통수단의 분포를 비율로 나타 낸 것이며 버스·지하철·택시·자가용·화물차·기타차량 등을 이용하여 통행하는 총 통행량에서 각 수단별 이용 비율로 수단별 분담율을 계산한다(서울특별시 교통정보마당) → 부담률, 분담률

○ **일열**평행박차구역(○○구청장·○○경찰서장) → 밤샘주차는 한 줄로

'일열평행박차구역(一列平行泊車區域)'은 '일렬평행박차구역'을 잘못 쓴 것이고, '박차'는 '밤샘주차'라는 뜻이므로 '밤샘 주차는 한 줄로'로 쓰는 것이 이해하기 쉽다.

③ '-시오'

한글맞춤법 제15항의 따라 종결형에서 사용되는 어미 '-오'는 '요'로 소리나는 경우가 있더라도, 그 원형을 밝혀 '오'로 적는다.

○ 정리할 통장면을 그림과 같이 펴서 **넣어 주십시요**(○○ 은행 통장정리기)
　→ 통장 면을, 넣어주십시오!

○ 선로에 내릴 때에는 특히 다른 열차에도 **주의 하십시요**(서울 지하철 내 안내판)
　→ 주의하십시오

○ 평상시에는 손대지 **마십시요**(서울 지하철 내 안내판)
　→ 평상 시, 손대지 마십시오

○ 사용후 반드시 승강기를 **접어 주십시요**(수서역, 휠체어 리프트 작동법)
　→ 사용 후, 접어주십시오

○ 신고자에 대한 비밀은 어떠한 경우에도 보장되오니 안심하고 **신고하십시요**(식품
의약안전청 홈페이지)
　→ 신고하십시오

④ 'ㅂ' 불규칙 용언

한글맞춤법 제18항의 규정에 따라, 어간의 끝 'ㅂ'이 'ㅜ'로 바뀔 경우 바뀐 형태대로 적는다.

○ **자랑스런** 우리나라(청와대 어린이마당), **자랑스런** 우리육군(국방부 어린이마당)
　→ 자랑스러운 우리나라, 자랑스러운 우리 육군

○ **미끄럼주의**, 미끄러운 도로
　→ 미끄러움 주의

'미끄럼'은 얼음판이나 눈 등의 미끄러운 곳에서 미끄러지는 놀이를 뜻한다.

⑤ 사이시옷

한글맞춤법 제30항에 따라 두 음절로 된 한자어는 '숫자(數字), 횟수(回數), 셋방(貰房), 찻간(車間), 곳간(庫間), 툇간(退間)'의 경우에만 사이시옷을 받치어 적는다. 따라서 다음의 '헛점'은 '허점(虛點)'으로 '갯수'는 '개수(個數)'로 고쳐 적어야 한다.

> ○ 모든 범죄는 자기 **헛점**에서부터 나옵니다(서울 지하철 출입문, 생활방범수칙, 서울지방
>   경찰청) → 허점
> ○ **갯수**(김포공항 탑승구 앞, 기내 휴대 수하물 허용 기준 안내판)
>   → 개수

⑥ 띄어쓰기

띄어쓰기는 의미적 단위의 경계를 표시함으로써 독서의 능률을 높이고 내용을 이해하기 쉽게 하며, 해석상의 오해를 방지하여 뜻을 바르게 파악하도록 하는데 있다. 그런데 공공 게시물 특히 인터넷 상에서는 띄어쓰기 규정을 지키지 않는 예가 적지 않다.

㉠ 조사

한글 맞춤법 제41항에 따라 조사는 그 앞말에 붙여 써야 한다.

> ○ **2000.7.2일 부터** 지역번호가 간편해졌습니다(한국 통신 전화번호부, 서울·업종편,
>   강남권) → 2000년 7월 2일부터
>
> ○ 계약자 DB로 편집된 전화번호부는 오직 **한국전화번호부 뿐입니다**(한국 통신 전화
>   번호부, 서울·업종편, 강남권) → 한국전화번호부뿐입니다!
>
> ○ 여기서부터 **김포시 입니다**, 어서오십시오 **서울특별시 입니다**.
>   → 김포시입니다, 어서 오십시오 서울특별시입니다

㉡ 의존 명사

한글 맞춤법 제42항에 따라 의존 명사는 띄어 써야 한다.

'중(中)'은 '가운데, 속' 또는 '동안, 사이'라는 뜻의 의존 명사로 쓰일 때는 띄어 쓴다.(예 : 근무 중, 수업하는 중에, 이야기를 하는 중, 기간 중) 그러나 '앞말의 상태 속에'라는 뜻을 갖거나 앞말의 진행 상황을 뒷말에 연결해 주는 상태를 표현하는 경우 또는 예외적으로 합성어를 이루는 경우에는 접미사로 쓰여 붙여 쓴다.(예 : 그중, 총망중, 허공중, 은연중, 한밤중, 야밤중, 부재중, 부지불식중, 부지중, 무망중, 무심중, 무의식중, 무언중, 밤중)

　　○ **주행중** 승강구 계단에 서거나, 문에 기대어 서지 맙시다.(서울시내버스)
　　　→ 주행 중

'등(等)'은 열거의 뜻인 경우에는 의존 명사로 띄어 쓰고, 복수를 뜻할 경우에는 접미사로 붙여 쓴다.

　　○ 7개의 인공섬에 부레옥잠, 부들, 개구리밥, **수련등** 16종의 수중, 습생, 수변식물을 식재하고 관찰로변에 제비꽃, 낭아초, 은방울꽃, **참나리등** 중부지방에 자생하는 108종의 야생초화를 군락별로 배치하여 식물생태학습, **조류관찰등** 어린이와 청소년들에게 산 교육의 장을 제공하는 곳입니다(자연학습원, 고양시 공원관리 사무소)
　　　→ 수련 등, 참나리 등, 조류 관찰 등

　　○ 필요시 누구든지 **살포할수** 있습니다(제설자재보관함 서울시시설관리공단)
　　　→ 살포할 수

　　○ 공원에서는 취사를 **할수 없 읍니다**(송파구 ○○ 공원)
　　　→ 할 수 없습니다

　ⓒ 기타
　㉮ 관형어와 체언 사이
관형사형 어미 '(-으)ㄴ, -는, (-으)ㄹ'이나 관형사와 체언은 띄어 써야 하는데 그렇지 않은 예가 많이 보인다.

○ 학교에서 폭력을 일삼는 **나쁜친구**가 있으면 전화주세요
  (송파구 ○○초등학교 교문 근처) → 나쁜 친구가

○ 사랑으로 감싸주고 훈계하며 **바른길로** 인도합시다.(송파구 ○○초등학교 교문근처)
  → 바른 길로

○ **좋은식단제** 실천을 위하여(한국음식업중앙회 ○○구 지회)
  → 좋은 식단제

○ 신호는 **우리모두가** 지켜야할 약속입니다.(올림픽대로)
  → 우리 모두가 지켜야 할

○ **푸른숲** 그사랑의 시작은 산불예방 입니다(강남구 대모산)
  → 푸른 숲 그 사랑의, 산불 예방입니다

○ **사고많은곳, 사고잦은곳, 교통사고많은곳, 사망사고많은곳, 좌로굽은길, 우로
  굽은길, 우로굽은도로, 좌우로 이중굽은길**(올림픽대로, 강변북로)
  → 사고 많은 곳, 사고 잦은 곳, 교통 사고 많은 곳, 사망 사고 많은 곳,
    좌로굽은 길, 우로굽은 길, 우로 굽은 도로, 좌우로 이중 굽은 길

위의 예들 가운데 일부는 표지판의 넓이가 한정되어 있기 때문에 띄어쓰기를
무시하거나 띄어 써야 할 부분을 다음과 같이 작은 글씨로 쓴 경우를 볼 수 있다.

○ 사고많은곳, 사고잦은곳,
  좌로굽은길, 우로굽은길, 우로굽은도로, 좌우로이중굽은길,

이런 식의 표기는 시각적인 효과를 거둘 수 있을는지 모르나 교육적으로는
혼란을 줄 수도 있다.

㉯ 부사어와 서술어
부사와 서술어는 띄어 쓴다.

○ 지하철 안에서는 장난을 해서는 **안되고** 큰 소리로 떠들어도 **안된다**(서울특별시 홈
페이지 어린이마당) → 안 되고, 안 된다

'안'은 '아니'의 준말이다. 공공 게시물에서 '안'을 붙여 쓰고 있는 예가 적
지 않다

○ 화재장소 **따로없고** 화재시간 **따로없다**(소방서 표어)
→ 화재 장소 따로 없고 화재 시간 따로 없다
○ **어서오십시오** 분당경찰서 속도를 줄입시다.(성남시 분당구)
→ 어서 오십시오

○ **안녕히가십시오** 충효의 고장 용인시(경기도 용인시)
→ 안녕히 가십시오

㉡ 명사와 접미사
명사와 접미사는 붙여 쓴다.

○ 저도 크면 아빠처럼 **운전 할게요**(서울-성남 도로)
→ 운전할게요

○ 선로에 내릴 때에는 특히 다른 열차에도 **주의 하십시오**(서울 시내버스)
→ 주의하십시오

㉢ 기타
한글맞춤법 제2항에서 "문장의 각 단어는 띄어 씀을 원칙으로 한다."고 명
시하고 있다. 다음의 예들은 이 규정에 따라 적어야 한다.

○ 부리에 쪼여 다치거나 실명할 위험이 있으니 특히 어린이의 **접근을막아** 주십시
오(일산 호수공원) → 접근을 막아

○ 차량의 화재등 비상의 경우는 승무원의 안내에 따라 **의자밑의 뚜껑을열고** 손

잡이를 앞으로 당기면 손으로 문을 **열수** 있습니다(서울시내버스)
→ 의자 밑의 뚜껑을 열고, 열 수 있습니다

⑦ 구별하여 적을 단어

한글 맞춤법 제57항에서 구별하여 적어야 할 단어들을 나열하고 있다. 그 가운데 구별하지 않고 잘못 표기한 공공 게시물의 예를 들어 본다.

㉠ '(으)로서'와 '(으)로써'

'(으)로서'는 '어떠한 지위·신분·자격 따위를 가진 입장에서'라는 뜻을 나타낸다. '-가/이 되어서, -의 입장에서, -의 자격으로' 같이 풀이된다. '(으)로써'는 '재료, 수단, 방법'의 뜻을 지닌다. '-을/를 가지고, -을/를 써서, -을/를 사용하여' 같이 풀이된다.

○ 대모산은 해발 **293m로써** 서초구 내곡동과 경계를 이루고 있으며(강남구 대모산
  입구) → 293m로서

○ 인간은 생물, 사회, 심리적인 총체적 **존재로써**, 전 생애를 통하여 자기지향적이
  며, 발달할 수있는 잠재력을 가지고 있다(서울대학교 간호대학 홈페이지)
  → 존재로서, 자기 지향적이며, 할 수 있는

㉡ '-(으)므로'와 '-ㅁ 으로(써)'

'-(으)므로'는 '까닭, 이유, 원인'의 뜻을 나타내는 어미이다. '-기 때문에, -니까'와 같이 풀이된다. '-ㅁ 으로'는 '어떤 것을 수단으로 삼아, 어떤 방법으로' 등의 뜻을 나타낸다. '-ㅁ 으로'는 그 뒤에 '써'를 덧붙여 '-ㅁ 으로써'로 형태로 쓸 수도 있다. 우리말에 '-ㅁ 으로써'라는 식의 표기는 있어도 '-ㅁ 으로서, -므로써, -므로서'등과 같이 적는 일은 있을 수 없다.

○ 봉사활동은 타인을 돕는 일에 적극 참여하여 공동체 의식을 함양하고 삶의 보람
  과 자신의 가치를 **느낌으로서** 민주 시민으로서의 기본적 자질을 함양하고 건전
  한 가치관을 형성하게 하는 교육활동(서울특별시 강남교육청)
  → 느낌으로써

○ 제7차 교육과정의 시행과 함께 학생 봉사활동이 교육과정에 편입됨에 따라 보다 조직적, 체계적인 지도의 필요성이 **증대됨으로써** 설립(서울특별시 서부교육청)
→ 더욱 조직적, 증대되므로

ⓒ '-던'와 '-든'

한글 맞춤법 제56항에 따라 '-던'와 '-든'은 구별하여 적어야 한다. '-던', '-던지'는 지난 일을 나타내며, '-든', '-든지'는 물건이나 일의 내용을 가리지 아니하는 뜻을 나타낸다.

○ 외출 시는 보조 등을 꼭 켜 **놓던지** 창살이나 커텐을 설치하세요(사이버 경찰청, 꿈나무 경찰청) → 놓든지, 커튼

⑧ 문장 부호

한글 맞춤법 부록에서는 문장 부호의 이름과 그 사용법을 규정하고 있다. 따라서 특별한 경우를 제외하고는 이 규정을 따라야 한다.

㉠ 큰따옴표(" ")와 작은따옴표(' ')

큰따옴표는 글 가운데서 직접 대화를 표시할 때에 쓰거나 남의 말을 인용할 경우에 쓴다. 작은따옴표는 따온 말 가운데 다시 따온 말이 들어 있을 때에 쓰거나 마음 속으로 한 말을 적을 때에 쓴다. 또한 문장에서 중요한 부분을 두드러지게 하기 위해 작은따옴표를 쓰기도 한다.

다음 예들에 쓰인 문장 부호는 이 규정을 따르지 않은 것이다.

○ **"거절"**이 즐거워 진다(올림픽 대로)
→ '거절'이 즐거워진다

○ 서울대학교는 1977년 「**서울대학교 발전 10개년 계획**」을 입안하여 "**대학원 중심 대학**"을 장기 목표로, "**학문의 대학**", "**민족의 대학**", "**세계의 대학**"이라는 미래 지향적 모토를 정립하였다(서울대학교 홈페이지)
→ '서울대학교 발전 10개년 계획', '대학원 중심 대학', '학문의 대학', '민족의 대학', '세계의 대학'

한글 맞춤법 규정에 따르면 세로쓰기의 경우에는 큰따옴표는 겹낫표 『 』를 작은따옴표는 낫표 「 」를 써야 한다. 따라서 「서울대학교 발전 10개년 계획」의 낫표는 작은따옴표를 써야 한다.

> ○ 지금의 과학기술부는 **“국민의 정부”** 출범과 함께 ‘98.2월 **“처”**에서 **“부”**로 승격되어 오늘에 이르고 있습니다(과학기술부 청소년과학마당)
> → ‘국민의 정부’, ‘처’, ‘부’

ⓛ 반점(,)와 가운뎃점(·)

반점은 문장 안에서 짧은 휴지를 나타낼 때 쓴다. 가운뎃점은 문장 안에서 열거된 여러 단위가 대등하거나 밀접한 관계임을 나타내는 경우에 사용한다. 그리고 반점으로 열거된 어구가 다시 여러 단위로 나누어질 때는 가운뎃점을 사용한다.

> ○ **눈비안개시** 감속운행 : 눈.비.안개시 감속운행 : 눈, 비올때
> → 눈, 비, 안개 시 감속 운행, 눈·비·안개 시 감속 운행

‘눈비안개시 감속운행’은 도로표지판의 넓이가 한정되어 있으므로 문장 부호 없이 쓴 것으로 보인다. 그러나 ‘눈.비.안개시 감속운행‘이라고 쓴 표지도 있는 것으로 보아 문장 부호를 사용해도 될 것 같다. 그런데 이 경우에는 온점(.)보다는 반점 또는 가운뎃점을 사용해야 한다.

(2) 비표준어

> ○ 청렴계약제 실시나 문화관광행정서비스 헌장 제정 등은 우리부가 국민에게 보다 가까이 다가가고자 하는 **바램**입니다(문화관광부 열린마당)
> → 우리 부, 바람

> ○ “온 국민이 하나로 뜨겁게 뭉친 월드컵! - 우리사회 부패도 척결할 수 **있읍니다**”
> (부패방지위원회 한국일보 광고란) → 있습니다

○ 시민 여러분이 안전하게 시설물을 이용할 수 있도록 최선의 노력을 **다하겠읍니다**
(서울특별시 건설안전관리본부) → 다하겠습니다

○ 새로운 만남과 새로운 경험을 얻고, 나의 삶을 **풍요롭게** 만들 수 있으므로 감사
한 마음으로 시작해야 합니다(서울특별시 서부교육청)
→ 풍요하게

○ **천정**기중기(한국산업인력공단 홈페이지)
→ 천장 기중기

(3) 외래어 표기법에 어긋난 표기

외래어는 '외래어 표기법'에 따라 적어야 한다.

○ "부패방지 **캐치프래이즈**"를 공모합니다, 위원회의 기능을 잘 나타내면서 대국민
슬로건으로 활용 가능한 내용(부패방지위원회)
→ '부패 방지 캐치플레이즈'(catchphrase)

'캐치플레이즈'는 캠페인 등에서, 남의 주의를 끌기 위하여 내거는 기발한
문구이다.(예 : '하나뿐인 지구'라는 캐치플레이즈를 내걸고 공해 추방 운동을 벌이다.)
슬로건(slogan)은 표어를 말한다.('하나뿐인 지구를 살리자'를 슬로건으로 내걸다.) 그
러므로 여기에서는 공모자들에게 혼란을 주지 않으려면 두 단어 중에 하나로
통일하는 것이 좋겠다.

○ **부자**가 울리면 자동개폐 됩니다.(서울 시내 버스)
→ 버저(buzzer), 자동 개폐됩니다

○ 비상시에는, 아래 비상밸브함의 문을 열고 **레바**를 "수동"위치에 놓으면 손으로
문을 열 수 있습니다(서울 시내 버스 주의 사항)
→ 레버(lever), '수동'

○ 대통령 **메세지**(청와대 홈페이지, 사랑방)
　　→　메시지(message)

○ **암스텔담** 올림픽(청와대 홈페이지, 사랑방)
　　→　암스테르담(Amsterdam)

○ **옐로우카드**(지하철 내 공익 광고, 월드컵문화시민협의회)
　　→　옐로 카드(yellow card)

○ **터미날** 이용수칙(서울고속버스터미널 안내판)
　　→　터미널(terminal)

○ 전망 **에레베이타**(서울고속버스터미널 안내판)
　　→　엘리베이터(elevator)

○ 아시아 필름 **페스티발**(한국영상자료원)
　　→　페스티벌(festival)

○ **렌트카** 안내(김포공항)
　　→　렌터카(rent-a-car)

○ **보턴**(김포공항), **버턴**을 누르시면 잠시후에 보행자 신호가 들어옵니다.
　　→　버튼(button)

○ **악세사리**(김포공항)
　　→　액세서리(accessory)

○ 2M 높이 철망**휀스**, 가이드 **휀스**(어린이대공원)
　　→　펜스(fence)

○ **텔레비젼은** 필요한 프로만 보고 끈다(서울특별시 홈페이지 어린이마당)
　　→　텔레비전(television)

    ○ **리더쉽**을 경험함으로써 책임감과 자발성을 고취시킨다.(인천광역시 교육청)
     → 리더십(leadership)

    ○ 강남교육청 청소년상담**센타**를 설치하였습니다(서울 강남교육구청).
     → 청소년 상담 센터(center)

외래어를 우리말로 표기할 때, 받침에는 'ㄱ, ㄴ, ㄹ, ㅁ, ㅂ, ㅅ, ㅇ'만을 쓴다.[제3항]

    ○ 커피숖(김포공항 3층 복도 간판)
     → 커피숍(coffee shop)

파열음 표기에는 된소리를 쓰지 않는 것을 원칙으로 한다.[제4항]

    ○ 가전제품 **리싸이클링센터** 방문 참여희망자 모집(서울특별시환경관리실)
     → 리사이클링(recycling)

    ○ 초벌, 재벌로 완성된 그릇에 8가지 색깔의 칼라 **쎄라믹펜**으로(어린이대공원)
     → 컬러 세라믹(color ceramic)펜

(4) 오기(誤記)

여기에서는 공공 게시물 가운데 한글맞춤법에서 규정한 것과는 달리 작성자의 국어 지식 부족으로 잘못 표기한 예를 살펴본다.

① '-어/아라'와 '(으)-라'

'-어/아라'는 "이것 좀 보아라. 여기 있는 것을 먹어라."와 같이 구체적인 화자(話者)가 구체적인 청자(聽者)에게 할 수 있는 명령일 경우에 쓴다. 따라서 "영식아, 이것 봐라."와 같이 호칭어가 쓰일 수 있다.

'-(으)라'는 "알맞은 답을 고르라. 시급히 대책을 세우라. 기대하시라."와 같이 구체적인(특정한) 청자를 상대로 하지 않는 명령일 경우에 쓴다. 화자도 개인이라기보다는 단체이거나 단체를 대표하게 되므로 신문, 잡지의 제호 혹은 시험지의 문항, 구호 등과 같은 많은 사람을 상대로 하는 글에 쓰인다. 따라서 "영식아, 알맞은 답을 고르라."와 같이는 말하지 않는다.

다음 예에서는 구체적인 화자가 구체적인 청자에게 명령하는 것이 아니기 때문에 '-아/어라'는 '-(으)라'의 바꾸어 써야 한다.

> ○ 무엇보다도 먼저 장애를 가진 사람도 하나의 인간이라는 것을 기억하라.
> 장애자를 모두 동일시하지 말고 각각 다른 인격을 가진 인격체라는 것을 인식하라.
> 장애자를 만날 때는 자연스럽게 대하고, 오직 그의 요구가 있을 때만 **도와라.**
> 휠체어 사용자가 거리에서 곤란해 할 경우를 보면 먼저 말을 **걸어줘라.**(인천광역시교육청) → 도우라, 걸어주라

② '-고자, -코자'와 '-고저, -코져'

'-고자'는 '목적을 달성하고자 열심히 노력하다, 오늘 떠나고자 한다, 내가 말하고자 하는 것은 이렇다'와 같이 동사의 어간에 붙어 의도·욕망의 뜻을 나타내는 어미이다. 간혹 '-고저, -고져', '-코저, -코져' 등과 같이 잘못된 표기가 보이는데, '-고자', '-하고자'의 준말 '-코자'만이 맞는 표기이다.

> ○ 승강기가 탑승**코져** 하는 곳에 있을 때에는(수서역, 휠체어 리프트 작동법)
>   → 탑승하고자, 탑승코자

③ '-개'와 '-게'

'날개, 찌개, 귀이개, 이쑤시개, 지우개, 베개, 덮개'와 같이 '마개'가 바른 표기이다. '집게, 지게'와 혼동하기 쉽다.

> ○ 돌, **병마게**, 쇠조각, 비닐 등을 우리에 던져넣지 마십시오(일산 호수공원)
>   → 병마개, 던져 넣지

④ '-음'과 '-슴'

'죽음, 얼음, 울음, 웃음' 등과 같이 '없음'과 '있음'의 형태가 바른 표기이다.

우리말에 '슴'으로 끝나는 말은 '가슴, 머슴, 사슴, 오르가슴' 정도밖에 없다.

> ○ 갓길 **없슴**(용인 풍덕천 도로공사장)
> → 없음

⑤ '삼가'와 '삼가하'

'삼가다'는 무엇을 꺼려서 몸가짐 따위를 경계한다는 뜻이다.

> ○ 빵 같은 것을 손으로 먹는 경우 머리 기름이나 머리 때가 손에 묻는 것은 지극히 비위생적이고 손으로 입술을 만지거나 귀, 코와 같은 곳을 긁는 것은 **삼가해야** 한다.(서울특별시 홈페이지)
> → 빵 같은 것을 손으로 먹는 경우 손에 머리 기름이나 머리 때가 묻지 않도록 한다. 손으로 입술을 만지거나 귀, 코와 같은 곳을 긁는 것은(삼가도록 한다, 삼가야 한다).

> ○ 메일 상에서 남을 비방하거나 명예를 손상할 수 있는 내용의 기재를 **삼갑니다** (서울특별시 서부교육청) → 삼갑니다

> ○ 우리가 삼가 주의해야할 사항(한국경찰신문, 대모산 입구)
> → 삼가야 할 사항, 주의할 사항

'삼가'는 '조심하는 마음으로 정중하게'라는 뜻으로 "삼가 명복을 빕니다, 이 글을 삼가 어머님께 올립니다"와 같은 경우에 쓴다. '삼가 주의해야 할'은 부자연스러운 표현이다.

⑥ 기타

> ○ **내껀** 튄다!!(우체국 앞 게시판에 붙은 포스터 '나만의 우표' 탄생)
> → 내 건 튄다

> ○ 당역 남측 서울대 병원쪽 입구에 자전거 보관소가 설치되어 **있아오니** 환승시 많은 이용바랍니다(종로구청의 지하철역 내 안내판 '자전거 보관소 이용' 안내)

→ 우리 역 남측 서울대병원 쪽 입구에 자전거 보관소가 설치되어 있사오니 환
승 시 많은 이용 바랍니다.

○ 현재위치/Home/위원회소개/기능과 **역활**/처리유형(국민고충처리위원회 홈페이지)
→ 역할(役割)

○ 경찰은 왜 밤을 **세워야** 하나요?(사이버경찰청 여성/청소년 상담실)
→ 새워야

○ **학렬**은 조상의 몇대손인가를 나타내는 것이며, 거의 모든 집안이 나이보다도 **학
렬**을 따져서 **학렬**이 높으면 학렬이 낮은 사람에게는 나이에 상관하지 않고 말을
놓는 경우가 있다(서울특별시 홈페이지 서울의 역사)
→ 항렬(行列), 몇 대 손인가

○ '86아시안게임과 '88서울올림픽을 훌륭하게 **치룸으로써** 서울은 명실상부한 세
계속의 선진도시로 꾸준한 발전을 계속하고 있습니다
(서울특별시 홈페이지 서울의 역사) → 치름으로써

(5) 중복 표현

반복을 피할 수 없거나 뜻을 강조할 경우가 아니면 동일하거나 비슷한 뜻을
가진 단어·구절·조사·어미 등을 되풀이하여 사용하지 않는 것이 좋다. 한
문장 안에 이러한 것들이 중복되면 문장의 의미가 산만해지고 논리적인 짜임
이 깨지게 된다.

① '(으)로 인하여'
'(으)로 인하여'는 조사 '로'와 '인(因)하다'의 중복이다. '로' 자체만도 원
인·이유를 나타낼 수 있다. 그런데 '어떤 사실로 말미암아'의 뜻을 가지는
'인하다'를 습관적으로 결합할 필요가 없다.
다음은 중복을 피해 자연스럽게 고친 예이다.

○ 위원회는 행정기관의 위법, 부당한 처분이나 사실행위 또는 불합리한 제도 등**으로 인하여** 국민의 권리를 침해하거나 국민에게 불편, 부담을 주는 고충민원을 간이, 신속하게 처리하고 있습니다(국민고충처리위원회)
→ 제도 등으로

○ 외국물품의 덤핑수입, 외국정부로부터 보조금을 지급받은 물품의 수입, 특정 물품 및 무역유통서비스의 수입증가 등**으로 인하여** 국내산업이 피해를 입거나 입을 우려가 있을 경우 이를 구제하기 위한 덤핑률 조사, 산업피해 조사판정 및 구제 조치 건의(무역위원회)
→ 수입 증가 등으로

○ 도시의 인구가 급격히 증가하면서 교통문제, 주택문제, 자동차의 증가**로 인한** 대기 오염 등 여러 가지 문제가 나타나게 되었습니다(환경부 눈높이환경교실)
→ 증가로

○ 산업화와 도시화**로 인해서** 공기 오염이 심한 곳에서는 강한 산성비가 내리게 됩니다(환경부 눈높이환경교실)
→ 도시화로

○ 올림픽 중간 연도를 택해 4년에 한 번씩 개최키로 한 월드컵은 프랑스에서 열린 제3회(1938년)대회 이후 12년 동안 전쟁**으로 인해** 중단되었다.(청와대 홈페이지, 사랑방) → 전쟁으로

○ 그 동안 역사적, 정서적으로 불편한 관계를 유지해 왔던 일본과의 관계가 이번 공동개최**로 인하여** 크게 개선될 전망이다.(청와대 홈페이지, 사랑방)
→ 공동 개최로

② '(으)로부터'

'(으)로부터'는 조사가 반복된 형태이다. '지금으로부터 시작하겠습니다'보다는 '지금부터 시작하겠습니다'가 자연스럽다. 원래 우리말에서 '생긴 곳, 온데, 행동 대상' 등을 보일 경우에 쓰는 조사는 '에서, 에게서, 한테서' 등이다. 그런데 요즘 저마다 영어 'from'의 영향을 받아 '(으)로부터'로 옮겨 쓰는 예가

보인다.

다음의 예도 다듬어야 자연스럽다..

> ○ 학교폭력**으로부터** 보호합시다(송파구 ○○초등학교 교문근처)
> → 학교 폭력에서

> ○ 활동을 성공적으로 마친 후에 얻는 성취감**으로부터** 자신감과 즐거움을 맛보게
> 한다.(인천광역시 교육청)
> → 성취감에서

③ 기타

> ○ 밟힌 잔디밑에 우리의 작은꿈(**소망**)이 있어요(호수공원, 고양시 공원관리 사무소)
> → 밟힌 잔디 밑에 우리의 작은 꿈이 있어요

'작은꿈'을 '小望'으로 오인한 것 같다. 바라는 바를 뜻하는 '所望'이나 본디부터의 희망을 의미하는 '素望'이라는 단어는 있어도, '小望'이라고는 쓰지 않는다.

> ○ 청계터널 국내 최초 **광폭**(4차로) 터널
> → 청계 터널 국내 최초 4차로 터널

'광폭'은 '4차로'만을 뜻하지 않는다. 그 이상의 차로도 가능할 수 있다. '광폭'과 '4차로'는 공연한 중복이다.

> ○ 세계평화를 위한 국제 평화유지군(PKO) **활동도 실시합니다**(국방부 어린이마당)
> → 활동도 합니다

'활동도 실시합니다'라는 표현은 의미상 중첩이다.

(6) 외국어식 표현

외국어식 표현은 명확한 출처를 모른다 하더라도 우리의 언어 감각으로는 어색하게 느껴지는 경우가 대부분이다. 또 경우에 따라서 외국어식 표현이지만 우리말 문장 구조에 많이 적용되어 별로 어색함을 느끼지 않게 하는 것도 있다. 외국어식 표현은 우리말의 고유하고 보편적인 표현법에 적지 않은 혼란과 불편함을 불러일으키는 경우가 있으므로 우리말답게 바꾸어 써야 한다.

① '에 있어, 에 있어서'

'에 있어, 에 있어서' 등은 국어 사전에서 무엇을 화제로 삼을 때 사용하는 말로, '에', '에게', '에서'를 문어체로 이르는 말이라고 풀이하고 있다. 그런데 이는 일본말에서 한자 '於'자를 'に於て', 'において'로 새겨 읽는 것에서 그대로 따온 말이다. 공공 게시물에 많이 쓰이는 경향이 있는데, 우리말답게 자연스럽게 바꾸어 써야 한다.

다음의 예들도 어색하지 않게 다듬으면 자연스럽다.

○ 이 곳에서 작성된 개인정보는 개인정보보호방침에 따라 철저히 비밀을 보장하겠습니다. 작성하신 내용을 처리함**에 있어** 작성 내용으로 인한 어떠한 불이익도 받지 않습니다(문화관광부 열린마당)
→ 작성한, 작성하신, 처리하는데, 작성 내용 때문에(작성하신 내용으로)

○ 고용에서의 차별, 모집, 채용**에 있어서**의 차별, 임금에서의 차별, 승진, 배치, 퇴직**에 있어서**의 차별 등, 교육에서의 차별, 해외연수, 직업훈련 등 각종 교육 대상자 선정에 있어서의 차별, 교육내용 및 교과과정 편성**에 있어서**의 차별 등, 재화·시설·용역 등의 제공 및 이용에서의 차별, 근로자 복지제도 실시에 있어서의 차별, 금전대출 등 금융제공**에 있어서**의 차별 등, 법과 정책의 집행에서의 차별, 허가, 신고, 인가 등**에 있어서**의 차별 등, 성희롱, 업무, 고용, 기타 관계에서 성적 수치감 또는 혐오감을 느끼게 하는 성적 언동 등(여성부 홈페이지, 남녀차별신고센터, 신고안내)
→ 모집·채용에서의 차별, 승진·배치·퇴직에서의 차별, 해외 연수·직업훈련 등 대상자 선정에서의 차별, 편성에서의 차별, 실시에서의 차별, 금융제공

에서의 차별, 허가·신고·인가 등에서의 차별, 업무·고용·기타 관계

② '의'

'의'는 반복해서 사용하면 어색한 문장이 되기도 하고 그렇다고 함부로 생략하면 비문법적인 문장을 만들어 내기도 한다. 때로는 중의적인 문장을 만들기도 한다. 이런 점에서 '의'의 사용에 세심한 주의가 필요하다. 또 일본말 'の'의 영향으로 불필요한 '의'를 자주 쓰는 경향이 있다. 이러한 '의'는 적절하게 생략하거나 수식하는 어구로 풀어서 쓴다. 우리말에서는 '커피 한 잔'이라고 하지 '한 잔의 커피'라고 하지 않는다.

다음의 예에 쓰인 '의'는 우리말답게 바꾸어 쓰는 것이 자연스럽다.

○ 학**의** 보호를 위하여 조류사 주위에서는 아래와 같이 주의하여 주시기 바랍니다
  (일산 호수공원)
  → 학을 보호하기 위하여 새집 주위에서는

③ '에 대한, 에 대하여'

'에 대한, 에 대하여'는 일본말투의 대표적인 것이다. 우리말에는 필요 없는 일본말의 '對して' 또는 '付'가 그렇게 번역되어 일반적으로 쓰이고 있다.

다음 예의 '에 대한, 에 대하여'도 되도록 우리말답게 자연스럽게 바꾸어 써야 한다.

○ 그동안 저희 건설안전관리본부는 시설물 안전**에 대한** 시민의 불안감을 해소하고
  시민 누구나 편안하게 시설물을 이용할 수 있도록 노력해 왔습니다(서울특별시 건
  설안전관리본부)
  → 시민이 시설물의 안전을 위해 노력해왔습니다

○ 교통안전시설은 도로이용자**에 대하여** 필요한 정보를 사전에 정확하게 전달하고
  또한 통일되고 균일한 행동이 이루어지도록 통제함으로써 교통의 소통을 증진시
  키고, 도로상의 안전을 보장하는 것이다(도로교통안전관리공단)
  → 도로이용자에게

④ '에 의하여, 의해서, 의하면, 의거'
이 말도 일본어 'によって, によると'의 직역이다. 우리말에서는 어색하지 않게 바꾸어 써야 자연스럽다.

○ 봉사활동은 학교 계획**에 의하여** 교육적으로 지도되는 활동이 되었다(서울강남교육청).
  → 계획에 따라, 지도하게 되었다

○ 인간이 무언가 가치있는 부분에 소속되어, 남에게 필요한 존재가 되며, 사회**에 의해** 높이 평가받는 한 부분이 되고자 하는 인간의 내적욕구를 충족시켜 준다.
  (인천광역시 교육청) → 무엇인가, 가치 있는, 사회에서 높이, 내적 욕구

○ 자료의 수집은 자료제출(납본), 구입, 기증, 국제교환 등**에 의해** 이루어지고 있으며 연간 수집량은 22만여 책에 이르고 있습니다.(국립중앙도서관)
  → 등으로

○ 제출제도**에 의하여** 수집된 자료는 소장자료의 약 60%를 구성하고 있으며 국내 자료에 관한 최대의 수집량입니다(국립중앙도서관)
  →제출 제도에 따라, 국내 자료

○ 도서관 및 독서진흥법 제53조 제3항**에 의거** 발간된 자료를 제출하지 아니할 경우에는 정가의 10배에 해당하는 금액이하의 과태료를 부과합니다.
  (국립중앙도서관) → 제3항에 따라

⑤ '보다', '보다 더'
이 말은 일본어 'より'의 번역투이고 영어의 비교급을 본뜬 말이다. 우리말에서는 '더욱', '좀 더', '한층 더' 등으로 바꾸어 쓰는 것이 좋다.

○ 학생들이 정보의 선택, 공유, 활용을 통해 새로운 정보를 생산하고, 인터넷을 통해 **보다** 다양한 경험을 할 수 있도록 기회를 제공하여 지식기반사회를 주도할 인적 자원을 길러 21세기의 정보화 사회에 대처해야 합니다.(서울특별시 서부교육청)
  → 더욱 다양한, 대처해야 합니다

○ 학생들에게 자신감을 갖게 하고 잠재적인 지도력을 계발하여 학습 경험을 **보다** 풍부하게 한다.(인천광역시 교육청)
→ 더욱 풍부하게

⑥ 피·사동 표현

'-하다'라고 능동적인 표현을 할 수 있는데 '-되다'나 '-시키다'로 표현하는 경향이 있다. '-하다'문에 사용해야 정상적인 문을 '-되다', '-시키다'로 표현하는 경향은 스스로 지닌 책임성을 주위 상황이나 외부 요인에 떠넘기려는 사회적 심리현상과 이어진다고 할 수 있다. 즉, 이것은 자신이 주체가 되어 단정하는 것보다는 일어나는 상황을 수용한다는 수동적인 입장에서 현상을 표현하는 것이 책임 회피와 함께 객관성을 높인다는 심리적인 면이 크게 작용한 결과라고 할 수 있다.

다음의 피동·사동 표현은 능동 표현으로 바꾸어 쓰면 우리말 표현다워 자연스럽다.

○ 학교폭력이 심각한 사회문제로 **대두됨에 따라** 범정부적, 범사회적 차원에서 그 예방과 근절을 위한 대책을 수립하여 추진하고 있는 바 우리의 희망이요! 우리의 미래요! 다음 세대를 이끌어갈 이 나라의 주역인 청소년들이 높은 이상과 꿈을 가지고 건전한 가치관을 정립하여 나갈 수 있도록 학교, 가정, 사회의 지속적인 선도와 보살핌을 당부드립니다(한국경찰신문, 대모산 입구)
→ 대두함에 따라(일어남에 따라, 고개 듦에 따라), 추진하고 있습니다,
학교·가정·사회가 끊임없이 이끌어 주고 보살펴 주어야 하겠습니다.

○ 학교 주변 여러 유해 환경이 **추방되어 정화되지** 않을 때 감수성이 예민한 성장기 학생들에게 정서적 혼란과 충동적 유혹을 주게 되므로 아무리 훌륭한 교육을 실시하더라도 교육 효과는 반감될 수밖에 없습니다(한국경찰신문, 대모산 입구)
→ 유해 환경을 추방하여 정화하지, 반감할 수밖에

○ 인터넷 교육을 무료로 **시켜** 드립니다(00아파트 관리사무소)
→ 무료로 인터넷 교육을 해 드립니다

○ 이 복권의 수익금은 국가유공자의 복지증진사업에 **쓰여집니다**
(한국보훈복지의료공단, 지하철 게시) → 쓰입니다

⑦ '및'

'및'은 '그리고', '그밖에', '또'의 뜻을 가진 접속 부사로, 앞뒤에 오는 말과 띄어 쓴다. '및'은 한자어 '及'의 뜻을 새긴 말이지 원래 우리말이 아니다. 그런데 공공 게시물에서는 습관적으로 '및'을 남용하고 있다. '및'은 '와/과' 또는 문장부호 ' , '이나 ' · ' 등으로 바꾸어 쓰는 것이 자연스럽다.

ㅇ 각 보증인은 재산세 **및** 종합토지세납부액을 합산하여 연간 3만원이상인 사람이여야 하며 보증인들의연간 재산세 및 종합토지세의 총 세액 합계액은 15만원 이상이어야 합니다(병무청, 귀국보증서 작성요령)
→ 각 보증인의 재산세와 종합토지세의 연간 납부액은 합산하여 3만원 이상이어야 하며, 두 보증인의 재산세와 종합토지세의 연간 납부액은 합해서 15만원을 넘어야 합니다.

ㅇ 세계 축구 애호국가들과 상호 이해 및 협력 증진을 통해 중남미, 서구 지역에 대한 외교 기반을 견고히 다질 수 있을 것으로 기대된다(청와대 홈페이지, 사랑방)
→ 세계 축구 애호국가들과 상호 이해하고 협력 증진하여 중남미, 서구 지역에 대한 외교 기반을 단단히 다질 수 있을 것으로 기대된다.

(7) 난해한 표현

공공 게시물에 일반인들이 이해하기 어려운 단어(주로 어려운 한자어)를 많이 사용함으로써 그 뜻의 전달이 불명확해지는 경우가 흔히 발견된다.

ㅇ 비산먼지 **저감**에 적극 노력합시다(ㅇ ㅇ 아파트 공사장)
→ 되도록 먼지가 흩날리지 않도록 합시다.

'비산(飛散)'은 '날아 흩어지다, 흩날리다'등의 뜻으로 순화 대상 용어이다. '저감(低減)'은 낮추어 줄이는 것을 말한다.

ㅇ 응모작품은 반환되지 않으며, 입상작에 대한 **제반** 권리는 부패방지위원회에 귀속됩니다(부패방지위원회) → 모든 권리, 부패방지위원회가 가집니다

‘제반(諸般)’은 ‘여러 가지, 모든’의 뜻으로 순화 대상 용어이다. ‘귀속(歸屬)’도 ‘돌아감’의 뜻으로 순화 대상 용어이다.

> ○ 정부의 기밀누설 또는 첩보에 **공하**는 물품(출입국 서류)
> → 정부의 기밀 누설 또는 첩보에 이용되는 물품

‘공(供)하다’는 순화 대상 용어이다. ‘제공하다, 주다, 바치다, 쓰이다, 사용하다, 사용되다’가 순화한 용어이다.

> ○ 지난 1998년, 영상문화시대를 살아가는 청소년들에게 영상 창작활동을 통해 그
> 꿈과 이상을 펼칠 수 있는 기회를 **부여하고자** 처음 시작된 이 행사가 올해로 벌
> 써 다섯 돌을 맞게 되었습니다(문화관광부 홈페이지 열린자료방)
> → 주고자

‘부여(附與, 賦與)하다’는 순화 대상 용어이다. ‘주다’가 순화한 용어이다.

> ○ **연동화 구간, 연동속도(80)구간, 무선연동구간, 교통신호 연동구간**(올림픽대로,
> 수서-분당 도시고속화도로)
> → 연속 속도 작동중, 연속 속도 작동 구간, 연속 작동(80)구간,
> 연속 작동 구간, 신호 연속 작동 구간

‘연동(聯動, 連動)’은 국어 사전에서 ‘기계 따위에서 한 부분을 움직이면 연결되어 있는 다른 부분도 잇달아 자동적으로 움직이는 일’이라고 풀이하고 있다. 도로법에서는 어떤 교차로에서 다음 일정한 교차로까지 구간에 제시한 속도로 연이어 작동하는 것을 말한다고 한다.

신호기의 ‘연동(interconnection)’은 전자신호 시스템이 들어오면서 도로에서 많이 볼 수 있게 되었는데, 운전자들에게는 낯선 용어이다.

연속으로 속도를 작동 중이라는 것만 운전자들에게 알리면 되는데, 작동 방법이 ‘유선’인지 ‘무선’인지까지 알릴 필요가 있을까 한다.

○ **유출연결로**(올림픽대로)
　　→ 빠져나가는 길

'유출(流出)'은 (액체가) 밖으로 흘러 나가거나 나오는 것을 뜻한다. 여기에서는 주 통행로에서 빠져나가는 도로, 곧 램프 웨이(ramp-way)를 의미하는 것 같다. 램프는 고속 도로가 입체 교차할 때, 인터체인지와 고속 도로를 접속하는 경사진 부분을 말한다. '유출로' 또는 '유출용 접속로'라는 용어를 많이 사용하는데, '유출로'는 교차로(3거리 또는 그 이상)에서 교차로에 진입한 차량이 교차 지역(각 방향의 도로가 서로 중첩하는 지역)을 빠져나가는 차로를 말한다. '유출용 접속로(off-ramp)'는 인터체인지 등에서 상호 접속하는 도로에서 다른 도로로 유출하기 위하여 사용하는 접속로를 말한다. 반대되는 개념은 진입로, '진입용 접속로(on-ramp)'라고 한다.

○ **교량점검등 분전함**(김포대교)

'분전함'은 일반 국어사전에는 올라 있지 않다. 다만 전기용어사전에 '분전반(cabinet panel, distribution board, panel board)'과 관련되는 전문용어로서 '분기 관전류 보호 장치나 분기 개폐기를 한 곳에 집합시킨 것'을 뜻한다. 이런 게시물은 전문 기술인에게나 필요한 것이다. 일반 시민에게는 특별한 관련이 없다. 따라서 이 게시물은 전문가끼리만 통할 수 있는 표지를 따로 정하는 것이 바람직할 듯하다.

○ **당** 건물은 금연빌딩입니다(수서역 근처 ○○빌딩) → 이 건물

○ 그 동안 **본** 행사는 우리 청소년들에게 건전한 영상 창작 활동을 통해 영상문화에 대한 바른 안목과 이해를 키워 나가는 동시에(문화관광부 홈페이지 장차관연설문)
　　→ 이 행사는

○ 모쪼록 이번 행사를 통해서 여러분들의 숨어 있는 기량과 재능이 한껏 분출될 수 있기를 기대하면서(문화관광부 장차관연설문)
　　→ 기량과 재능을 한껏 떨치기를

(8) 유의적 표현

공공 게시물 작성자는 시민들이 그 내용을 쉽게 이해할 수 있게 간명하게
표현하여야 한다. 유사한 내용들을 특별히 변별할 점도 없이 서로 다른 표현을
해서는 혼란을 일으킬 수도 있다.

> ○ 사고**잦은**곳, 교통사고**잦은**곳, 안개**잦은**곳,
>   사고**많은**곳, 사망사고**많은**곳,
>   사고**다발**지역, 교통사고**다발**지역(강변북로, 자유로, 올림픽대로)
>   → 사고 잦은 곳, 안개 잦은 곳

'많다'는 사물의 수효나 분량이 일정한 기준을 넘다는 뜻이다. '잦다'는 여
러 차례 거듭되는 간격이 매우 짧다, 자주 있다는 뜻이다. '다발(多發)'은 많이
발생한다는 의미이다. '사고가 많은 곳'은 일정한 장소에서 동시에 여러 건의
사고가 일어났다는 것이고, '사고가 잦은 곳'은 일정한 장소에서 사고가 자주
일어났다는 것이다. 위의 안전표지는 '어느 일정한 곳에 사고가 자주 일어나니
주의하라'고 게시한 것이다. 따라서 '잦다'로 통일하는 것이 적절하다. 한자로
쓴다면 '사고 빈발(頻發) 지역'이라고 해야 한다. '사고, 교통사고, 사망사고'는
모두 다 '사고'로 통일하는 것이 간명하다. '사고'는 어떤 사고이고 '교통 사
고'와는 어떻게 다르며 '사망 사고'는 '사고'나 '교통 사고'와 다른지 구별이
안 된다. 다만 특별히 사망 사고에 대한 경각심을 일으키려고 '사망 사고 잦은
곳'라고도 할 수 있으나, 그런 불유쾌한 표현은 삼가는 것이 좋겠다. '곳'과
'지역'도 군이 구별할 이유가 없다..

> ○ **차선**엄수, 직진 우측 **차선**으로, 청색차선전용, **본선**진입시주의,(대치동·일원터널)
>   **차로**엄수, 우측**차로**좁아짐(판교 IC)
>   → 직진 우측 차로로, 고속도로 진입때 주의, 우측 차로 좁아짐

1995년 1월 도로교통법 개정시 '차선(車線, line)'과 '차로(車路, lane)'는 구분
하였다. 이런 상태에서 '본선'은 정확한 표현이라 할 수 없다. 철도의 노선 표

시는 '경부선', '호남선' 등이라고 칭하지만, 고속 도로는 '。。고속도로', 일반 도로도 '。。로'를 사용하는 것을 볼 때 '본선'은 정확한 표현도 아니다. 또 방향을 나타내는 약어의 기능도 미흡하다.

> ○ 차선**엄수**, 차로**엄수**, 제한속도**엄수**, 속도 **준수**, 신호**준수**(자유로, 강변북로)
>   → 차로 준수, 제한속도 준수, 신호 준수

'엄수(嚴守)'는 어김없이 꼭 지키는 일을 뜻한다. '준수(遵守)'는 규칙 · 명령 등을 그대로 쫓아서 지키는 것을 말한다. 공공 게시물에서 지키는 것의 강약을 구별하여 운전자에게 강요한다는 느낌을 주는 것은 좋지 않다. '엄수'를 '준수'로 통일하거나 '준수'를 '엄수'로 통일하거나 하는 것이 혼란을 줄이는 일일 것이다.

> ○ **중량제한**, **중량제한(총중량)**, 영동대교 **운행제한(총중량32t이상)**, 40t**중량제**
>   **한노량대교**, 양화대교40t이상**(총중량)** 진입금지, 40t**중량제한(총중량)**
>   → 총중량(○ ○ t이상) 제한

이 게시물들은 일정한 곳을 통행하는 차와 그 적재량의 중량을 제한한다는 것이다. '중량제한'은 총중량인지 여부가, '총중량'은 구체적인 수치가 모호하므로 '총중량(○ ○ t이상) 제한'으로 통일하여 운전자들에게 분명히 알리는 것이 좋겠다.

> ○ 속도를 **줄이시오**,
>   이곳에서 다음 신호를 **기다리시오**,
>   속도를 **줄입시다**,
>   속도 및 신호를 **지키십시오**,
>   화물차는 모두 **진입하십시오**
>   선로에 내릴 때에는 특히 다른 열차에도 주의 **하십시오**,
>   주행중 승강구 계단에 서거나 문에 기대어 서지 **맙시다**,
>   뛰어 내리거나 뛰어 타지 **맙시다**,
>   안녕히 **가십시오** 분당경찰서 **안정운행합시다**

→ 속도를 줄입시다, 속도 및 신호를 지킵시다, 선로에 내릴 때에는 특히 다른
열차에도 주의합시다, 주행 중 승강구 계단에 서거나 문에 기대어 서지 맙시다,
뛰어 내리거나 뛰어 타지 맙시다

위와 같은 게시물들에서는 명령형 '-시오', '-ㅂ 시오'와 청유형 '-ㅂ 시다'가
섞어 쓰이고 있다. 명령문은 화자가 청자에게 자기의 의도대로 행동해 줄 것을
요구하는 문장 유형이다. 청유문은 화자가 청자에게 같이 행동할 것을 요청·
제안하는 문장 유형이다. 청유문은 의미상으로는 명령문이라 할 수 있다. 청유
문의 주어는 화자와 청자의 합동인 데 비해 명령문의 주어는 청자 단독이다.
공공 기관이 시민에게 명령한다는 것은 비민주적이다. 따라서 '-시오'는 한 단
계 높임을 나타내는 '-ㅂ 시오'나 청유형 '-ㅂ 시다'로 바꾸는 것이 좋겠다.

○ **감속 운행, 천천히 감속운행, 안개지역 감속운행, 사고위험 감속운행,
속도를 줄이시오, 속도제한 90 속도를 줄이시오, 속도를 줄입시다**
(자유로, 강변북로, 올림픽대로)
→ 속도를 줄입시다, 속도를 줄이십시오

'속도를 줄이시오' 또는 '감속 운행'이라는 표지는 정형화된 교통안전 표지
는 아니다. 단지 도로 조건이나 교통 상황에 따라 통상의 제한 속도나 법정 속
도로 운전하는 경우 위험을 운전자에게 주의를 환기시키기 위한 것이다. 위 두
표지는 지방 경찰청장이 임의적으로 설치할 수 있는 것으로 동일한 것으로 볼
수밖에 없다. 따라서 '속도를 줄입시다' 또는 '속도를 줄이십시오'로 통일하는
것이 좋겠다.

○ **갓길 없음, 갓길**운행금지, **갓길**주차금지 사진촬영많은곳(자유로, 서울외곽순환고속도
로), 좌측**노견**감소(자유로)
→ 좌측 갓길 없음, 갓길 주차 금지 사진 촬영하는 곳

'노견(路肩)'은 'road shoulder'의 번역으로 '길어깨, 길가장자리' 등으로 쓰
다가 '갓길'로 통일하였다. 따라서 통일한 대로 사용해야 한다.

○ 공원이용**차량**이외 진입금지(강변북로), 화물**차**는 모두 진입하십시오(자유로)
　　→ 공원 이용 차 이외 진입 금지

‘차량’은 도로나 선로 위를 달리는 모든 차의 총칭이다. ‘차’는 바퀴를 굴려서 나아가게 만든 교통 기관의 총칭이다. 따라서 굳이 ‘차’와 ‘차량’을 구별해 쓸 까닭이 없다.

○ 위험 **천천히**, 화물차 **서행**, 공사중 **서행**, 조류보호 **서행**, **서행** 사망사고 발생구간
　　→ 위험 천천히, 화물차 천천히, 공사중 천천히, 조류 보호 천천히

‘서행’은 도로교통법 제2조 제20호에서 ‘차가 즉시 정지할 수 있는 느린 속도로 진행하는 것’이라 규정하고 있다. 이 때의 속도를 얼마로 볼 것인가는 ‘15㎞/h, 10㎞/h, 제동 조작 후 1m 거리 내 정지할 속도’ 등 여러 가지 견해가 있다. 도로의 여건, 교통 상황, 당시 일기나 조명 등을 종합적으로 고려하여 결정할 문제이다. ‘천천히’이라고 표기된 교통안전 표지가 있는데, 이는 ‘서행’을 나타내므로 ‘천천히’와 ‘서행’은 완전히 같은 개념이다. 종래에 만들어진 ‘서행’이라는 표기는 엄밀하게 말하면 제작 규격을 벗어난 것이다.

○ **단속중, 과속단속, 과속단속구간, 과속난폭운전 단속중입니다,**
　이동영상속도단속구간 카메라 단속중, 이동카메라 단속중, 과속차량 카메라 단속중,
　무인카메라 집중단속중, 이동식카메라 과속단속구간,
　무인속도단속구간, 무인속도측정기설치구간,
　속도측정기작동중(올림픽대로, 강변북로, 자유로)
　　→ 단속 중, 속도 측정기 작동중

위 게시물들은 ‘과속’을 단속한 내용이다. 굳이 어떤 방법으로 단속한다는 것을 구체적으로 밝힐 필요는 없겠다. ‘속도 측정기 작동중’ 또는 ‘단속 중’ 정도로 통일하는 것이 좋겠다.

○ **사망사고많은곳, 사망사고발생구간, 교통사고 사망지점**
　대형교통사고 발생구간
　　→ 사망 사고 잦은 곳, 교통 사고 발생 구간

○ 일찍이 우리 국민은 우수한 과학적 잠재력을 갖춘 민족이었으나 **이조말기**의 쇄
　국정책, 일제 강점 등으로 50년대까지는 사실상 과학기술의 불모지 였다고 볼
　수 있으며, 우리의 과학기술 역사는 서양에 비해 200년, 일본에 비해 100년이
　늦은 60년대부터 본격적으로 시작되었다고 볼 수 있습니다
　(과학기술부 청소년과학마당) → 조선, 불모지였다고

　위 게시물에 쓰인 '이조'는 교과서에서 사라진 단어이다. 조사는 붙여 써야
하므로 '불모지 였다고'는 '불모지였다고'라고 바꾸어 써야 한다.

○ **미끄러운도로, 결빙위험지역**(자유로)
　→ 미끄러운 길, 미끄러움 주의

　'미끄러운 도로'는 눈이나 비가 내려 도로가 젖거나 언 도로를 뜻한다. '결
빙'은 얼음이 얾을 뜻한다. 결국은 차가 미끄러지기 쉽다는 것을 알리는 것이
므로 '미끄러운 길'로 통일하는 것이 적절하다.

○ **우로굽은도로, 우로굽은길, 좌로굽은길, 좌우로 이중굽은길**
　→ '도로'는 '우로 굽은 길'로 통일

○ **안전벨트** 착용 생활화, **안전벨트 생명벨트,** 확인! **안전띠**(일산 장항 IC)
　→ '안전벨트, 생명벨트'는 '안전띠, 생명띠'로 통일

○ **추월금지, 앞지르기금지**(강변북로)
　→ '추월'은 '앞지르기'로 통일

○ **자동차전용, 자동차전용도로**(올림픽대로)
　→ '자동차 전용도로'로 통일

○ 운전중에 **휴대폰**을 사용하지맙시다,
　　운전중 핸드폰을 사용하지 맙시다(서울외곽순환고속도로)
　→ 운전 중 휴대 전화(손전화)를 사용하지 맙시다.

○ **높이제한, 차높이제한**(자유로)
  → '높이 제한'으로 통일

(9) 권위적 표현

공공 게시물은 알리고자 하는 내용을 정확히 전달하는 데에 목적이 있으므로 국민이 이해하기 어려운 표현은 삼가야 한다. 윗사람이 아랫사람에게 명령하거나 강요하는 듯한 느낌을 주는 권위적 표현을 쓰지 않는 것이 좋다. 국민에게 불쾌감을 주거나 위압적인 표현은 국민 감정이나 시대성에 맞지 않으므로 피해야 한다. 긍정적으로 표현할 수 있는 내용을 부정적으로 표현하거나 사실을 부풀려 표현하거나 '금지, 제한, 단속, 절대'와 같은 어휘 사용은 모두 권위적 표현이라고 할 수 있다. 난해하고 긴 문장을 사용해야만 권위가 선다고 생각한다면 크게 잘못이다. 간결하고 단순한 문장은 힘이 있고, 전달력이 강할 뿐 아니라 이해와 기억에 큰 도움을 준다.

○ 낙하물 투석으로 지하 주차장의 차량 파손시에는 변상과 고발 **조치할것**임
  (○○ 아파트 관리소장)
  → (돌 같은) 물건을 떨어뜨려 지하 주차장의 차를 파손할 경우 변상해야 하고 고발당합니다

'낙하물'은 아래로 떨어지는 물건을 가리키고 '투석'은 돌을 던지는 것 또는 그 돌, 깨어져 못 쓰게 되는 것 또는 깨뜨려 못 쓰게 만드는 것을 뜻한다. 그리고 '-할것임'의 어미는 권위적인 느낌을 주는 표현이다.

○ 학교 폭력 근절과 학교 주변 유해 환경 정화를 위한 **당부**의 말씀
  (한국경찰신문, 대모산 입구)
  → 학교 폭력을 뿌리뽑고 학교 주변의 유해 환경을 깨끗하게 하기 위해 시민 여러분께 드리는 말씀

'당부'는 '어찌 어찌할 것을 말로써 단단히 부탁하는 것 또는 그 부탁'을 뜻

하며, 부탁의 정도가 강한 경우에 쓰는 말이다. 부탁이라면 어떤 일을 해 달라고 청하는 것이니 상대방에서는 그만큼 부담이 되는 일이다. 우리의 사고 방식으로는 부담이 되는 일을 그것도 강하게 윗사람에게 요구하는 것은 예의에 벗어나는 태도이다. 이러한 이유에서 '당부'는 윗사람에게는 사용하지 않는 경향이 있다. 따라서, 신문사가 시민에게 '당부'라는 단어를 쓰는 것은 은연중에 권위를 부리는 느낌을 준다. 따라서 '당부'는 '부탁' 또는 '……환경 정화를 위하여 드리는 말씀'으로 바꾸어 쓰는 것이 자연스럽다.

'단속, 금지, 제한, 절대' 등의 어휘를 자주 사용하는 것도 권위적 표현이라고 할 수 있다. 되도록 권유나 협조를 바라는 표현으로 바꾸는 것이 좋을 듯하다.

> ○ 단속중, 사진촬영단속중, 무인카메라집중단속중
>   과속단속구간, 이동식카메라 과속단속구간, 무인속도단속구간
> ○ 진입금지, 예측출발금지
> ○ 속도제한, 높이제한, 중량제한, 운행제한 40t이상(과적차량)
> ○ 절대감속, 절대신호엄수
>
> ○ 애완동물공원이용객에 대한 안내
>   자랑스런 강남구민 여러분! 공원에 오실때는 가능하면 애완동물을 동반하지 마시기를 부탁드리며 부득이 애완동물을 동반하였을 때에는 목줄을 착용 시키시고 이곳에 비치된 배설물 수거용 집게와 봉투를 사용하신후 집게는 제자리에 갖다 놓아 주시기 바랍니다(강남구청 공원녹지과)

이 게시물은 높임법을 사용하고 있기는 하나 문장이 길어 시민들에게 공연한 권위를 부리는 느낌을 주게 된다. 이는 다음과 같이 고치고 다듬을 수 있다.

> → 애완동물을 데리고 오신 구민 여러분께
>   자랑스러운 강남구민 여러분! 공원에 오실 때는 가능하면 애완동물을 데리고 오지 마시기바랍니다. 부득이 데리고 올 때에는 목줄을 매도록 하십시오 배설물은 이곳에 있는 집게와 봉투를 사용해 치우시기 바랍니다. 그리고 집게와 봉투는 여

기에 도로 갖다 놓아주십시오(강남구청 공원녹지과)

○ 위원회는 민원인에게 충분히 자기 주장을 소명할 수 있는 기회를 부여하고, 이를 바탕으로 비상임위원이 다수를 이루는 위원회가 독립적, 중립적 입장에서 신중하고 적절한 결정을 내림으로써, 민원인의 주장이 인용되지 아니 하더라도 민원인이 위원회의 결정을 신뢰하고 받아들이게 됨에 따라 민원인이 다른 행정기관에 동일 민원을 반복적으로 제출하는 행정력 낭비현상을 방지하는 등 고질, 반복민원 등에 대한 종결기능을 수행합니다(국민고충처리위원회)

이 게시물은 난해하고 복잡한 구조의 긴 문장으로 구성되어, 민원인에게 그 내용을 분명히 알리기 어렵다. 이는 다음과 같이 고치고 다듬을 수 있다.

→ 우리 위원회는 민원인에게 충분히 자기 주장을 충분히 밝힐 수 있는 기회를 줍니다. 민원인의 주장을 듣고 나서, 비상임위원들이 다수를 차지하고 있는 우리 위원회는 독립적, 중립적 입장에서 신중하고 적절한 결정을 내립니다. 그래서 민원인은 자기 주장이 인용되지 않더라도 위원회의 결정을 신뢰하고 받아들을 수 있을 것입니다. 이와 같이 우리 위원회는 민원인이 동일한 민원을 다른 행정기관에 반복적으로 제출하여 행정력을 낭비하는 고질적인 현상을 방지하기 위하여 모든 민원을 종결 처리합니다.

○ 청소년기는 신체적, 정신적으로 민감한 호기심의 반응을 보이는 성장기로서 인생의 성패를 좌우하는 중요한 준비단계인 반면 아직 가치관의 정립이 형성되어 가야만 하는 미성숙기로서 자기 주위에서 일어나는 학교 폭력과 학교 주변이 여러 유해 환경에 대한 스스로이 대처함이 미수함으로 언제나 청소년들과 서로 의견을 나눌 수 있는 대화의 문을 충분히 열어 놓아야겠습니다
(한국경찰신문, 대모산 입구)

이 게시물도 문장이 길고 복잡한 구조로 이루어져 시민들에게 그 내용을 분명히 알리기 쉽지 않다. 이는 다음과 같이 고치고 기울 수 있다.

→ 청소년기는 인생의 성패를 좌우하는 중요한 준비단계입니다. 또한 신체적·정신적으로 민감하고 호기심이 많은 성장기입니다. 청소년들은 아직 가치관이 정

립되지 않아 자기 주위에서 일어나는 학교 폭력과 학교 주변의 여러 유해 환경
에 스스로 대처하는 데 미숙합니다. 그러므로 어른들은 청소년들과 언제나 의견
을 나눌 수 있는 대화의 문을 활짝 열어 놓아야 하겠습니다.

(10) 부자연스러운 표현

문법적으로 정확하더라도 내용이 불분명하거나 구조가 복잡한 문장 표현은
작성자가 뜻하는 바를 국민에게 제대로 전달할 수 없다.

○ **모든 범죄는 자기 헛점에서부터 나옵니다**(서울 지하철 출입문, 서울지방경찰청)
　→ 범죄자는(또는 범인은) 여러분의 허점을 노립니다.

모든 범죄가 피해자의 잘못에만 있지는 않다. 모든 범죄가 시민이 허점을
보이고 시민이 스스로 챙기지 못해 허술한 구석을 드러내기 때문에 잘라 말할
수는 없다. 따라서 위의 내용은 '범죄자(또는 범인)은 여러분의 허점을 노립니
다.'와 같이 고치면 자연스럽다.

○ **수표ㆍ유가증권 번호는 별도 메모해두고 통장과 도장은 분리보관합시다**
　(서울지하철 출입문, 서울지방경찰청)
　→ 유가 증권은(수표는) 번호를 별도로 적어 두고 예금 통장은 도장과 따로 보관
합시다

'유가 증권'은 사법상(私法上) 재산권을 표시한 증권, 어음ㆍ수표ㆍ주권ㆍ
채권ㆍ선하 증권ㆍ창고 증권ㆍ화물 인환증ㆍ상품권 따위를 말한다. '수표'도
'유가 증권'이다. 따라서 이 표현은 '유가증권은 번호를 별도로 적어 두고 예
금 통장은 도장과 따로 보관합시다'라고 바꾸거나, 일반인들 사이에는 현실적
으로는 수표 통용이 잦으므로 '수표는 번호를 별도로 적어 두고 예금 통장은
도장과 따로 보관합시다'라고 하는 것이 좋겠다.

○ **인적이 한적한 개점ㆍ폐점 직후 시간에는 잠시 문을 잠그는 것이 안전합니다**
　(서울 지하철 출입문, 서울지방경찰청)

→ 인적이 드문 시간에는 문을 잠시 잠그고 있는 것이 안전합니다

상점을 여는 시간에는 대체로 인적이 드무니까 범죄 예방 차원에서 잠시 문을 잠그라고 권하는 것은 필요하기도 하다. 그러나 폐점 직후에 문을 잠시 잠그라는 것은 얼른 수긍되지 않는 표현이다. 폐점 직후에는 문을 완전히 잠가야 하는 것이 아닐까 한다. 따라서 위의 내용은 '인적이 드문 시간에는 문을 잠시 잠그고 있는 것이 안전합니다'라고 권고하는 것이 어떨까 한다.

> ○ 견고한 방범망, 2중 열쇠장치를 해야 안전합니다
> (서울 지하철 출입문, 서울지방경찰청)
> → 담장이나 창문에 철제 방범 창살이나 경보시설을 설치하면 안전합니다.
> 2중 잠금 장치(2중 자물쇠 장치)를 하면 안전합니다.

국어 사전에 '방범등'이나 '방충망'은 올라있어도 '방범망'이라는 단어는 없다. 생각건대 이 단어는 창문 바깥쪽에 달아놓는 철제 창살 같은 것을 가리키는 듯하다. '방범망(防犯網)'은 '수사망(搜査網)'이라는 단어에서 유추해 '마치 그물을 쳐 놓은 것처럼 방범 경찰을 배치하는 것'으로 오해하기 쉽다.

'열쇠'는 자물쇠를 여는 도구이고 '자물쇠'는 여닫게 된 물건을 잠그는 도구이다. '2중 열쇠장치'라는 말은 작성자가 주의하지 않고 쓴 표현이다. 시중에서 2중으로 장치한 열쇠는 좀처럼 찾기 어렵다. 2중 자물쇠 장치일 것이다. 따라서 '2중 자물쇠 장치', 또는 '2중 잠금 장치'라고 써야 올바른 표현이다. 잠그는 장치를 '시정(施錠) 장치', '시건(施鍵) 장치'라고 관행처럼 쓰기도 하는데, '시정'과 '시건'은 국적불명의 단어이므로 사용하지 말아야 할 것이다.

> ○ **시설물을 아끼고 쓰레기를 버리지 맙시다, 휴지 및 쓰레기는 휴지통에 버립시다**(○○ 구청 공원 안내문), **도로변에 쓰레기를 버리지맙시다**(올림픽대로), **영수증을 버리지 맙시다**(서울외곽고속순환도로), **불법 쓰레기 투기 엄금**(농수산시장)
> → 쓰레기는 지정된 장소에 버립시다, 쓰레기를 함부로 버리지 맙시다,
> 휴지는 휴지통에 버립시다, 쓰레기는 정해진 곳에 버립시다, 영수증은 잘 보관합시다.

쓰레기란 본디 버려야 할 쓸모 없는 물건이다. 재활용할 수 있는 물건이라

면 그것은 이미 쓰레기가 아니다. "쓰레기를 함부로 버리지 맙시다", "쓰레기는 정해진 곳에 버립시다", "쓰레기는 지정된 장소에 버립시다" 등으로 바꿔야 명료한 표현이다. "영수증을 버리지 맙시다"도 부정적 표현보다도 "영수증은 잘 보관합시다"로 고쳐 쓰는 것이 사회 경제적으로도 유익할 것이다.

> ○ **쓰레기 분리 수거**(○ ○ 아파트 관리사무소장)
> → 쓰레기 분류해 버리기, 쓰레기 구별해 버리기

'분리(分離)'는 나누어 따로 떼어 낸다는 뜻이고, '수거(收去)'는 거두어 간다는 뜻이므로 '분리 수거'는 나누어 거둬 가는 것이라 풀이할 수 있다. 쓰레기를 나누어 거둬 가는 일은 쓰레기를 버리는 사람이 해야 할 일이 아니다. 쓰레기를 종류별로 나누어 버려달라는 것이 이 게시물의 의도이므로, '분리'도 '분류'라고 해야 한다.

> ○ **기존 표어형식**(15~16자)**에 구애되지 않는 간명하고 핵심적인 어구로 표현**
> (부패방지위원회)
> → 자유로운 표어 형식으로 간명하게 표현

기존의 표어 형식은 주로 '3·4·3·4' 또는 '4·4·4·4'로 14~16자는 일반적이어도 15자는 드물다.

다음의 예들은 문장 표현의 문제만이 아니라 사실을 확인하지 않거나 분명한 근거도 없이 잘못된 내용을 게시한 것이다.

> ○ **현재 한국인들이 사용하고 있는 표준말은 "중류 사회에서 쓰이는 서울말"이며, 문자는 1443년 조선조 세종대왕께서 만든 '한글'을 사용하고 있습니다**
> (청와대 어린이마당)
> → 현재 한국인들은 1443년 조선조 세종대왕이 만든(세종대왕께서 만드신) '한글'을 문자로사용하고 있고, '교양 있는 사람들이 두루 쓰는 현대 서울말'을 표준어로 삼고 있습니다.

표준어 규정(1988. 1. 19 문교부 고시 제88-2호)에 따르면, 표준어는 '교양 있는 사람들이 두루 쓰는 현대 서울말'로 정함을 원칙으로 하고 있다. '중류 사회' 운운하는 위의 내용은 사실을 전달하지 못하고 있다.

> ○ 홀소리는 수직 또는 수평의 긴 선에 점이 붙어 있는데, 이는 하늘(쭉)과 땅(ㅡ), 그리고 사람(ㅣ)을 본따 나타냈다고 하기도 하고 혀의 모양을 상형화하였다고 하기도 합니다. 또한 닿소리는 간결한 기하학적인 기호로 구성되어 있는데 이는 그 글자를 발음할 때의 입술·입·혀의 모양을 상형화한 글자입니다. 홀소리나 닿소리는 서로 관련성이 있는데 공통적인 꼴에 따라서 유리한 무리로 분류가 됩니다. 가령 여린 입천정 닿소리인 ㄱ·ㄲ·ㅋ을 나타내는 기호가 비슷하듯이 원순모음을 나타내는 ㅜ·ㅗ의 기호도 비슷합니다. 즉 한글은 글자의 발전 단계상 음소글자의 차원을 뛰어 넘는 독특한 소리글자라 할 수 있습니다. 한글의 글자들은 수직 또는 수평으로 무리를 지어 소리마디 단위의 네모꼴로 배열하였으며 소리마디들 사이에는 약간의 여백을 두어 분리하되 낱말간의 여백보다는 작게 하였습니다. 이것은 한글이 표음문자의 장점과 소리글자의 장점을 고루 갖추고 있다는 것을 보여줍니다. 그리하여 기억해야 할 기호는 28자 뿐이지만 이를 큰소리 단위로 묶음으로 해서 판독과 이해를 쉽게 하는 장점을 가졌습니다(문화재청 홈페이지, 청소년을 위한 코너)

위의 내용은 여러 가지 점에서 문제가 있다. '긴 선에 점이 붙어 있는데'는 훈민 정음 창제 당시의 글자 모양으로 보아 사실이 아니다. 점이 붙어 있는 것이 아니라 선과 점이 어울리고 있다. '하늘(쭉)'은 '하늘(·)'이 오기이다. '본따'는 '본떠'라고 써야 옳다. 홀소리가 '혀의 모양을 상형화하였다고 하기도'한다는 설명은 그 근거가 무엇인지 의심스럽다. '입술·입·혀의 모양'은 '혀·입술·이·목구멍 등의 모양'이라고 하여야 한다. '유리한'은 '유사한'의 오기로 보인다. '여린 입천정 닿소리'도 '여린 입천장 닿소리'의 오기이다. '한글의 글자들은 …… 장점을 가졌습니다' 부분은 청소년들뿐만 아니라 일반인도 쉽게 이해하기 어려운 설명이다.

4. 현행 공공 게시물의 교정 방안

앞에서 공공 게시물의 성격을 생각해 보고 그것의 작성 기준을 세워, 여러 공공 기관에서 이미 공개한 게시물들의 국어 표현 실태를 살펴보았다. 특히 국민들이 자주 접하는 도로, 공원, 지하철, 버스, 공공 기관의 인터넷 홈페이지 등에 공개한 게시물을 중점적으로 검토해 보았다. 그 결과 청와대를 비롯한 여러 공공 기관에서 공개한 게시물들이 자질구레한 표기에서부터 어처구니없는 내용의 오류에 이르기까지 잘못된 표현이 적지 않다는 것을 발견할 수 있었다. 엄연히 실정법을 위반하고 있었다.

이런 잘못은 공공 기관이 근본적으로 국민의 편의를 생각하지 않고, 오랜 관행에 따라 공공 게시물의 작성해온 데 원인이 있다고 하겠다. 공공 게시물의 국어 표현은 학교에서의 국어 교육이나 국민 일반의 국어 생활에 전범이 되어야 한다. 그럼에도 불구하고 앞에서 살펴본 예로만 보아도, 기본적인 국어 어문 규범을 준수하는 데 소홀히 하여 오히려 국민들에게 잘못된 언어 환경을 제공하고 있는 실정이다. 이런 점을 우려하여 그동안 국립국어연구원을 비롯한 여러 공공 기관에서 어문 규범 준수실태 조사, 부처별로 공용문장 바로 쓰기 편람 발행, 우리 말 지킴이 운동 등의 활발한 활동으로 그 대처 방안을 찾으려고 노력해 왔다. 최근에는 '국어 발전 기본법'의 제정을 서두르고 있다.

국어 발전 기본법을 제정할 때, 공공 게시물의 경우에는 얼마 동안 공개 전에 사전 심의 제도 실시, 감사 기관의 감사 대상에 포함, 기관별 문장 심의관 제도 도입 등의 강제 규정이 필요하다고 본다. 그리고 '사고력 증진'이라는 교육 목표를 표방하여 국어 교육의 고유 영역을 찾지 못하고 있는 학교에서의 국어 교육의 방향을 재고할 필요가 있다고 생각한다. 특히 저학년의 국어 교육은 한글 맞춤법, 표준어 등 어문 규범을 철저히 준수할 수 있는 기본 교육에 초점을 두어야 한다고 본다.

참고 문헌

감사원(1999), 감사문장 바로쓰기 편람.

국립국어연구원(2000), 어문 규범 준수 실태 조사(1).

국민고충처리위원회(1999), 민원문장 바로 쓰기.

김광해(1999), 김광해 교수의 국어교육연구실, http://plaza.snu,ac,kr.

김용호(1997), 아빠는 판사라면서, 지식공작소

남기심(1989), 문법적으로 잘못 된 말들, 국어연구소, 국어생활 '89 겨울호(제19호).

문교부(1990), 국어 어문 규정집, 대한교과서주식회사.

문화관광부(2000), 이런 말실수 저런 글 실수.

박갑수(1999), 아름다운 우리말 가꾸기, 집문당.

박경현(1999), 공용문장 표현의 문제점 분석(1), 경찰대학 논문집 제19집.

이석주 · 이주행 · 김광해 · 민현식(2000), 옥외 광고물의 언어 연구, 문화관광부연구보
        고서.

이은정(1988), 한글맞춤법 표준어해설, 대제각.

──(1989), 요용 사례 검토, 국어연구소, 국어생활 '89 겨울호(제19호)

조두상(1996), 법률용어 쉽게 써야 한다, 한글사랑 창간호, 한글사.

IV
정보 통신의 언어

1. 정보 통신 기능의 이해

1999년 9월 29일자 '뉴스위크'는 "이제 새로운 시대가 왔다". 그러나 지금은 겨우 시작일 뿐이다. 우리는 일하고, 쇼핑하고, 놀고, 의사를 전달하는 새로운 방식의 초기 단계에 있다"면서 'e-라이프 시대'의 서막을 알렸다. 그런데 'e-라이프'라는 용어는 1년 반도 안 된 지금 보통명사처럼 쓰이기 시작하더니 e-비즈니스, e-밸리, e-마켓플레이스, e-정부, e-랜서, e-메일, e-커머스, e-북, e-테스트 등 우리 삶을 규정하는 모든 생활 영역으로 확대되고 있다.

이제 정보 초고속도로를 기반으로 한 인터넷 시대의 본격 개막과 함께 등장한 디지털 경제, 디지털 문화의 전개로 지식 산업과 지식 노동자가 급부상하면서, 사이버 세계가 개인의 삶에 어떤 영향을 미칠 수 있는지 우리는 무관심할 수 없게 되었다. 오늘날 디지털 시대를 이끄는 힘의 원천은 지식이 되고 있으므로 '비밀이 없는 열린 공간, 늘 위협받는 사생활, 과잉 공급되는 정보 속에서 생존하는 법을 배우는 길'만이 디지털 시대의 생존 비결이라 할 때 디지털 문화에서 중심이 되는 정보 통신의 기능을 구체적으로 이해하는 노력이 필요하다.

정보 통신의 기능은 구체적으로 말해 정보 통신 기기들이 만들어내는 현상들이다. 그런데 정보 통신 기기들은 정보 통신의 도구로서 모든 도구는 중립적이므로 도구를 쓰는 사람이 도구의 효용 가치를 결정한다. 현대 사회의 정보 통신 관련 기기도 그 자체는 도덕적 판단을 하지는 않으므로 관련 기기의 기능과 사회적 영향력은 운영자인 사람의 정신적, 도덕적 수준에 좌우될 것이다. 오늘날 정보 통신 기기의 여러 기능들은 이들 사용자의 도덕 수준이 결정한다는 관점에서 여기서는 정보 통신 기기의 대표적 도구인 인터넷 통신과 이동통신(손전화)만을 중심으로 정보 통신의 기능에 대해 순기능과 역기능을 살펴보도록 한다.

1.1. 정보 통신의 순기능

정보 통신 기기들은 인간의 삶을 풍요롭게 하고 즐겁게 하는 데 유익하면서도 긍정적인 기능을 가지고 있다. 이러한 정보 통신의 유익함은 다음과 같은 것을 들 수 있다.

(1) 의사소통의 혁명

오늘날의 정보 통신 혁명으로 인류는 일찍이 경험하지 못했던 의사소통의 신속성, 개방성, 대량성을 경험하고 있다.

① 신속성

의사소통의 신속성은 인터넷을 통하여 전자우편 기능이 활성화하면서 여러 가지 형태의 의사소통이 간단하면서도 신속히 이루어져서 개인간 의사소통 문화에 기여하는 바가 큰 것을 말한다. 그리하여 이제는 기존 서간체 문화가 전자우편으로 대치되고 있다. 최근에는 '메신저' 프로그램의 활성화로 전자 대화가 수시로 이루어져 개인간에 신뢰를 높이는 등 의사소통 방식에 혁명적 변화를 보이고 있다.

② 개방성

의사소통의 개방성은 인터넷상에서 모든 의사소통이 공개적으로 이루어지는 것을 말한다. 홈페이지를 제작하여 자기를 보여 준다거나 공개 게시판을 통하여 안부 따위를 주고받는다거나 하여 비밀한 개인간의 내용을 공개하는 데 주저하지 않고 있고 각종 토론방, 안티 사이트의 논전을 통해 의사소통의 개방성이 두드러지게 되었다. 물론 개방성 속에서도 모순되게 익명성으로 인한 문제점도 여전히 나타나고 있는 것도 사실이다. 그러나 각종 대화방, 자료방의 게시판 활동을 통해 토론과 비판이 활발해져 여론을 좌우하는 현상까지 생기고 있어 전자 민주주의의 긍정적 가능성을 보여 준다.

③ 대량성

의사소통의 대량성은 인터넷 공간에서 모든 의사소통이 대량으로 이루어지는 것을 말한다. 그리하여 한꺼번에 개인의 의견을 담은 전자우편을 집단 발송한다거나 집단 여론 조사가 순식간에 국내외적으로 활발히 이루어지게 되었다. 따라서 의견 수렴의 소요 시간도 단축되고 다양한 계층·성별·세대 등에 따른 대량의 의견 수렴도 가능해져 전자 민주주의에 기여할 수 있게 되었다.

(2) 지식 정보 교류의 혁명

앞에서 살핀 의사소통 방식의 혁명과 비슷하게 정보 교류에서도 신속성, 개방성, 대량성의 특징을 그대로 보여 정보 혁명의 시대를 경험하고 있다. 그리하여 지식과 정보의 개념이 새롭게 변화하고 있고 문식성(literacy)[1] 외에 디지

---

1) 미국에서 성인 문식성 능력 조사(National Adult Literacy Survey)를 할 때에 나온 연구에 따르면 '문식성'(文識性)이란 "사회생활에서 직업 생활에 필요하고 자기 목표를 성취하고 자기

털 정보화 시대의 문화를 이해하는 정보 식별력 즉 디제라시(dideracy, 정보 문식성, 정보 소양) 능력이 중요하게 되었다.

지식 정보의 교류가 전 세계화하여 지식 정보의 소통도 신속, 개방, 대량성을 특징으로 하면서 각종 전문 학술 관련 사이트가 만들어져 학문 기술 발전에 기여한다. 따라서 정보 교류의 활성화는 1류 정보를 추구하는 점에서 긍정적인 면도 있다. 워낙 많은 정보가 공개되고 경쟁을 하다 보니 질 좋은 정보를 생산하는 계기가 되기 때문이다.

정보 교류는 실생활에 가져다 주는 유익이 더욱 크다. 실용적 생활 정보 사이트(각종 육아 정보, 부동산 정보, 건강 정보, 교육 정보, 상품 구매 정보 등), 취미 동호인 사이트 등의 정보를 공유하거나 공개함으로써 가령, 환자들이 치료에 유용한 정보를 나눈다거나 값싼 상품을 구매할 수 있는 것 등은 서로에게 유익이 되며, 사회 구성원이 다양한 취미 동호회로 친교를 높이는 것은 사회 전체로 큰 자산이 될 것이다.

이에 따라 이제는 Know-How 차원의 정보가 없어서가 아니라 필요한 정보를 어디서 찾느냐 즉 Know-Where가 문제인 시대가 되었다. 따라서 정보의 유

지식과 잠재력을 발전시키기 위해 필요한 다양한 능력을 갖추고 계산하며 문제를 해결할 수 있는 능력과 영어로 읽고 쓰고 말하는 능력(an individual's ability to read, write, and speak in English and compute and solve problems at levels of proficiency necessary to function on the job and in society, to achieve one's goals, and to develop one's knowledge and potential.)이라고 정의하였다(NCES 2001: 7). 이러한 '문식성'은 달리 '소양'이라고 부를 수 있다. 이를 구체적으로 살피면 다음과 같은 세 가지 관점의 정의로 나눌 수 있다.

① 산문 문식성(prose literacy) · 신문 사설, 뉴스 이야기, 시, 소설 텍스트 따위의 정보를 이해하고 사용하는 데 필요한 지식과 기술. 즉, 기사로부터 정보를 추출하고, 경고문에서 안내 사항을 이해하고, 시의 주제를 생각하고, 사설에서 상반된 견해를 대비할 수 있는 능력 따위를 말한다.

② 문서 문식성(document literacy) : 이력서, 봉급 명세서, 교통 시간표, 지도, 표, 그래프 등이 포함된 자료에서 얻어지는 정보를 배치하고 활용하는 데 필요한 지식과 기술. 즉, 거리 지도에 특정 지점을 표시하거나, 적합한 교통 수단을 선택하거나, 이력서에 빈칸을 채울 수 있는 능력 따위를 말한다.

③ 수량 문식성(quantitative literacy) : 수리 계산을 하거나 자료에 들어 있는 수치를 활용하는 데 필요한 지식과 기술. 즉, 수표책의 수지를 맞추거나, 팁 계산을 하거나, 주문서를 작성하거나, 대출 광고에서 이자를 계산할 수 있는 따위의 능력을 말한다.

통과 함께 정보의 질, 가치가 더 중요하게 부각되는 시대가 되었다. 어떤 점에서는 1류의 고급 정보는 없고 2류, 3류의 하류 정보만 떠다니고 있는 것이 인터넷 바다의 실상이라고 인터넷 정보에 대해 별 것이 없다고 평가 절하를 할 수도 있지만 정보의 혜택이 사회적 약자에게 열릴 가능성이 있는 것도 사실이고 정보가 더욱 발전할 수 있는 자극이 되어 긍정적인 면이 있는 것이다.

(3) 사회 부문별 유익

인터넷 문화는 사회 각 영역마다 긍정적으로 작용하는 것들이 다양하다. 다음은 그런 예를 모은 것이다.

① 사회 복지 부문 : 인터넷의 유익은 인터넷으로 봉사하는 문화를 만들어 내고 있다. 해외 봉사, 자원 봉사, 불우이웃 돕기 봉사 등이 각 지역 단체별로 인터넷 상에서 활발하여 복지 사회 실현에 기여한다. 가령, 한 예로 정보 통신부는 해외 정보 통신 봉사단 파견 사업을 통해 활동 보고서와 사진, 에피소드를 담은 결과 보고서를 발간하고 있다. 이 사업에 따르면 파견 국가별 IT 현황을 소개하는 한편, 봉사단 홈페이지(http://www.withi.org)를 통해 현지와 봉사단 간 네트워크 교류를 유지해 IT 강국의 모습을 확산시켜 나갈 예정이라고 한다. 이 밖에 수많은 이웃돕기 사이트, 국제간 협력 사이트는 국가 및 민간 교류와 상호 이해 증진에 기여한다. 최근에는 통신기기의 대표 도구인 전화를 이용하여 자동 전화 ARS 방식으로 불우이웃 돕기 모금 운동을 하는 것도 긍정적 기능의 예를 보여 주는데 이런 아이디어를 끊임없이 창출하고 격려할 때 건전하며 긍정적인 정보 통신 문화가 정착될 것이다.

② 언론 홍보 부문 : 무료 인터넷 신문, 방송, 잡지를 통한 언론 정보의 확산은 국내의 민주 언론 문화 창달에 크게 기여한다. 물론 특정 언론을 반대하는 안티 ㅇㅇ일보 운동과 같은 것에 대한 비판 운동에 대해서는 찬반 논란이 많지만 언론이 서로 감시하고 견제한다는 점에서는 긍정적 측면이 있다.

우리 나라에 대한 국제 홍보 면에서도 세계적으로 잘 알려져 있지 않은 우

리 나라의 정보가 많으며 알려진 것조차 일본 것으로 되어 있거나 왜곡된 것
이 많은데 이의 시정 노력은 한 개인이나 국가 기관이 하는 데도 한계가 있다.
그런데, 한국 홍보 사이트인 '반크'(v@nk)라는 곳에서는 www.vank.or.kr에서
회원들에게 '나는야 사이버 국제 외교관'이란 구호 아래 사이버 외교관의 자격
을 주고 우리 나라에 관한 정보를 왜곡한 나라의 자료를 발견하면 집단 항의
메일을 보내도록 중개 역할을 하고 있어 건전한 운동으로 볼 수 있다.

③ 예술 부문 : 사이버 박물관, 사이버 갤러리(화랑), 무료 음악 등은 예술
감상의 기회가 적은 국민들에게 문화 향유층으로 참여할 수 있는 계기가 된다.

④ 교육 부문 : 사이버 교육, 온라인 교육, 낙도 소외 지역 정보화 사업, 무
료 어학 학습 사이트, 사이버 평생 교육 등 다양한 교육 정보화 사업에서 유익
함이 있다.

⑤ 정치·행정 부문 : 사이버 여론 조사, 사이버 민원 활성화, 지방자치 단
체나 기관장에 대한 이메일 직접 건의 등으로 사이버 민주주의, 전자 민주주의
실현에 유익하다. 비영리 시민단체들 즉 NGO 단체들의 사이버 시민 운동도
이러한 사회 민주화에 기여하는 바가 크다.

⑥ 경제·산업 부문 : 농어촌 농민 사이트 직거래, 상품 가격 비교 사이트,
사이버 소비자 운동, 인터넷 재택 사업(주부 부업, 1인 창업 등), 전자 금융 결제
(인터넷 뱅킹, 홈뱅킹) 등으로 경제 및 산업 부문에도 혁명적, 긍정적 변화가 일어
나고 있다.

⑦ 기타 권장 사이트 : 우리 주변에는 건전한 사이트를 만들어 사이버 문화
의 긍정적 기능에 기여하는 숨은 개인, 문화인들이 많다. 따라서 이러한 건전
사이트를 소개하는 일도 중요하다. 이러한 건전 사이트를 널리 알려 사이버 문
화의 역기능에 대항하고 그것을 제거하는 역할을 할 수 있는 것이다. 정보 통
신부나 문화관광부뿐만 아니라 각 정부 부처에서는 우수 도서 추천제도처럼

'내가 추천하는 사이트' 선정 작업 등을 통해 이런 문화가 확산 정착되도록 하여야 한다.

한 예로, 청소년 권장 사이트 제도는 청소년에게 건전하고 유익한 인터넷 사이트를 발굴·소개하고 건전한 정보 이용 문화를 만들기 위해 마련된 것으로, 권장 사이트에 뽑히면 '청소년 권장 사이트 그린 마크' 사용 권한이 주어진다. 권장 사이트를 추천하려면 청소년 권장 사이트 홈페이지(http://best.icec.or.kr)로 접속하면 된다. 이러한 권장 사이트는 사회 각 부문에 걸쳐 건전한 인터넷 통신 문화를 확산하는 데 기여할 것이다.

1.2. 정보 통신의 역기능

정보 통신 기기들은 순기능이 있는 것과 동시에 역기능을 초래하기도 한다. 이러한 역기능은 순기능이 과도할 때 나타나는 면도 있고 순기능과 관계없이 나타나는 것도 있다. 순기능이 지나치면 역기능으로 바뀔 수도 있다는 점에서는 순기능의 적절한 유지 방책도 필요하다.

(1) 신속성, 개방성, 대량성의 역기능

앞에서 살핀 의사소통과 정보교류의 신속성, 개방성, 대량성이 가져온 긍정적 혁명은 순기능이 과다하면 그 자체로 문제점 곧 역기능을 지니고 있는 것도 사실이다.

① 신속성의 폐단 — 여유의 상실

빠름과 느림은 삶의 조화를 이루는 요소이다. 그러나 오늘날 빠름을 추구하는 삶의 방식 때문에 우리는 잃는 것도 많다. 전자우편을 통한 신속한 의사 소통은 편지를 기다리는 기쁨을 빼앗아가고 있고 모든 것을 즉답 형식으로 반응하는 세상이 되다 보니 사람들의 심성이 조급해져 가고 있다. 특히 한국인은 '빨리빨리'의 조급증을 보이는 것으로 알려져 있는데 인터넷 문화가 겹치면서 신경질적 조급증, 온라인 접속 강박증이 증가하고 있고 이러한 현상을 연구하는 '인터넷 심리학'이 새로운 학문으로 대두되고 있다(황상민 역 2001). 손전화를 놓고 오면 불안하다든지, 늘 손전화를 켜놓고 있는다든지, 수업 중에도 손전화로 문자 메시지를 수십 통 보낸다든지, 옆 교실 친구를 찾아가지 않고 문자 메시지로 보낸다든지 하는 청소년들의 행동은 인터넷으로 인한 이상 심리적 행동이라고 하겠다.

전문가 집단에서도 인터넷을 통한 의사소통이 신속성을 추구하다 보니 장고(長考)할 겨를이 없게 만들어 오히려 의사 결정 과정이 짧아지면서 졸속 정책이나 졸속 기획이 더 늘어날 수도 있다. 이런 경우 국가 기관 및 기업 조직의 재정 낭비, 부실 결과를 초래할 수 있다.

일상 생활 속에서도 인터넷이 오히려 삶의 여유를 빼앗아 가는 점도 나타난다. 컴퓨터로 전산화가 되면서 기존 문서 자료의 디지털화로 인해 자료 입력으로 엄청난 시간이 소모되어 종사자들은 자료의 노예가 되어 가는 형국이 되었고, 사무실에서도 아직 전자 결재를 추구한다지만 여전히 인쇄본을 출력하여 보존용이나 회람용으로 종이 문서를 병행하고 있어 공연히 아직도 이중 투자만 들어가고 있고 제대로 전자 결재를 하는 곳이 많지 않은 실정이다.

학교 교육 환경도 교육 정보화로 인해 교재, 교수법 등이 디지털 지식의 교육으로 변화하여 이에 적응하는 교사나 학생은 유리하고 부적응하면 불리하게 되어 새로운 경쟁이 더욱 촉발되어 교사들은 더욱 바빠지고 학생과의 대면 상담은 더욱 힘들어 가고 있다. 전반적으로 사회 구성원들의 전산 관련 업무량이 많아져 시간에 쫓기므로 심성이 각박해질 것은 틀림없다. 따라서 인간을 편리하게 하자는 컴퓨터 문명이 인간을 얽어매는 주인으로 군림해 가고 인간이 컴퓨터의 노예로 전락해 가고 있는 면이 있다.

② 개방성의 폐단 — 자아의 상실

인터넷상에서 수많은 정보가 개방되면서 건강한 개인과 조직을 알리고 서로 이해하자는 것인데 정보 보안이 이루어지지 않아 정보 유출로 인해 온갖 사이버 범죄가 횡행하고 있다.

남의 정보 자료를 마구 퍼 출처 소개도 없이 자기 홈페이지에 올리거나 하는 태도는 저작권 문제와 관련하여 사회 문제로 대두되었다. 공개된 자료들의 재반복 복제, 변형들로 인해 정보 조작, 변조가 가능해지고 그 결과 출처 불명의 괴정보들이 인터넷 여론을 좌우할 수도 있게 되었다. 연예인에 대해 사진 변조로 조롱하고 괴소문을 퍼뜨리는 일들이 태연하게 저질러지고 있다. 학생들이 책을 읽지 않고 인터넷 상의 자료만으로 편집, 가공, 표절하여 과제물을 제출하는 행태들도 지식에 대한 무책임한 행동으로 지성인의 자아 상실로 볼 수 있다.

불건전 정보나 게임이 개방되어 있는 현실에서는 이들에 중독되는 현상도 자아 파멸, 자아 상실로 이어진다. 가족 구성원들도 각자의 인터넷에 몰입하는 시간이 많아져 가족 유대에 기여하는 바가 별로 없고, 개인의 심신 건강을 상하게 하며 가족간 의사소통을 여전히 빼앗고 있다. 그리하여 집안에 있지만 인터넷으로 가출하는 '인터넷 가출' 현상이 나타나고 있다. 물론 가족 홈페이지를 구축하여 가족이 함께 하는 작업을 하는 것은 이러한 역기능에 대한 해결책이 될 수 있으므로 이러한 대책을 모색하는 교수 학습을 정보 통신 언어윤리교육에서는 제시할 필요가 있다.

정보 교류가 불건전한 정보나 반사회적 정보 교류의 역할을 하는 것도 문제이다. 자살 사이트, 자해 사이트, 폭탄 제조 사이트, 사이비 종교 집단 사이트 등은 이러한 정보 개방과 교류가 역기능을 초래하는 대표적 사례이다.

정보 개방과 공개로 각종 사이버 만남이 가능해지면서 인터넷을 통한 다양한 차원의 의사소통이 가능하게 되어 그 전에는 상상할 수 없는 만남들이 이루어지고 좋은 결과를 보이기도 하지만 부도덕한 일들이 나타나고 있는 것도 사실이다. 원조 교제, 인터넷 사이버 매매춘, 인터넷 동창회의 불륜 소식 따위가 그런 불건전한 만남의 증거로 나타나고 있다. 따라서 이러한 인터넷 문화의 개방성이 과도한 자아 개방의 결과, 역설적으로 온갖 사이버 범죄에서 자아 상실, 자아 파멸을 초래하게 되는 것은 사용자의 윤리 의식과 태도 교육이 더욱 절실함을 보여 준다.

③ 대량성의 폐단 — 가치의 상실

오늘날 정보의 대량화로 인해 소통되는 정보의 양이 엄청나게 많다. 그러나 수많은 정보의 바다 속에 정보 선택의 고통을 가져다주어 오히려 정보 염증을 일으키고 있다. 역설적으로 '아는 것이 병이다'라는 정보 불신을 초래할 수 있다. 이로 인해 진짜 정보와 가짜 정보, 무가치한 정보와 가치 있는 정보의 분별력이 중요하게 되었다. 정보가 많다 보니 역설적으로 정보가 무가치해지는 현상이 생기는 것이다. 나아가 개인 신상 관련 정보의 가치도 신상 정보가 대량 유통될수록 평가 절하되고 악용되는 현상이 생긴다.

인터넷상에서의 인권 유린도 대량성의 폐단으로 볼 수 있다. 한 개인의 부도덕한 행태가 있었을지라도 과거라면 소문도 늦게 전파되고 관련자 주변에서만 알고 넘어가면 되었지만 이제는 인터넷 상에 신속히 유포되어 그 영향이 대규모 파급력을 가지게 되었다. 한 개인의 명예를 순식간에 무너뜨릴 수 있는 것이다. 이것이 인터넷 상에 전파되면서 엄청난 인권 유린을 받게 되는 것도 사실이다.

개인의 아이디 유출로 인한 쓰레기(스팸) 메일의 대량 공세는 공연히 불필요한 메일을 삭제하는 데 시간을 소모하게 만들며 불건전 성인 정보의 무차별 살포에 자녀들이 노출되어 청소년 음란물 중독 문제를 일으킬 위험을 안고 있고 학부모들로 하여금 불안하게 만든다. 게릴라식 쓰레기 광고 메일은 오늘날 큰 사회 문제로 대두하고 있다.

정보 과다로 정보 검색에 시간이 소모되고 이는 개인의 자유와 여유를 빼앗아 가는 악순환을 낳고 있다. 학교 교육도 교육 정보화를 강조하면서 사이버 강의 등의 대량 절감 체제를 권장하지만 비대면 교육의 한계, 전산 처리의 과도한 업무량 등으로 사이버 강의는 기피 대상이 되어 가고 있다.

이징의 역기능은 정보 통신 교육에서 학생들에게 좋은 토론 학습거리로 님을 만하다.

(2) 언어 규범과 언어 윤리의 파괴

정보 통신 문화가 가져온 역기능의 하나는 언어 문화에 나타난 역기능이다. 언어 문화에 나타난 역기능은 크게 언어 규범의 파괴 현상과 언어 윤리의 파괴 현상을 들 수 있다. 그 동안 통신언어 행위에서 언어 규범의 파괴 문제는 많은 논의가 있어 왔고 최근에 이정복(2000)에서 총정리 된 바 있으나 언어의 윤리상의 파괴 문제에 대한 논의는 상대적으로 드물다. 먼저 언어 규범의 파괴 현상을 살펴보자.

① 언어 규범 파괴 현상[2)

통신어에 나타나는 비규범적 언어 현상은 '안녕하세요→안뇽하세요', '했는데요→혔는데여', '있지→있쥐', '분위기→부니기', '기분 좋네→기분존넹'과 같은 표기 방식을 말한다. 이를 음운, 표기, 어휘, 문장으로 나누어 본다.

(ㄱ) 음운·표기
- 이어적기 : **마자마자 → 맞아 맞아**   난 잘 못본거 **가튼데..... → 같은데**
- 소리나는 대로 적기 : **조아 → 좋아**   오빠 **마니** 아파여 → **많이**
- 의도적으로 바꾸어 적기 : **구래 이넘아**^ ^;; → **그래 이놈아**
- 잘못된 표기 : **갈께엽 → 갈게요**   근데 남자가 **않들어오네 → 안 들어오네**
- 음절 줄이기 : **겜방 → 게임**, 내 친구 **땜**에 죽겠당 → **때문**,
                 고2 **설살아염 → 서울**, 나 **혼잔** 못 죽어. → **혼자는**
- 띄어쓰기 : **공짜로하는거라~~~~ → 공짜로 하는 거라**(것이라)

(ㄴ) 문법
- 문장의 미완결성 : 통신언어는 신속성을 추구하다 보니 어미를 다 쓸 시간이 없어 미완성 문장인 경우가 많다.
- 말줄임표가 많다 : 생략형의 뜻으로 말줄임표가 많다.
- 어미 변용 : 어미 형태를 의도적으로 뒤틀어 변용하여 쓴다.
                 왜 감당을 **못함?**   번개해 **봤음?**
- 조사의 생략 : 구어체의 조사 생략이 많다.
                 사람 진짜 많다 → **사람이**
- 어순 오용 : 어순을 구어체처럼 되는 대로 쓴다.
                 넘 여기 복잡하다 → **여기 너무**
                 아참 내사는 곳을 **안 알려 줬네 → 알려 주지 않았네**

---

2) 여기에 나오는 통신언어 자료는 이정복(2000)의 자료를 인용하였다. 더 자세한 자료는 본 연구 보고서 제2부의 각 영역의 '언어 실태' 부분을 참고하기 바란다.

· 호칭 및 높임법의 변용 : 대화방에서는 '님'의 사용이 많고, '너… -요'의 표현
처럼 변칙 높임법이 쓰인다.   너 충남어디살어요

(ㄷ) 어휘

· 비속어 : 같이 죽자 이넘아   우띠발~~~~~~~
  내 친구가 원래 좀 싸가지가 없어   우씨…ㅡ.ㅡ;;
  뻥아니면 니가 죽을래?   제발 눈꼴시리게만 하지마~

· 통신 은어
  난 잠수나해야쥐~~~~~~ → 대화방에 접속한 상태에서 다른 일을 하는 것
  남친 → 남자 친구   네 당근이죠 → 당연하다
  뭐 재밌는 야그 없어요? → 이야기   나 강퇴 시킬라구
  여러분 모두 즐팅하세요

· 외국어/외래어

'화일', '씨디', '쏘리, 리얼리, 오버한다'와 같이 외국어, 외래어 사례가 많이 나타
났다. 이정복(2000:130)의 지적처럼 'hi'가 '하이, 하이루, 하이룽, 할룽, 하2, 할루, 할
룽, 하이요, 하이염' 등 10개 이상의 다른 형식으로 적히고 있다. 또한 영문체를 그대
로 쓰기도 한다.

10년째 팬이에여   오빠 올~~~수다!
hi   오예
say i love you~come back to me~   오케오케 안녕

    의성, 의대이
    냥냥   쿠쿠쿠   넵   쿠헬~
    넹   핫…   엉…   허거걱

· 방언

개안타!   넌 우예 생긴노?   똑바리 찍어라   욕하면 죽기분다
근갑따.   동상들아~~   아그들아 재밌게 놀아보자…
나 또 왔슈~~~~

· 줄임말(축약어) : 긴 단어를 짧게 줄인 '줄임형' 표기도 많이 쓰였다.

| 정기모임→**정모** | 강력추천→**강추** | 익명게시판→**익게** |
| 게임방→**겜방** | 어떻게→**어케** | 그냥→**걍** |

이러한 통신언어만의 특유한 어법이 형성되는 이유는 다음의 이유를 들 수 있다.

첫째, 타수를 줄여 빠르게 글자를 적으려는 경제적·심리적 동기가 작용한다.

둘째, 규범 언어에서의 일탈 경험에서 오는 모험성과 신기성(新奇性)을 같이 공유하려는 또래 문화의 산물로 볼 수 있다.

셋째, 단조로움 극복, 분위기 전환용으로 볼 수 있다. 정상 어법과 다른 일탈 어법이 주는 분위기를 즐기려는 목적이 있다.

넷째, 대화의 감정을 보충하기 위함이다. 감정 부호(이모티콘, emoticon)를 특히 감정 보충용, 단조로움 극복용으로 쓴다.

초기에는 모뎀 전화 사용으로 시간을 절약하려는 동기가 더 컸다고 볼 수 있으나 요즘은 정액제 인터넷 사용이 보편화하여 시간에 관계없이 무제한 정액제 사용이 가능해졌으므로 현재의 탈규범적 표기는 신속성의 추구보다, 같은 또래의 네티즌 문화의 향유가 큰 동기라 하겠다.

② 언어의 윤리 파괴 현상

우리는 무례 표현·욕설 표현·저주 표현 등의 다양한 비윤리적 언어 행위가 통신 공간 상에서 저질러지고 있으므로 이에 대한 언어 윤리 교육의 강화가 필요하다고 본다.

· 무례 표현 : 대화방이나 게시판에서 무례한 표현은 반말 어법, 모욕, 조롱, 희화
화하는 표현을 쓰는 것을 말한다.
· 욕설 표현 : 각종 게시판이나 대화방의 욕설이 대표적이다.
· 저주 표현 : '…을 하면 행운이 따르고, …을 하지 않으면 저주가 따른다'는 식

의 협박성 편지가 대표적이다.
- 유혹 표현 : 인터넷 쇼핑몰의 구매 충동적 표현, 성인 사이트의 접속 충동 표현
  이 대표적이다.
- 음란 표현 : 음란 사이트, 음란 메일, 원조 교제, 야설의 음란 내용과 같은 것을
  들 수 있다. 성인 사이트에서는 음란 표현이나 유혹 표현은 상통하
  는 것으로 볼 수 있다.
- 과장 표현 : 각종 경품 광고의 과대, 과장 광고를 들 수 있다. 과대 표현은 대개
  유혹의 표현과 상통한다고 볼 수 있다.

이상과 같은 인터넷 언어 사용의 문제점에 대해 청소년들의 통신 언어 사용의 결과로 나타날 수 있는 문제점은 여러 가지가 있다. 이정복(2000)에서는 이들을 크게 '교육적 문제', '통신 환경의 문제', '사회 생활의 문제'로 나누어 제시하였는데 우리도 다음과 같이 문제점을 지적할 수 있다.

(ㄱ) 언어 문제
- 반 규범적 사고를 조장하고 언어 혼란을 일으킨다.
- 언어 질서의 혼란은 개인 사고와 사회 질서의 혼란을 초래한다.
- 언어가 기본 도구로서 혼란스러우면 다른 교과 학습에 장애가 된다.
- 성장기 아동의 통신언어 사용은 정상적 언어 발달에 해롭다.
- 격식언어와 비격식언어의 혼란, 문어와 구어의 혼란으로 문체가 바로 서지 않는다.

(ㄴ) 윤리 문제
- 교사와 학생간, 부모와 자녀간 세대 차이, 집단 따돌림, 대화 단절을 초래한다.
- 언어 폭력으로 심리적 상처와 대인 혐오를 일으킬 수 있다.
- 집단 내부의 따돌림 현상과 개인간 단절을 가져올 수 있다.

이러한 통신 언어 및 통신 윤리의 문제에 대한 해결책으로 다음을 들 수 있다.

(ㄱ) 학교
- 규범 언어를 사용하는 것이 유익하고 비규범 언어를 사용하면 불이익이 있음을
  다양한 사례를 들어 이해시킨다.

- 학교의 문법 교육에서 규범 언어 교육을 강화한다.
- 국어과 교육과정에 정보 통신 언어윤리 교육과정을 포함하여야 한다.
- 초등 아동의 도덕 의식과 습관이 중요하므로 초등학교 교육과정에서 정보 통신 언어 윤리 교육을 강화한다.
- 교사, 학부모가 컴퓨터를 이해하고 학교는 학부모를 위한 정보 통신 언어 윤리 교육특강을 베풀어 교사, 학부모의 협동 지도를 활발히 한다.

(ㄴ) 가정

- 학부모가 컴퓨터를 이해하고 자녀와 수시로 통신윤리 문제로 대화 지도를 한다.
- '…을 하지 말라' 식의 금제형 지도를 피하고 '같이 해 보자, …이렇게 하는 것이 더 좋지 않겠니?'라는 식의 순기능 극대화의 대화 지도를 한다.
- '가족 홈페이지, 취미 홈페이지'처럼 가족이 같이 쓰는 공동의 인터넷 공간을 확보하여 가족끼리 컴퓨터 문제로 대화할 수 있도록 한다.
- 자녀의 컴퓨터 중독 등을 예방하기 위해 가급적 컴퓨터는 가족 공용 공간에 둔다.

(ㄷ) 국가

- 반윤리적 통신 사범(불법, 반사회, 음란 사이트 운영자 등)에 대해서는 강력한 법적 제재를 가하여야 한다.
- 정보 통신 윤리를 관장하는 공공 기구와 민간 기구의 역할 분담을 조정한다.
- 정보 통신 윤리 사범의 고발, 조치 창구를 강력하게 통합하여 단일화한다. 고발 전화 접수 창구를 단일하게 한다.
- 정보 통신 언어윤리 분야의 연구를 장려하고 이에 대한 연구를 선진국 중에서 최고 수준으로 선도하고 통신보안, 통신윤리 관련 산업을 격려한다.
- 국립국어연구원에서 정보 통신언어 문제를 전담하는 연구 부서를 두고 이에 대해서만 전문 상담을 받도록 한다.
- 청소년들의 정보 통신 사용에서 긍정적 순기능을 권장하는 사업을 적극 지원한다.(권장 사이트 추천 사업 등)
- 정보 통신 윤리 관련 시민 단체들도 역할을 분담하거나 지역별로 연합하고 학교와 연계하여 지도하는 프로그램을 많이 개설한다.
- 정보 통신 관련 기업들은 자율적으로 정화하는 장치를 두고, 관련 종사자의 윤리 교육 강화를 위해 정기적, 자율적으로 통신 언어 윤리 교육을 강화한다.
- 정보 통신 윤리 기준을 위반한 개인이나 업체는 강력한 제재와 손해가 따른다는 인식을 보여 준다.

(3) 정보 통신 중독

정보 통신의 심각한 문제의 하나는 인터넷 중독 현상이다. 인터넷 중독이란 1996년 심리학자 킴벌리 영이 '인터넷에 탐닉해 현실 세계와 가상 세계를 헷갈림으로써 초래하는 정신 질환의 일종'이라고 정의함으로써 나타난 현상이다. 인터넷 중독은 현재 정신과 진단 체계내의 한 장애로서 정식으로 인정받고 있지는 못한 상태로 인터넷 중독을 하나의 질환으로 인정할 것인지 말 것인지에 대해서는 논란이 있다. 인터넷 중독 질환(Internet addiction disorder)이라는 병명을 사용하는 경우도 있고, 병적 인터넷(컴퓨터) 사용(Pathological Internet use)이라고 부르기도 한다. 일부에서는 이러한 현상을 독립적인 장애로 보는 것을 반대하고 다른 질환, 즉 충동조절장애, 강박장애, 우울증의 한 증상으로 보고자 하기도 한다. 현재 인터넷 중독이 정신 질환으로 자리잡지는 않았지만 정신질환적 치료를 요구하고 있는 것이 현실이다. 현재 인터넷 중독으로 나타나는 것으로 대표적인 것은 다음과 같다.

① **손전화 중독** : 손전화가 없으면 불안해진다거나 수시로 문자 메시지를 보내야 마음이 놓이는 청소년층이 많다.
② **대화방 중독** : 대화방 중독으로 학업 의욕 저하, 사이버 불륜과 가정 파탄으로 이어지는 예들이 나타나고 있다.
③ **카페, 커뮤니티 중독** : 동호인 카페나 커뮤니티에 들어가는 것을 낙으로 삼는 이들도 있어 죽순이(카페에 죽치고 있는 여자), 죽돌이(카페에 죽치고 있는 남자)라는 은어도 있다.
④ **게임 중독** : 이미 잘 알려진 대로 게임에 중독되는 경우이다.
⑤ **음란 중독** : 인터넷 상의 음란 사이트 방문, 음란 대화방 참여, 사이버 섹스 등의 중독 현상이다.
⑥ **쇼핑몰 중독** : 쇼핑에 습관적으로 방문하여 충동 구매를 일삼는 경우이다.
⑦ **전자우편**(이메일) **중독** : 전자우편을 받지 않으면 불안해진다든가 하는 현상이다.

특히 사이버 중독에서 심각한 것이 사이버 섹스 중독, 사이버 게임 중독, 사이버 주식 중독이다. 이러한 중독의 증상을 다른 중독 예컨대 '알코올 중독'과 대비하면 다음의 공통점을 보여 준다.

【 표 1 】 중독, 뇌가 망가지는 질병

알코올 중독자	인터넷 중독자
뇌 기능에 변화가 일어난다	뇌 기능에 변화가 일어난다
술을 마시기 위해 거짓말을 한다	컴퓨터를 하기 위해 거짓말을 한다
술을 한번 마시면 말리기 전에는 멈추지 못한다.	한번 시작하면 아무리 잔소리를 해도 그만두게 하기 힘들다
술 생각에 사로잡혀 있다	인터넷 사용에 대한 생각에 사로잡혀 있다
술을 마시지 않으면 금단 증상이 있다	인터넷을 하지 않으면 금단 증상처럼 짜증이 늘거나 초조해 하고 화를 낸다.
술에 내성이 생겨 주량이 늘어난다	하면 할수록 더 많은 시간을 하려고 한다
술을 계속 마시면 나쁜 결과가 오는 것을 일면서도 마시려 한다	자신이 해야 할 일을 하기 어려웠다는 것을 알면서도 그만 하려 들지 않는다
술로 인해 가족이 병이 든다	인터넷 문제로 가족이 병이 든다

-자료 : 청년의사 인터넷중독치료센터

이러한 인터넷 중독의 정도 파악은 분명한 기준을 세우기 어려우나 다음 표는 한 기준이 될 수 있다.

① 내성이 생겼다. 똑같은 시간이나 동일한 양으로는 만족되지 않는다.

② 금단 현상이 나타난다. 끊으면 불안해진다.

③ 의존이 생겼다. 하지 않으면 못 배긴다.

④ 지각·결근·책임 회피 등 사회적인 문제가 발생한다. 학생은 성적이 떨어지고, 주부는 가사와 양육에 소홀해진다.

⑤ 금전적 손실, 건강 파괴 등 부정적인 결과가 있을 줄 뻔히 알면서도 하게 된다.

⑥ 주변 사람이 비난하거나 심한 잔소리를 해도 아랑곳하지 않는다.

⑦ 자신의 상태를 스스로 파악하지 못하고 인정하지 않는다.

⑧ 집중력 감소, 산만함 등으로 예전에 잘 하던 일들이 잘 되지 않는다.

⑨ 음주 운전, 폭력(알코올), 횡령, 사기(도박)등 법적인 문제가 발생한다.

⑩ 가족·친구·직장 동료 등 대인 관계가 파괴된다.

-자료 : 청년의사 인터넷중독치료센터

위 사항 중 한 가지라도 해당되는 사람은 이미 중독상태이므로 빠른 시일 내에 전문의를 찾아 상담하는 것이 좋다고 한다.[3)

(4) 정보 통신 범죄

인터넷의 역기능에는 인터넷 상에서 저질러지는 온갖 범죄도 들 수 있다. 다음은 이러한 범죄를 유형화한 것이다.

① 정보 통신 성범죄

인터넷 공간은 성의 해방구가 되어 온갖 성인 사이트를 이용하여 성인용 정보를 전시해 놓고 있다. 그 결과 다음과 같은 성범죄가 나타나고 있다.

- 사이버 성폭력 : 특정 성에 대한 모욕, 비방의 내용을 담거나 여성을 성 노예로 혹사하는 내용들이 있다.
- 사이버 음란 언어 : 대화방 등에서 저질러지는 음란 언어들도 일종의 성범죄이다.
- 사이버 섹스(사이버 매매춘), 폰섹스: 대화방, 전화방에서 인터넷이나 전화를 통해 사이버 섹스니 폰섹스니 하는 것들이 저질러지고 있다.
- 음란물 유통 범죄 : 음란 사이트나 음란 메일을 통해 음란물을 전시, 게재, 유통 시키는 행위가 이에 속한다.

② 정보 통신 경제 범죄

인터넷 상거래가 가능해지면서 각종 사이버 범죄가 나타나고 있다.

- 사이버 통신 판매 사기 : 통신 판매를 한다고 한 후 사이트 폐쇄하고 도주하는 수법 등이 나타난다.
- 사이버 금융 사기 : 사이버 금융 사기 등으로 금융 질서를 교란하는 행위이다.

---

3) 인터넷 중독을 위한 치료 상담 기관은 다음과 같다.
   청년의사 인터넷중독 치료센터 netmentalhealth.fromdoctor.com
   사이버닥터 plaza1.snu.ac.kr/~psyber
   사이버중독 정보센터 www.cyadic.or.kr
   인터넷중독 온라인센터 psyber.korea.ac.kr

- 사이버 도박 : 온라인 도박, 경품 도박 등으로 중독자들의 가정 파탄 등이 나타
나고 있다.
- 사이버 주가 조작 : 과다한 사이버 주식 거래, 주가 조작, 투기성 주식 투자 행위
등이 나타난다.
- 저작권, 불법 복제 : 저작권을 무시하고 불법 복제하거나 무단 인용한 경우들이
해당된다. 특히 불법 복제 문제는 정품 쓰기 운동과 같은 의식 계
몽이 필요하고 저작권 문제는 타인의 자료를 인용해 올 때는 출
처를 밝히는 양심적 자세가 요구된다.

이러한 사이버 경제 범죄로 개인, 가정, 기업, 국가의 신용에 파탄을 일으키
기도 한다.

③ 정보 통신 인권 침해 범죄

정보 통신에 관련된 개인이나 가정, 기업 등의 권리를 무시하는 모든 범죄
행위를 말한다. 이 유형에는 다음 예들이 있다.

- 해킹 범죄 : 해커들에 의한 사이버 테러 행위를 말한다. 이는 개인이나 기업, 국
가의 사이트를 공격하여 파괴시키거나 불법으로 정보를 유출하여 해
악을 일으키는 경우이다.
- 바이러스 유포 범죄 : 바이러스를 유포시켜 컴퓨터나 그 기능에 손상을 일으켜
궁극적으로 개인에게 불편과 손해를 끼치는 행위이다.
- 개인 보안 범죄 : 개인의 신상 정보를 유출하거나 거래하여 개인에게 해를 끼치
는 행위이다. 따라서 사생활 정보를 보호하는 태도가 매우 중요하다.
아울러 정보 관리자의 윤리 의식도 매우 중요함을 알 수 있다.

(5) 정보 격차와 정보 비용 증가

① 정보 격차

오늘날 정보화 사회가 진행하면서 정보 격차가 심각하게 대두되고 있다. 전
세계적으로 불고 있는 반세계화 열풍도 따지고 보면 정보화를 통한 세계화에
서 절대 열세에 놓여 있는 나라나 계층의 불이익과 불평등을 대변하려는 데

목적이 있듯이 우리 나라 안을 보아도 정보화, 세계화에서 유리한 계층은 어느 정도의 경제 능력이 있는 집안이므로 농어촌, 저소득층, 불우이웃, 장애인층, 소년소녀가장 등의 경제적 빈곤층은 정보화 비용을 감당할 수 없어 정보 격차로 인한 불이익이 증가할 수밖에 없다. 따라서 이러한 정보 격차 증가도 새로운 역기능으로 나타나고 있으므로 정보화 계층은 소득 증가가 수월하여 계층 간 소득 격차의 한 원인으로 나타나고 있다. 따라서 앞으로 정보 격차를 줄이려는 노력이 국가적으로 있어야 하며 '정보의 부익부 빈익빈 현상'을 해소하기 위한 대책이 제시되어야 한다. 동시에 이러한 문제에 대한 진단과 해결의 노력에 대한 학습이 정보 통신 윤리 교육에서는 설정되어야 한다.

그 동안 이에 대한 문제 제기는 있었지만 정보 통신 윤리의 교육 차원에서 이를 교육과정 속에서 어떻게 문제 제기하고 해결할 것인가의 시도는 별로 보이지 않는다. 오늘날 학교 교육에서는 같은 반 안에서도 고속 인터넷 환경이 지원되는 가정에서 항상 새 프로그램과 새 멀티미디어 지원 컴퓨터로 갱신(업그레이드)된 학습을 하는 학생과 구형 전화선 접속 모뎀으로 인터넷 접속이 되는 구형 컴퓨터로 학습하는 학생은 제출하는 수행 평가 과제물의 질이 다를 수밖에 없고 평가 결과도 불리할 수밖에 없는 상황이므로 학급 내 정보 격차와 학업 성취도의 상관성은 남의 나라 일이 아니고 우리의 현실이다. 따라서 학교 교육에서도 이에 대한 대책이 필요하다.

② 정보 비용 증가

오늘날 각국은 세계화, 정보화 기반 구축을 위해 엄청난 정보 비용을 지출하고 있다. 우리 나라도 IT 강국을 목표로 정보 통신 부문 예산 지출에 막대한 투자를 하고 있고 벤처 산업 육성에 힘을 기울이고 있다. 개인도 각종 정보화 관련 자격증 취득에 힘을 쏟아 교육 투자를 하고 있다. 개인이나 기업은 1년이 멀다 하고 변화하는 정보 통신 기기를 최신형으로 갱신하기 위해서 계속 재투자가 요구된다. 실제로 컴퓨터의 경우 구형 컴퓨터는 쓰레기로 처리되는 낭비도 엄청나며 컴퓨터 제품 제조 과정에서 발생하는 산업 폐기물로 인한 환경 파괴적 요인도 문제가 된다.

이상과 같이 국가나 기업이나 개인의 정보 투자 비용의 증가는 끝없는 경쟁을 유발하고 있고 전술한 정보 격차 문제와 밀접한 관련을 맺는 것이 사실이다.

지금까지 우리는 정보 통신의 순기능과 역기능을 살펴보았다. 이러한 구분이 필요한 것은 우리의 정보 통신의 윤리 교육을 위해서는 '…을 하지 말라' 식의 역기능 금제(禁制)의 예방적 의식 교육만으로는 한계가 있기 때문에 순기능을 적극적으로 극대화하기 위함이다.

2. 정보 통신 언어의 윤리 교육

2.1. 정보 통신 언어의 윤리 교육의 필요성

정보 사회에서의 청소년들을 흔히 N세대라 부르는데, 탑스콧(Tapscott)은 이러한 N세대의 문화를 10가지 특징으로 설명하고 있다.(서울시 교육청 2001)

① 극단적 독립심 : 간섭을 싫어하는 강한 독립심을 가지고 있다. 이러한 습성은 인터넷에서 주어진 정보를 수동적으로 받아들이는 데 만족하지 않고 필요한 것을 스스로 찾으려는 적극성을 가진다는 긍정적 측면도 있다.

② 감성적·지적 개방성 : 인터넷을 통해 자신을 남에게 보여준다.

③ 포용성 : 배타적이 아닌 포용적인 성향을 갖고 있다. 인터넷 가상사회에서의 국제적인 참여는 정보 추구, 활동, 커뮤니케이션이 국경을 초월한 세계화에 기반을 두고 있음을 보여준다.

④ 자유로운 표현과 강한 주장 : 대화의 수준이나 연령에 대해 선입관을 갖지 않는다. 정보의 소유나 의사 표현을 그들의 기본권이라고 생각한다.

⑤ 혁신 : 새로운 것과 더 나은 것을 끊임없이 더 나은 것을 추구한다.

⑥ 성숙에 대한 열망 : 성인 문화를 향유하고 성숙한 경지에 이르기를 원한다.

⑦ 탐구심 : 모든 것을 탐구하고 기존의 가정을 쉽게 믿지 않는다.

⑧ 성급함 : 실시간(real time) 세상에 부합하는 신속성을 추구한다.

⑨ 기업적 이익에 대한 민감성 : 창출하는 부의 정당한 대가만큼은 자기 차지가 되어야 한다고 생각한다. 기업이 이윤을 독식하는 것에 대해 부정적이다.

⑩ 사실 확인과 신뢰 : 정보의 출처에 대해 사실 확인하는 데 익숙해 있다. N세대는 자신들의 문화 규칙을 지키며 정체성을 갖고 있는 사람들을 신뢰한다.

탑스콧은 N세대의 성향이 의존적이 아니고 독립적이며, 폐쇄적이 아니고 개방적이며, 표현과 주장이 자유롭고 탐구심이 있는 것으로 파악한다. 이러한 N세대가 만들어내는 문화는 또한 유행의 흐름에 민감하고 신속한 문제 해결을 추구하는 특징도 가진다. 이로부터 이끌어 낼 수 있는 정보 통신 윤리 교육의 방향은 소극적으로 '…을 하지 말라' 식으로 정보 통신의 역기능 방지에 초점을 맞추는 것이 아니라, 독립적이고 탐구심이 있는 청소년들의 자기 조절 능력을 적극적으로 길러 주며, 정보 통신의 순기능을 최대한 활용할 수 있는 능력을 길러 주는 데 초점을 맞추어야 한다는 점을 시사한다.

정보 통신 언어와 윤리 교육의 대상이 되는 청소년들은 정보 통신의 역기능에 현혹되는 수동적인 존재가 아니라, 적극적이고 능동적인 존재이다. 따라서, 청소년들의 정서와 문화에 맞는 정보 통신 언어의 윤리 교육은 특정 질서 혹은 제도로서 구태의연한 언어의 윤리 교육이 아니라, 질서나 제도의 밑바탕에 놓여 있는 기본 정신 혹은 원리로서 실천적 언어윤리교육이 되어야 한다. 따라서 담화 공동체 간의 의사소통적 관점에서 상호 존중과 호혜성, 상호 주관성 등을 중시하며, 사이버 공간이라는 특정한 문화적 장 안에서 질서와 규범을 만들어 나가는 네티즌들의 성숙한 시민 의식을 고양하고, 정보 통신 언어의 순화 문제와 윤리를 다루어야 할 필요성이 제기된다. 지금까지의 정보 통신 언어의 윤리 교육 관련 연구들이 '…을 하지 말라' 식으로 정보 통신의 역기능에 초점을 맞추었다면, 역기능 방지를 포함한 정보 통신의 순기능이 부각되는 정보 통신 언어의 윤리 교육이 이루어져야 균형 있는 정보 통신 언어의 윤리 교육이 이루어질 것이다. 정보 사회의 청소년 문화 특성을 고려하지 않는 정보 통신 언어의 윤리 교육은 이론과 실제의 괴리를 이룰 것이 자명하기 때문이다.

2.2. 정보 통신 언어의 윤리 교육의 현황

정보 통신 윤리 교육의 바탕이 되는 정보 통신 윤리의 개념은 1970년대 컴퓨터 윤리학에서 비롯되어 정보 사회의 발달에 발맞추어 정보 윤리학의 수준으로 발전되어 왔다(Johnson 1997). 본래 컴퓨터 윤리학이라는 용어는 1976년 매너(Maner)가 처음으로 사용하기 시작하였는데 매너는 ACM(미국컴퓨터기기협회)

의 윤리강령을 만드는 데 주도적 역할을 담당했었던 파커(Parker)를 비롯하여 웨어(Ware)와 위너(Wiener) 등 그 밖의 다른 학자들의 학문적 영향을 받아 컴퓨터 윤리학의 토대를 최초로 마련하였다.

컴퓨터 윤리학은 공리주의와 칸트주의 이론을 활용하여, 프라이버시 · 보안 · 소프트웨어의 소유권 등과 같은 문제들을 해결하고자 시도하였으며, 매너는 컴퓨터 윤리학의 이론적 정당성을 여섯 가지 수준으로 분석하고 있다.

① 책임 있는 전문가로서의 활동을 가능하게 해 준다.
② 컴퓨터의 오용과 그로 인한 피해를 줄일 수 있는 방법을 알 수 있게 한다.
③ 기술의 진보는 정책적 공백 상태를 계속해서 만들어 나간다.
④ 컴퓨터 사용으로부터 비롯된 여러 윤리적 문제들에 대한 탐구를 요구한다.
⑤ 컴퓨터 기술에 의해서 새로운 윤리적 문제들이 산출되고 있고, 앞으로도 계속 산출될 것이다.
⑥ 컴퓨터 윤리학을 탐구하는 것은 일련의 변형된 윤리적 문제들과 새로운 윤리적 문제들이 독특한 탐구 분야를 규정할 만큼 방대하고 일관된 것이다.

매너에 의해 제기된 컴퓨터 윤리학에 대한 관심은 1970년대 후반과 1980년대 초반에 존슨(Johnson), 무어(Moor), 스내퍼(Snapper), 호프만(Hoffman) 등으로 이어지게 되었다.

존슨은 컴퓨터 윤리학이란 새롭고 독특한 학문 체계가 아니라, 기존의 윤리학설을 상황에 따라 적절하게 사용하거나 재해석함으로써 가능한 것이라고 주장하였다. 즉, 인간의 일상적 도덕 규칙을 정보 사회에서 야기되는 새롭고 모호한 영역에 적용시키는 데 초점을 맞추어 각각의 사례를 통해 문제 해결점과 해결 방식, 또한 그것들이 컴퓨터 전문가들에게 어떠한 의미를 갖는지를 상세하게 밝혀 주었다.

무어는 컴퓨터 기술이 새로운 형태의 특수한 윤리적 문제들을 야기하고 있다고 진단하면서, 컴퓨터 윤리학이란 컴퓨터 기술의 사회적 본질과 사회적 영향력에 대하여 분석하고, 컴퓨터 기술의 윤리적 사용을 위한 정책의 입안과 정당화를 그 목표로 하는 학문이라고 정의하였다. 컴퓨터가 야기하고 있는 새로운 윤리적 상황은 개인만이 아니라 사회 전체에 영향을 미치고 있기 때문에 컴퓨터 윤리학의 과제는 컴퓨터 기술의 윤리적 사용을 위한 개인적·사회적 정책을 고려하는 것이다.

1990년대 중반에 이르러 컴퓨터 윤리학의 제2세대가 등장한다. 이 시기의 특징은 컴퓨터 윤리학의 개념적 기초를 형성하고 더욱 정교하게 만드는 가운데 실천적 행동을 이끌어낼 수 있는 준거틀을 개발함으로써 정보 통신 기술의 적용에 있어서 예측하지 못한 영향들의 가능성을 감소시키는 데 관심을 두었다.

고니악(Gorniak)은 칸트가 인쇄 및 산업 기술에 의해 혁명적으로 변화하는 세계에 대한 반응으로서 윤리학을 발전시켰듯이 이른바 사이버 사회를 위한 의사 결정 도구들과 지침을 제공해 줄 수 있는 강력한 윤리 이론이 필요하다고 주장했다. 또한, 컴퓨터 윤리학의 개념 정의는 확대되어야 하며, 그 이유는 컴퓨터 기술에 의해 야기되는 문제점들이 사이버 공간에서 일어나는 가상적이고 세계적인 성격을 띠고 있기 때문이라고 주장한다. 로저슨(Rogerson)과 바이넘(Bynum)은 2세대의 컴퓨터 윤리학은 반드시 세계적 정보 윤리학이 되어야 한다고 주장하고 있다. 동시에 그러한 세계적 정보 윤리학은 학제적이고 다국적 접근에 근거하여 이루어져야 한다고 주장하고 있다. 국가별, 지역별로 법률이 상당히 상이할 뿐만 아니라, 법률은 행동을 위한 최소한의 기준만을 제공해 주고 있기 때문에 정보 사용자들의 행동을 규제하기 위해서는 단지 법률에만 의존할 수 없다는 것이다. 따라서 세계적 차원에서 정보 윤리 규칙을 채택하여 활용하는 것이 정보 초고속망의 성공을 위해서 필수적으로 요청된다는 것이다.

국내의 정보 통신의 윤리 교육 연구로는 추병완(2001)이 정보 윤리 교육의 목표를 다음과 같이 설정하고 있다.

① 정보 사회의 특성 및 정보 사회의 도래에 따른 삶의 총체적인 변화 양상을 청소년에게 올바르게 이해시키는 것.
② 정보 사회에서 정보 윤리가 필요한 이유를 청소년에게 논리적으로 설명해주는 것.
③ 정보 사회에서 네티켓이 필요한 이유를 제시하고 구체적인 네티켓의 내용을 정확하게 알려주는 것.
④ 사이버 공간에서 자신을 올바르게 표현하는 방법과 자신을 건강하게 보호하는 방법을 제시하는 것.

그런데 이들 목표는 윤리 교육에만 치중하였고 언어와 윤리 문제를 통합적으로 보아 하나로 접근하지 못하였으며, 순기능과 역기능을 인식한 후에 그 기능에 따라 대응하는 목표로 구체화하지는 못하였다. 기존의 윤리 교육에만 치중하였고, 의사소통으로서 언어교육의 성격을 반영하는 데는 이르지 못하였기에 언어 교육과 윤리 교육이 통합된 언어 윤리 교육적 접근이 필요한 상황이다.

그 밖에 정보 통신의 윤리 교육은 다양한 통신예절(네티켓) 강령, 계명 형식으로 대중 사이에 전파되고 있다. 전 세계적으로 잘 알려진 것으로는 네티켓 운동의 전도사인 버지니아 세어(Virginia Shea) 여사가 제시한 "The Core Rules of Netiquette" 있다.

1 원칙 : 인간임을 기억하라
2 원칙 : 실제생활에서 적용된 것처럼 똑같은 기준과 행동을 고수하라.
3 원칙 : 현재 자신이 어떤 곳에 접속해 있는지 알고, 그곳 문화에 어울리게 행동하라.
4 원칙 : 다른 사람의 시간을 존중하라
5 원칙 : 온라인상의 당신 자신을 근사하게 만들어라.
6 원칙 : 전문적인 지식을 공유하라.
7 원칙 : 논쟁은 절제된 감정 아래 행하라.
8 원칙 : 다른 사람의 사생활을 존중하라.
9 원칙 : 당신의 권력을 남용하지 말라.
10 원칙 : 다른 사람의 실수를 용서하라.

이 원칙들은 비단 네티즌들의 에티켓 차원만을 보여 주는 것이 아니며, 넓게는 온라인에서의 언어 문화를 어떻게 운용할 것인가의 문제 의식과도 연결된다. 사이버 공간에 모인 사람들도 엄연히 하나의 공동체라 할 수 있으며, 그들만의 독특한 문화를 창조하고 운용하는 사람들이므로 이러한 통신예절을 계명화하여 가르치는 것은 필요하다. 그러나 각 계명들마다 학습 속에서 실감되지 않으면 공허한 계명이 되므로 학생들이 정보 통신 문화의 문제점을 스스로 진단하고 해결책을 도출하는 과정에서 경험적으로 작성한 네티켓이 되어야 자기 책임 의식으로 실천하려고 할 것이다.

2.3. 정보 통신 언어의 윤리 교육의 실태

국내의 정보 통신 언어의 윤리 교육이 학교 교육의 교육 과정에서 실현되는 것을 보면 다음과 같다.

(1) 초등학교 정보 통신 언어의 윤리 관련 교육과정

초등학교에서의 정보 통신 언어의 윤리 관련 교육 내용은 국어, 사회, 실과, 영어 교과에 반영되어 있다. 국어과의 경우, 쓰기·듣기·문학에 나타나는데, 제7차 교육과정이 문화적 기호를 생산하는 생산자뿐만 아니라 수용자의 능동성에 초점을 맞추는 것과 관련하여, 표현(쓰기)과 이해(듣기), 문학 영역에서 정보 통신 관련 교육 내용을 제시하고 있다. 사회과에서는 정보 사회의 발전과 관련해서 정보 통신의 변천에 대한 이해와 개념, 사회적 상호 작용의 이해, 국가 경쟁력과의 관계에 대한 교육 내용으로 구성되어 있다. 실과에서는 생활 기술과 관련된 컴퓨터 활용 기술을 교육 내용으로 담고 있다. 영어과는 읽기 심화에서 알파벳 타자 학습을 교육 내용으로 하고 있다. 이로써, 초등학교 수준의 정보 통신 언어의 윤리 교육의 중핵은 국어과의 이해·표현 영역에 놓여 있다고 할 수 있다.

【 표 2 】 초등학교 정보 통신 언어 윤리 관련 교육과정

교과목	정보 통신 언어의 윤리 교육 내용			
	학년	영역	교수 유목	주제
국어	3	쓰기	컴퓨터로 글쓰기	글을 컴퓨터로 옮겨 쓴다
	4	쓰기	컴퓨터로 글쓰기	컴퓨터를 이용하여 자신의 생각을 글로 쓴다
	5	쓰기	컴퓨터로 글쓰기	전달 효과를 고려하여 자신의 글을 컴퓨터로 편집한다.
	6	듣기	태도	여러 가지 매체에서 관심 있는 내용을 찾아 듣는 태도를 지닌다.
		문학	태도	가치 있는 작품이나 영상 자료 등을 선별하여 읽는 태도를 지닌다.

교과목	정보 통신 언어의 윤리 교육 내용			
	학년	영역	교수 요목	주제
사회	3	고장 생활의 변화	교통 통신의 변화	옛날과 오늘날의 통신 방법을 비교해 봄으로써, 통신 방법이 변해 온 모습을 이야기한다.
	5	세계 속의 우리 경제	정보화 시대의 산업 활동	새로운 정보가 개인과 기업의 경쟁력이 된다는 사례를 제시한다.
실과	5	생활 기술	컴퓨터 다루기	컴퓨터의 구성을 이해한다.
				자판을 다루는 능력을 길러 간단한 문서를 작성하고, 편집, 인쇄를 할 수 있다.
	6	생활 기술	컴퓨터 활용하기	컴퓨터를 이용하여 간단한 그림을 그릴 수 있다.
				전자 우편, 인터넷 등 컴퓨터 통신에 관한 기본 능력을 길러 생활 주변의 정보를 주고 받을 수 있다.
영어	4	읽기 심화		컴퓨터 자판의 알파벳 문자를 익힌다.
	5	읽기 심화		컴퓨터 자판에서 알파벳 문자를 찾아서 친다.
	6	쓰기 심화		컴퓨터 자판에서 구두로 익힌 낱말을 친다.

(2) 중학교 정보 통신 언어의 윤리 관련 교육과정

제7차 교육과정에서의 중학교 정보 통신 언어 윤리 관련 교육 내용도 국어과에 주로 집중되고, 기술·가정과에 일부 미약하게 반영되어 있다.

【표 3】 중학교 정보 통신 언어의 윤리 관련 교육과정

교과목	정보 통신 언어의 윤리 교육 내용			
	학년	영역	교수 요목	주제
국어	7	말하기	다양한 매체에서 내용을 선정해 말하기	인터넷, 컴퓨터 통신 등 다양한 매체를 이용하여 필요한 정보를 찾아 말한다. 주변에서 이용할 수 있는 다양한 매체의 종류와 활용법을 안다.

교과목	학년	정보 통신 언어의 윤리 교육 내용		
		영역	교수 요목	주제
국어	7	쓰기	다양한 매체에서 내용을 선정해 글 쓰기	인터넷, 컴퓨터 통신 등 다양한 매체를 이용하여 필요한 정보를 찾아 글을 쓴다. 주변에서 이용할 수 있는 다양한 매체의 종류와 활용법을 조사한다.
	7	국어 지식	은어, 전문어, 속어, 비어, 유행어 개념 알기	은어, 전문어, 속어, 비어, 유행어 예를 찾는다 은어, 전문어, 속어, 비어, 유행어의 특성을 설명한다.
	7	국어 지식	국어 순화 태도 기르기	국어 순화의 필요성을 안다 국어 순화의 대상과 범위에 대하여 토론한다.
	9	국어 지식	맞춤법에 맞게 국어 사용하기	다른 사람의 글에서 맞춤법에 어긋난 부분을 찾아 바르게 고친다.
	9	국어 지식	맞춤법에 맞게 국어 사용하는 태도 기르기	맞춤법에 맞지 않는 글을 써서 부끄러웠던 경험을 말한다. 맞춤법에 맞는 글을 써야 하는 이유를 말한다.
	9	읽기	글의 내용을 이해하기 위하여 다양한 매체를 찾아 활용하는 습관 기르기	다양한 매체를 활용하여 글의 이해도를 높인다. 영상 매체나 청각 매체 등이 글의 내용을 이해하는 데 어떤 효과가 있는지 토의한다.
기술·가정	7		컴퓨터와 정보 처리	컴퓨터의 구조와 원리를 이해한다. 컴퓨터로 자료를 처리하여 정보를 생산, 저장하며 필요한 곳에 분배하는 방법을 알고, 이를 일상 생활에서 활용할 수 있다.
	7		컴퓨터와 생활	다양한 컴퓨터 소프트웨어를 이용할 수 있다. 인터넷을 통하여 생활에 필요한 정보를 찾고 활용할 수 있다.

앞 표에서 드러나듯 국어과에서는 매체 교육과 관련되어 있는데, 국어과 7~9학년까지 말하기·쓰기·읽기·국어 지식 영역에 고루 반영되었다. 기술·가정과에서는 컴퓨터의 구조와 원리, 소프트웨어의 사용 등 정보 통신의 기능적인 내용을 담고 있다.

(3) 고등학교 정보 통신 언어의 윤리 관련 교육과정

제7차 교육과정에서의 고등학교 정보 통신 언어의 윤리 관련 교육내용도 국어과에 집중되어 있다. 국민 공통 기본 교과인 국어와 선택 과목인 국어생활, 독서, 작문, 문법, 문학 등에 정보 통신 언어의 윤리와 관련된 내용이 담겨져 있다. 이처럼 국어과에서 통신언어 교육에 적극적인 이유는 정보 통신 공간이 새로운 언어 매체로 등장하여 신세대의 언어 생활에 절대적으로 영향을 끼치므로 다른 그 어느 교과보다 적극적으로 관심을 기울일 수밖에 없다. 또한 문화적 기호를 생산하는 생산자와 수용자의 능동성에 교수 학습 활동의 초점을 맞춤으로써 정보 통신 공간의 역동적인 기호화 과정에 주목하고 있는 교육과정의 취지를 반영한 것이다.

이 밖에 국민 공통 기본 교과인 사회과, 선택 과목인 법과 사회, 시민 윤리에서 정보 통신의 역기능인 컴퓨터 범죄, 프라이버시 권리 침해, 정보 사회의 윤리에 대한 내용을 채택하고 있다.

【표 4】 고등학교 정보 통신 언어윤리 관련 교육과정

교과목	정보 통신 언어의 윤리 교육 내용			
	학년	영역	교수 요목	주제
국어	10	읽기	정보를 전달하는 글읽기	매체에서 필요한 정보를 찾으며 글을 읽는다.
	10	쓰기	컴퓨터로 글쓰기	컴퓨터 매체를 이용하여 전자 작문을 할 수 있다.
국어생활	11~12	국어생활의 실천	문화 속의 국어생활	현대인의 언어 생활에 영향을 끼치는 매 [illegible] 생활을 한다.
독서	11~12	독서의 실제	다매체 시대의 언어자료	컴퓨터와 인터넷을 통해 표현된 문자 언어 자료를 효과적으로 읽는다.
작문	11~12	작문의 실제	정보화 시대에서의 글쓰기	여러 가지 상황을 상정하여 전자 작문을 한다.

문법	11~12	국어가 꾸기	국어 사용의 규범	맞춤법의 원리와 규정을 이해하고 국어 생활에서 이를 지킨다.
문학	11~12	문학과 문화	문학의 인접 영역	문학이 현대 사회의 다양한 매체와 결합하여 수행되는 양상을 이해한다.
사회	10	인간과 사회	사회 변동과 미래 사회	컴퓨터와 인터넷 등 정보 통신 부문의 자연과학과 기술 공학의 요소에 의존하는 사회의 대변혁을 이해한다.
법과 사회	11~12	국가 생활과 법	범죄와 형벌	컴퓨터 통신의 발달로 인한 컴퓨터 범죄 문제 및 프라이버시 권리의 침해 문제를 논의하고 이에 대한 대책을 세워 보도록 한다.
시민 윤리	11~12	현대 사회 문제와 시민 윤리	과학, 정보와 윤리	과학과 윤리의 상관성에 대한 이해를 바탕으로 정보 사회의 윤리적 문제점을 파악하고, 과학에 대한 올바른 태도와 건전한 정보윤리관을 확립하게 한다.

이상에 따르면 제7차 교육과정에서 정보 통신 언어의 윤리 교육과 관련된 교육 내용은 그다지 많지 않다. 정보 통신의 중요성을 인식하고 국어, 사회, 도덕, 기술·가정 등의 교과목에서 관련 교육 내용을 새롭게 구성하였으며 그 내용을 요약하면 ① 정보 사회의 이해 ② 컴퓨터 활용 기술 ③ 언어의 이해와 표현 등이라 할 수 있다. 그러나 체계성이 부족하고 실제적으로 정보 통신 언어의 윤리 교육의 지침이 될 만한 사항은 미미하다. 예를 들어, 정보 통신 언어의 윤리 교육과 실질적으로 관련성이 있는 항목은 위 표에서처럼 고등학교 11·12학년의 선택 과목인 '법과 사회', '시민 윤리'의 한 단원 정도이다 (교육부 2001).

'법과 사회'에서는 정보 통신의 역기능만을 강조하고 있으며, '시민 윤리'에서는 과학과 윤리의 관계에 대해 추상적인 기술로 일관되어 있다. 초·중학교 교육과정에서는 '통신'과 관련된 매우 단편적인 항목만 제시되어, 초등학교 학생의 정보 통신 활용 능력과 실제 교육과정상의 교육 내용간의 괴리를 보여주고 있다.

국어과의 정보 통신 언어의 교육 내용은 타 교과 교육과정보다는 체계적이고 다양한 교육 내용을 담고 있다. 국민 공통 기본 교과인 국어의 경우 초등학교 3학년부터 10학년까지 정보 통신 관련 교육 내용을 배우도록 되어 있어 학년 연계성의 측면에서 세심한 배려가 엿보인다. 또한 11∼12학년 선택 과목인 국어생활, 독서, 작문, 문법, 문학 등에도 관련 내용이 부분적으로 담겨져 있다. 이것은 문화적 언어 기호를 생산하는 생산자와 수용자의 능동성에 초점을 맞춤으로써 보다 균형 있고 역동적인 기호화 과정에 주목하고 있는 제7차 교육 과정의 취지를 반영한 것이다(교육부 2001).

제7차 국어과 교육과정에는 매체 교육과 전자 작문, 맞춤법과 관련된 언어 규범적인 데에 초점을 맞추고 있다. 그러나, 추상적인 수준의 매체 교육 논의 만으로는 정보 통신 언어윤리교육의 단서를 발견하기 어렵다. 또한, 전자 작문은 타자 수준의 기능 숙달을 위한 것이며, 맞춤법 관련 항목은 규범성만 강조함으로써 실제 사이버 공간에서 이루어지는 의사소통 양상을 제대로 담아내기에는 한계가 있다.

이 밖에 7차 교육과정의 일환으로서 정보의 교육과정을 체계화하고자 한 시도가 있어 주목된다(멀티미디어교육센터 1998). 이 연구는 거의 모든 교과에서 정보교육 내용 항목을 구축해 보고자 한 것으로서, 국어, 도덕, 사회, 수학, 과학, 실과, 체육, 음악, 미술, 영어 교과의 내용 항목 중 정보교육 내용 항목과 관련성이 있는 것들을 일부 추출하고 이에 따라 정보의 교육과정을 체계화하였다. 그러나 이러한 연구는 각 교과의 고유성을 충분히 살리지 못한 채 그 교과 내용이 뉴미디어 상에서는 어떤 식으로 실현될 것인지에만 초점을 둔 점에서 단순 적용이라는 한계를 보여 준다. 인천광역시 교육청(2000)에서 마련한 정보 통신기술 교육 운영 지침의 경우에도 초·중·고 학생들의 발달 단계를 5단계로 나누어 정보 통신 기술 교육의 지도 내용을 추출하고 있어 매우 요긴한 시도인 것으로 보이나, 기술적인 측면에만 초점을 둔 정보 소양 교육이어서 정보 통신 언어윤리 교육과는 일정한 거리가 있다. 이상의 연구들은 지금까지 대부분의 정보 통신 관련 교육과정이 갖고 있는 특성과 한계를 잘 보여 주고 있다.

따라서, 정보 통신의 역기능 방지에 초점을 두는 기존의 정보 통신의 윤리 교육의 한계와 각 교과의 고유성을 무시한 정보 소양 교육 중심의 정보 지식 교육의 한계를 극복할 수 있는 정보 통신 언어의 윤리 교육과정이 수립되어야 할 것이다. 그러기 위해서는 사이버 공간의 의사소통에서 네티즌들의 필요를 우선적인 것으로 인식하고 이들에게 실제적으로 필요한 교육과정이 무엇인지를 탐구해 볼 필요가 있다.

2.4. 정보 통신 언어의 윤리 교육과정의 목표

정보 통신 언어는 일반 언어와 근본적으로는 큰 차이가 없지만 사이버 공간에서 네티즌들이 사용한다는 점에서 빠른 전파력, 유행에 민감한 점, 구어와 문어의 혼합체, 축약어와 신조어가 많은 점 등의 다양한 측면을 갖고 있다. 앞에서 살펴보았듯이 많은 사람들이 소통하는 사이버 공간은 긍정적 측면뿐 아니라 부정적 측면을 상당하게 보여 주기 때문에 체계적인 교육의 필요성이 절실하다. 또한, 네티즌들의 의사소통이 주로 언어를 통해 이루어지는 현실을 감안해 볼 때, 언어적 의사소통을 둘러싸고 있는 윤리적인 문제점들을 예방하고 또 치유할 수 있는 효과적인 방법은 정보 통신 언어의 윤리 교육을 통해서이다.

정보 통신 언어의 윤리 교육은 기본적으로 정보 사회를 살아가는 현대인들의 사이버 공간에서의 삶과 관련된 가치 판단, 가치 지향, 정체성 확립의 문제를 주요 대상으로 한다.

다음으로, '사이버 공간상의 의사소통 전반'에서 일어나는 언어적 의사소통의 문제를 다룬다. 또한, 언어적 의사소통을 둘러싸고 있는 사이버 공간 안에서의 담화 공동체들 간의 합리성, 상호주관성, 호혜성 등을 중시하는 언어 윤리적 측면을 주요 대상으로 한다. 여기에서 도출되는 정보 통신 언어의 윤리 교육 목표는 다음과 같다.

① 기초적 언어 소양과 정보 소양을 갖춘다. [지식]
② 사이버 공간에서의 원활한 의사소통을 위한 표현·이해 능력을 높인다. [기능]
③ 건전한 네티즌으로서의 자질을 기른다. [태도]

2.5. 정보 통신 언어의 윤리 교육과정의 내용 체계

정보 통신 언어의 윤리 교육과정의 목표는 '기초적 언어 소양과 정보 소양을 갖추고 사이버 공간에서의 원활한 의사소통을 위한 표현·이해 능력을 높여 건전한 네티즌으로서의 자질을 기른다'이다. '지식'은 기초적 정보 소양인 컴퓨터 소양 지식과 언어 소양인 문법 관련 지식으로 나뉜다. '기능'은 정보 통신 언어윤리 교육의 가장 중핵적인 것으로서 의사소통을 위한 표현 능력과 이해 능력으로 나뉜다. '태도'는 건전한 네티즌이 갖추어야 할 자질로서, 소위 통신예절(네티켓)이라고 불리는 것을 보완한 영역이다. 이에 따른 정보 통신 언어의 윤리 교육과정의 내용 체계는 크게 다섯 개의 영역으로 나뉜다.

(1) 지식

① 컴퓨터 소양 지식

네티즌으로서의 성숙한 시민 의식을 가지기 위해서 청소년들은 컴퓨터 소양 지식을 갖추어야 한다. 해킹, 바이러스, 정보 격차와 그에 대한 해소 방안, 사생활 보호, 저작권, 인터넷 상거래, 게임에 대한 지식을 갖추고 역기능적인 측면을 최소화하여 성숙한 시민 의식을 고취하는 데 목적이 있다.

- 초저 단계 : 개념, 검색, 다운받기
- 초고 단계 : 보안 프로그램 설치하기, 게임에 중독되지 않기
  (초저＝초등 저학년 1～3학년, 초고＝초등학교 고학년 4～6학년)
- 중 단계 : 바이러스 설명서 쉽게 고쳐 쓰기, 채팅에 중독되지 않기
- 고 단계 : 항의하기, 인터넷에 중독되지 않기, 개인 정보 관리하기

② 언어 소양 지식 — 문법(언어 규범)

사이버 공간에서의 언어 규범과 관련된 내용 영역이다. 인터넷에서 쓰이는 언어에 대한 조사 결과 소리나는 대로 적기, 음절 줄이기, 맞춤법, 바꾸어 적기, 기호를 이용한 표현, 비문법적 표현, 은어 등 상당히 많은 부분의 인터넷 언어들이 규범을 일탈하거나 파괴된 것으로 나타났다. 문법과 관련된 정보 통

신 언어윤리 교육의 내용은 단계적으로 위계성을 가지고 설정되기보다는 공통적인 사항으로서의 내용을 제시하고자 한다.

- 음운 및 표기 : 표음적 표기가 아닌 형태적 표기
- 어휘 : 비속어, 외래어, 외국어 등의 언어 순화, 유행어 남용 절제
- 어법 : 주술 호응, 효과적인 표현
- 담화 : 목적, 대상, 상황 고려, 내용 고려

(2) 기능

① 표현 영역

사이버 공간 안에서 주로 텍스트 생산과 관련된 것이다. 인터넷 광고, 손전화, 아바타, 대화방, 이메일, 게시판, 사이트, 커뮤니티, 홈페이지 등 네티즌으로서 자신을 표현할 수 있는 실제와 관련하여 교육 내용을 추출할 수 있다.

- 초저 단계 : 검색, 접속, 컴퓨터로 글쓰기 등의 기능적인 능력
- 초고 단계 : 선별적으로 사이트에 회원 가입, 이모티콘으로 감정 표현
- 중 단계 : 모둠 글쓰기 활동
- 고 단계 : 능동적 자기 표현, 광고 만들기, 사이트 운영

② 이해 영역

인터넷상의 텍스트 이해와 관련된 것이다. 인터넷 광고, 손전화, 대화방, 이메일, 게시판, 사이트, 모임방(커뮤니티, 카페), 홈페이지 등 네티즌으로서 자기를 둘러싸고 있는 세계에 대한 사실적 이해와 비판적 이해, 추론 능력 등과 관련되어 있다.

- 초저 단계 : 검색, 접속
- 초고 단계 : 유해 사이트 구별, 이모티콘 이해, 과장 광고에 대한 비판적 이해, 좋은 사이트 공유
- 중 단계 : 사실적 이해, 설명서 약관 이해하기, 불건전 안티 사이트 구별, 인터넷 내용 등급 매기기
- 고 단계 : 비판적 이해, 토론 사이트 참가하기, 사이트 운영, 사이버 보안관, 사이버 외교관 되기

(3) 태도

① 통신 예절(네티켓)[4]

언어적 의사 소통 상황에 대한 언어 윤리의 영역이다. 청소년들의 언어적 의사소통 상황에서 네티즌으로서의 예의 범절은 윤리 교육적 측면에서 중요하다. 이것은 사이버 공간 안에서의 습관 형성과도 관련이 있다. 따라서, 단계적이고 위계적인 통신 예절(네티켓)의 내용이 정보 통신 언어의 윤리 교육 내용으로 선정되어야 한다.

- 초저 단계 : 상호 존중, 남의 실수 용서, 인사, 사이버 공간의 특성 알기, 사이버 공간의 소중함 알기
- 초고 단계 : 온라인 상에서의 정체성 확립, 실명으로 활동하기, 내 개인 정보 보호하기, 상대방의 사생활 존중, 욕설이나 비속어 사용하지 않기, 퍼 온 정보의 출처 밝히기
- 중 단계 : 건전하고 유익한 정보 공유하기, 공공 게시판에 음란물을 포함한 불건전한 정보 올리지 않기 및 고발하기, 사이버 상에서 행한 행동에 책임 지기
- 고 단계 : 절제된 감정으로 논쟁이나 토론에 참가하기, 바이러스 유포나 해킹하지 않기, 건전한 비판 문화 형성하기, 자율적 감시단으로 활동하기

---

4) 정보 통신 윤리교육은 다양한 통신예절(네티켓) 강령, 계명 형식으로 대중 사이에 전파되고 있다. 전 세계적으로 잘 알려진 것으로는 네티켓 운동의 전도사인 버지니아 셰어(Virginia Shea) 여사가 제시한 "The Core Rules of Netiquette"이 있다.

1 원칙 : 인간임을 기억하라
2 원칙 : 실제생활에서 적용된 것처럼 똑같은 기준과 행동을 고수하라.
3 원칙 : 현재 자신이 어떤 곳에 접속해 있는지 알고, 그곳 문화에 어울리게 행동하라.
4 원칙 : 다른 사람의 시간을 존중하라
5 원칙 : 온라인상의 당신 자신을 근사하게 만들어라.
6 원칙 : 전문적인 지식을 공유하라.
7 원칙 : 논쟁은 절제된 감정 아래 행하라.
8 원칙 : 다른 사람의 사생활을 존중하라.
9 원칙 : 당신의 권력을 남용하지 말라.
10 원칙 : 다른 사람의 실수를 용서하라.

다음 【표 5】은 정보 통신 언어의 윤리 교육의 내용 체계이다.

【표 5】 정보 통신 언어의 윤리 교육 내용 체계

<table>
<tr><td colspan="2" align="center">영 역</td><td colspan="4" align="center">내 용</td></tr>
<tr><td rowspan="6">지식</td><td rowspan="3">컴퓨터
소양
지식</td><td>1단계(초저)</td><td>2단계(초고)</td><td>3단계(중학교)</td><td>4단계(고등학교)</td></tr>
<tr><td>- 검색하기
- 개념 알기
- 다운 받기</td><td>- 바이러스
  치료
- 보안 프로
  그램 설치
- 게임에 중
  독되지 않기</td><td>- 바이러스 설
  명서 쉽게 고
  쳐쓰기
- 채팅에 중독
  되지 않기</td><td>- 항의하기
- 사생활을 침해
  하지 않기
- 인터넷에 중독
  되지 않기
- 개인 정보 관리
  하기</td></tr>
<tr><td colspan="4">• 컴퓨터 지식의 실제
- 해킹　　　　　- 바이러스　　　　　- 정보 격차
- 사생활 보호　　- 저작권　　　　　- 인터넷 상거래
- 게임</td></tr>
<tr><td rowspan="2">언어
소양
지식
(문법)</td><td>음운 및 표기</td><td>어휘</td><td>어법</td><td>담화</td></tr>
<tr><td>- 표음적 표
  기가 아닌
  형태적 표
  기</td><td>- 비속어, 외
  래어, 외국
  어 등의 언
  어 순화
- 유행어 남용
  절제</td><td>- 주술 호응
- 효과적인 표현</td><td>- 상황 고려
- 대상 고려
- 목적
- 내용</td></tr>
<tr><td rowspan="3">기능</td><td rowspan="3">표현</td><td>1단계(초저)</td><td>2단계(초고)</td><td>3단계(중학교)</td><td>4단계(고등학교)</td></tr>
<tr><td>- 검색하기
- 접속하기
- 컴퓨터로
  글 쓰기</td><td>- 구별
- 선별적으로
  회원 가입하
  기
- 이모티콘
  표현하기</td><td>- 공유
  모둠 글 쓰기
  활동</td><td>- 능동적 표현
  끼기 표현
- 광고 만들기
- 사이트 운영</td></tr>
<tr><td colspan="4">• 표현의 실제
- 광고　　　　　- 아바타　　　　　- 사이트
- 손전화　　　　- 이메일　　　　　- 커뮤니티
- 대화방　　　　- 게시판　　　　　- 홈페이지</td></tr>
</table>

영 역		내 용			
기능	이해	1단계(초저)	2단계(초고)	3단계(중학교)	4단계(고등학교)
		- 검색하기 - 접속하기	- 구별 - 유해 사이트 구별하기 - 이모티콘 이해하기 - 과장 광고 이해하기 - 좋은 사이트 공유하기	- 공유 - 사실적 이해 - 설명서 약관 이해 - 불건전 안티 사이트 운영자 선정 - 모둠 인터넷 내용 등급 매기기	- 비판적 이해 - 사이버 보안관 - 사이버 외교관 - 토론 사이트 참가하기 - 사이트 운영
		● 이해의 실제			
		- 광고 - 이메일 - 홈페이지	- 사이트 - 대화방 - 커뮤니티	- 손전화 - 게시판	
태도	통신 예절 (네티켓)	1단계(초저)	2단계(초고)	3단계(중학교)	4단계(고등학교)
		- 상호 존중 - 남의 실수 용서 - 인사하기 - 사이버 공간의 특성 알기 - 사이버 공간의 소중함 알기	- 온라인 상의 정체성 확립 - 실명으로 활동하기 - 내 개인 정보 보호하기 - 상대방의 사생활 존중 - 욕설이나 비속어 사용하지 않기 - 퍼 온 정보의 출처 밝히기	- 건전하고 유익한 정보 공유하기 - 공공 게시판에 음란물을 포함한 불건전한 정보 올리지 않기 및 고발하기 - 사이버 상에서 행한 행동에 책임지기	- 절제된 감정으로 논쟁이나 토론에 참가하기 - 바이러스 유포나 해킹하지 않기 - 건전한 비판 문화 형성하기 - 자율적 감시단으로 활동하기

2.6. 정보 통신 언어의 윤리 교육의 내용 요소

앞에서 정보 통신 언어의 윤리 교육 목표를 '사이버 공간에서의 언어규범에 맞는 텍스트 생산과 이해 능력 계발, 언어적 의사소통 상황에 대한 언어윤리 확립, 네티즌으로서의 성숙한 시민 의식 고양'으로 설정하였다. 그 교육 내용 체계는 ① 컴퓨터 소양 지식 ② 언어 소양 지식(문법) ③ 표현 ④ 이해 ⑤ 통신 예절(네티켓)으로 나누었다.

다음에서는 정보 통신 언어의 윤리 교육의 실제와 관련된 내용 요소를 추출하고자 한다. 본 연구에서는 인터넷과 관련된 제반 현상을 모두 18개의 항목으로 설정하였다.5) 다음은 정보 통신 언어의 윤리 교육 내용 요소의 목표와 교육 내용이다.

【표 6】 정보 통신 언어의 윤리 교육내용 요소의 목표와 교육 내용

구분	교육 목표	교육 내용
1.대화방	• 대화방의 언어와 기능을 이해하고, 대화방을 안전하고 유익하게 이용하며 적절하게 절제할 수 있는 태도를 기른다.	• 대화방의 순기능과 역기능 알기 • 대화방을 이용하는 목적에 관하여 토의하기 • 대화방에서 나를 드러내는 방법에 대해서 생각하기 • 대화방에서의 올바른 언어 사용에 대해 토의하기
2.이메일	• 이메일의 장점과 스팸 메일의 해악을 알고, 이메일을 바르게 사용하는 태도를 기른다.	• 이메일의 개념과 장단점 알기 • 스팸 메일의 해악과 대처 방안 알기 • 스팸 메일 방지 홍보물 만들기

---

5) 대화방, 이메일, 게시판, 게임, 아바타, 손전화, 카페·커뮤니티, 인터넷 광고, 언론 사이트, 반사회적 사이트, 성 관련 사이트, 홈페이지, 인터넷 상거래, 바이러스, 해킹, 정보 격차, 사생활 정보 보호, 저작권 등 18개 항목을 정보 통신 언어윤리 교육 내용 요소로 선정하였다.

구분	교육 목표	교육 내용
3.게시판	• 바람직한 게시판의 모습과 부정적인 게시판의 모습을 알고, 건전한 게시판 문화를 가꾸어 나가는 태도를 기른다.	• 게시판의 긍정적인 기능 알기 • 게시판의 부적절한 실태에 관하여 토의하기 • 게시판의 제목과 내용을 적절하게 바꾸어 보기 • 게시판을 이용하는 네티켓을 작성하기
4.게임	• 컴퓨터 게임 상에서 일어나고 있는 문제점과 중독 현상을 파악하고, 그 원인을 찾아 해결 방법을 마련하며, 즐겁고 건전한 게임 문화 형성을 위해 힘쓴다.	• 학생들이 즐겨하는 게임과 그 이유 조사하기 • 게임에서 불쾌했던 경험 나누기 • 게임 중독 여부와 해결 방안 찾기 • 바람직한 게임 문화를 위한 네티켓 만들기
5.아바타	• 아바타를 창조하는 과정을 통해 자신을 표현하고 사이버 공간과 현실의 차이를 안다.	• 사이버 공간에서 자기 표현법 알기 • 사이버 공간에서 인간 관계 알기 • 사이버 공간의 특성 알기
6.카페·커뮤니티	• 인터넷에서의 공동체 정신을 함양한다 • 바람직한 사이버 공간 세계를 운영할 수 있다.	• 사이버 공간 이해하기 • 카페, 커뮤니티의 종류 알아보기 • 카페, 커뮤니티의 기능 알아보기 • 유해한 커뮤니티에 대처하기
7.손전화	• 휴대 전화의 유용성을 알고, 목적과 상황에 맞게 사용하는 태도를 기른다.	• 휴대 전화의 장단점 파악하기 • 휴대 전화의 메시지 언어 사용 양상 파악하기 • 나와 친구들의 휴대 전화 사용 양상 파악하기 • 바른 휴대 전화 사용을 위한 캠페인 자료 만들기

구분	교육 목표	교육 내용
8.인터넷 상거래	・인터넷 상거래의 개념과 특징을 알아, 소비자 피해 예방에 힘쓴다.	・전자 결제를 할 때에는 반드시 부모님의 동의를 받기 ・소비를 부추기는 표현들을 비판적으로 이해하기 ・결제 조건에 대해 정확한 이해 능력 기르기 ・피해 발생시 적극적인 방법 취하기
9.언론 사이트	・각종 언론 관련 사이트의 특성을 알고 건전 언론과 불건전 언론의 차이를 구별할 줄 알아 민주 시민으로서의 자질을 기른다.	・사이트 개념 알기 ・건전한 토론 사이트를 발견하고 사용하기 ・건전한 안티 사이트에 참여하여 보기 ・불건전한 안티 사이트의 언어 오용 사례를 이해하기 ・건전한 비판에 대해 알기
10.반사회적 사이트	・반사회적 사이트와 사회 친화적 사이트를 선별할 수 있다. ・봉사사이트를 통하여 봉사정신을 기른다	・반사회적 사이트의 폐해 알아 보기 ・반사회적 사이트에 대해 비판적 시각 갖기 ・봉사 사이트의 종류에 대해 알기 ・반사회적 사이트의 글 순화 하기
11.성 관련 사이트	・음란 사이트의 중독성과 폐해를 알고, 이에 대한 사회적, 개인적 대책을 강구할 수 있다.	・인터넷에서 접할 수 있는 성 표현 조사하기 ・음란 사이트에 중독된 사람에 대해 상담해주기 ・음란 사이트에 대한 사회적 대책에 대해 토의하기 ・음란 사이트에 대한 개인적 대책 마련해 보기

구분	교육 목표	교육 내용
12.홈페 이지	• 인터넷에서 자신을 표현 하는 표현의식을 기른다 • 타인을 이해하는 관점을 갖는다	• 좋은 홈페이지와 나쁜 홈페이지를 구별해 보기 • 친구의 홈페이지 방문하여 글 남기기 • 바람직한 홈페이지 운영 배우기
13.인터넷 광고	• 각종 인터넷 광고의 목 적과 언어 표현의 특성 을 이해하여, 비판적으 로 수용할 수 있는 능력 을 기른다.	• 상업 광고의 특성 알기 • 광고 언어의 과장성에 대한 비판 능력 기 르기 • 과장 광고에 대해 적극적인 자세 취하기 • 광고 언어 표현 순화하기
14.바이러 스	• 컴퓨터 바이러스의 개념 을 알고 바이러스 예방 에 힘쓴다.	• 바이러스 개념 알기 • 바이러스 피해의 심각성 알기 • 바이러스 예방하는 습관 기르기 • 바이러스의 위험성을 친구들에게 알리기
15.해킹	• 해킹의 개념과 특징을 알아 피해 예방에 힘쓴 다.	• 해킹의 개념과 문제점 파악하기 • 해킹의 긍정적인 측면 알기 • 해킹에 대한 대책 방법 공유하기 • 해커에게 편지쓰기
16.정보 격차	• 정보 격차의 개념을 이 해하고, 좋은 정보를 나 누고 인터넷을 적극적이 고 건전하게 사용하며, 인터넷에 미숙한 사람들 을 도울 수 있는 인터넷 소양인으로서의 자질을 기른다.	• 정보 격차의 개념 이해하기 • 정보 소외 계층의 인터넷 학습 돕기 • 정보 격차 해소 방법에 대해 토론하기 • 좋은 정보를 친구들과 공유하기
17.사생활 정보 보호	• 사생활 정보의 중요성을 알게한다. • 정보화 시대의 정보 윤 리 정신을 기른다.	• 인터넷 시대의 사생활 정보 관리에 대해 서 알아보기 • 사생활 정보 보호와 공개의 장단점에 대 해서 알아보기
18.저작권	• 저작권과 정보 공개 각각 의 긍정적인 기능을 이해 하고, 저작권에 위배되지 않는 한도에서 인터넷의 정보를 활용하는 태도를 기른다.	• 우리 나라에서의 저작권 분쟁 이해하기 • 정보 공유 입장과 음반 제작자의 입장 이 해하기 • 저작권에 대한 자신의 입장 결정하고, 근 거를 마련하기

이상의 교육 내용 요소는 정보 통신의 역기능 중심으로 항목화한 것이다. 이를 위한 구체적 교수 학습 전략으로 크게 두 가지 전략을 제시하면 다음과 같다.

(1) 학생 자율적인 '문제 진단 ― 탐구 ― 대안 제시' 활동

정보 통신 공간의 문제를 어른들이 진단하고 내놓은 대책으로 지도하지 말고 학생들 스스로 문제를 수집, 탐구, 토론하고 대책을 자율적으로 제시하도록 하는 활동을 많이 유도함으로써 교사는 보조자 위치에 머물러야 한다.

이러한 학생 자율 탐구 학습 과정을 통하여 학생들 스스로의 자율 규제 능력도 생기고 자기 규제에 대한 양심과 책임 의식도 작용하게 된다. 적어도 이런 활동은 초등학교 단계부터 활성화하여 중·고교를 거치면서 심화 발전시키도록 한다.

특히 정보 통신 공간을 국어교육의 쓰기, 읽기, 활동 무대로 적극 활용하여 토론 사이트를 개설하고 이메일을 교환하며 게시판에서 열심히 공동의 토론으로 유도하는 것이 필요하다. 정보 통신 언어 윤리 교육에서 국어과가 적극적으로 활동할 수 있는 이유도 여기에 있다.

(2) '…하지 말라' 식이 아닌 '…을 하라' 식의 순기능 개발 활동

전술하였듯이 위 영역들에 대해 '…하지 말라' 식의 금제식(禁制式) 교육으로는 언어윤리 교육의 효과를 서둘 수 없으므로 위 영역들을 순기능의 영역으로 변환시켜 순기능을 극대화하는 활동으로 지도, 전개되어야 한다. 여기서 순기능의 극대화란 '역기능 경고 후 순기능의 대안 제시'의 전략을 말한다. 다음은 그런 예를 보인 것이다.

① 대화방
퇴폐 대화방의 해악은 간단히 알리고 얼마든지 고급 대화방 사이트가 있음을 알려 준다. 학급 대화방, 동창회 대화방, 학습 대화방, 취미 대화방의 성공

사례, 경험담을 학생들로 하여금 발표시켜 좋은 쪽으로 선택하게 한다. 특히 학급 대화방이나 학교 내 대화방을 건전하게 활성화하는 일부터 대화방의 건전화 운동은 시작하여야 할 것이다.

② 전자우편(이메일)

불법 쓰레기(스팸) 메일에 대해서는 적극적인 고발 운동을 개인, 학급, 학교 단위로 펼치고 실제 고발 후 결과 조치들을 관찰하고 경험을 발표하게 하는 등 적극적인 활동이 필요하다. 작문에서 편지 쓰기 활동을 전자 작문으로 바꾸어 이메일로 하는 것, 이메일에 명함 꾸미기, 교사, 친지, 친구에게 안부 메일 띄우기, 지방 자치 단체에 민원 건의용 항의 메일 띄우기 등 적극적인 메일 활용 방안을 강구한다.

③ 게시판

우리 나라 특유의 게시판 문화를 분석하고, 바람직한 방향을 토의하게 한다. 비방, 욕설의 게시판에 대한 문제를 탐구하고 건전한 게시판 문화를 정착시키기 위한 방안을 토의하여 대안을 모색하게 한다. 특히 학급 게시판, 학내 게시판 문화를 긍정적으로 육성한다.

④ 퇴폐 사이트 문제

퇴폐, 불건전 사이트보다 더 호기심 많고 흥미 있는 학습, 취미, 오락 사이트를 학생들이 스스로 제작하고 운영하도록 지원하여 적극적 태도 전환의 교육을 한다. 특히 건전 안티 사이트를 육성하는 것도 하나의 방법이다.

추천 사이트 제도는 정부 기관이나, 학교 단위에서 적극적으로 이루어질 일이다. 다음은 한국 홍보를 위해 네티즌들이 한국의 틀린 정보를 담은 외국 사이트를 찾아 알려 시정을 촉구하는 항의 메일을 보내는 운동을 펼치는 사이트인데 '나는 사이버 외교관'이란 이름으로 네티즌들의 참가를 권장하고 있다. 이런 경우는 학생들이 국어, 역사, 사회, 지리 등 여러 교과별로 적극 활용할 수 있다.

⑤ 언어 오염 문제

통신 언어를 쓰지 말라는 것보다는 자기 교정 능력을 기르게 하고 통신 언어 공간과 일상 언어 공간을 구별하여 말과 글을 할 수 있는 능력을 갖추게 하며 비규범언어 사용은 사회 생활에서 불리할 수 있음을 사례를 들어 설명한다. 다음과 같이 청소년 스스로 만든 통신 언어 반대 사이트 활동과 같은 대체 활동을 통해 건전한 통신 언어의 사용을 정착시키도록 유도할 필요가 있다. 다음은 청소년 사이트인 '아이두(ido)'에서 청소년 네티즌 운동으로 벌이는 '언어 파괴, 이제는 그만'이라는 홈페이지 화면이다.

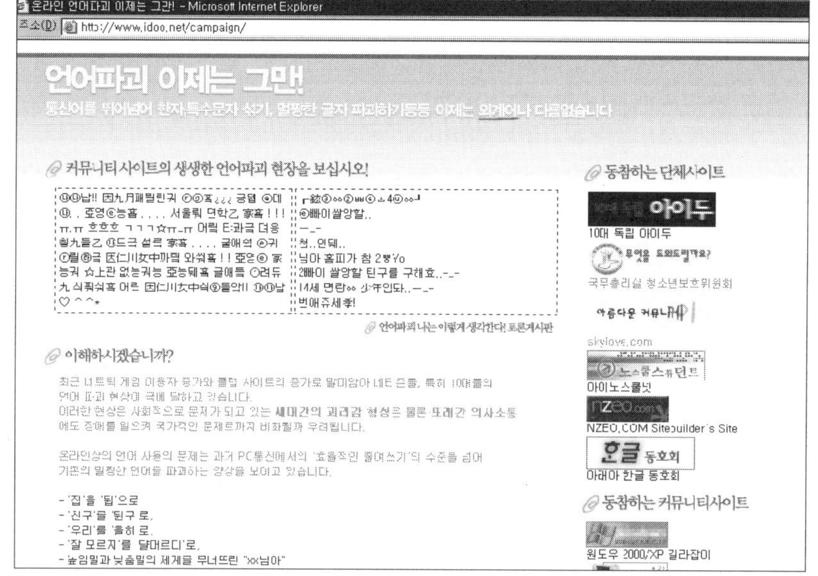

이상과 같은 순기능의 극대화 전략을 통하여 정보 통신 언어의 윤리 교육이 이루어져야 할 것이다.

2.7. 정보 통신 윤리 교육의 운영 사이트

정보통신윤리위원회, 소비자보호원, 정보통신부, 한국정보문화센터, 통신위원회, 한국정보보호센터, 해킹·바이러스 상담지원센터, 한국정보보호진흥원, 한국학술정보원 등이 정보 통신 윤리 교육과 관련된 사이트를 운영하고 있다.6)

---

6) 정보 통신부   http://www.mic.go.kr/
   한국정보문화센터   http://www.icc.or.kr/
   정보 통신 윤리위원회   http://www.icec.or.kr/
   통신위원회   http://www.kcc.go.kr
   한국정보보호센터   http://cyberprivacy.or.kr
   해킹바이러스상담지원센터   http://cyber118.or.kr/
   한국정보보호진흥원   http://www.kisa.or.kr/

즉, 이들 사이트에서는 정보 통신 윤리 교육을 하위 사이트로 지정하여 운영하고 있으며, 특히, 정보통신윤리위원회 하위 사이트는 정보 통신 윤리(www.infoethics. icc.or.kr), 한국소비자보호원 하위 사이트인 소비넷(www.sobinet.cpb.or.kr) 등이 있다.

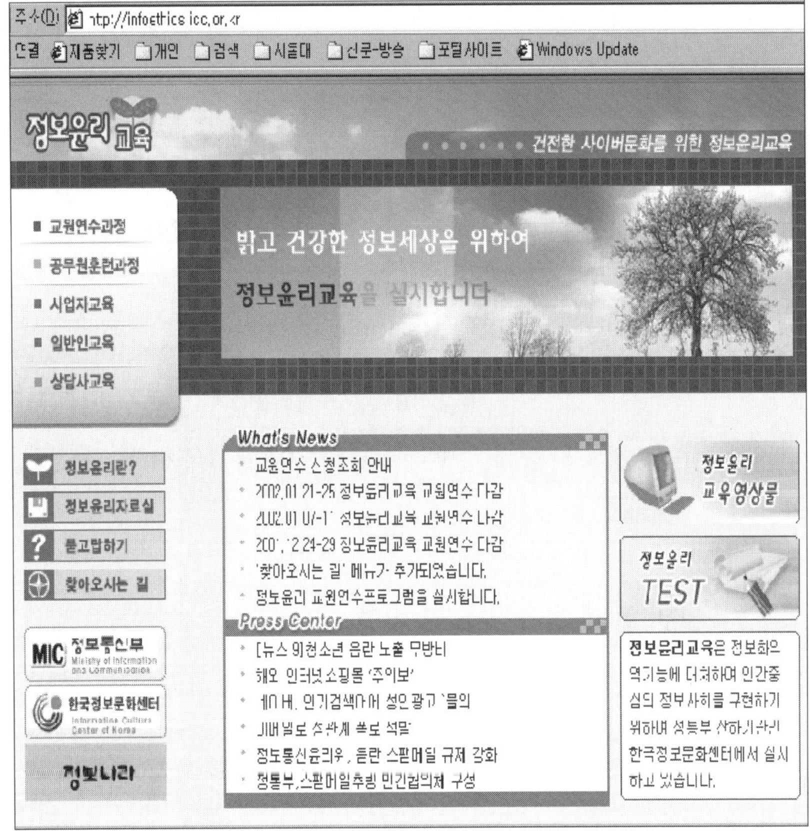

이 밖에 '바른 생활 인터넷, 한국컴퓨터생활연구소[7]' 등은 정보 사회에서 청소년들이 지켜야 할 여러 가지 인터넷 예절과 바이러스 및 해킹, 유해 사이

소비자보호원   http://www.cpb.or.kr
한국학술정보원   http://www.keris.or.kr/etc/it.html
7) 바른 생활 인터넷   http://www.comkeeper.co.kr/
한국컴퓨터생활연구소   http://myhome.hananet.net/~aesops52/main.htm

트 등 인터넷 역기능으로부터 안전하게 대처할 수 있는 내용 등을 정보 통신 윤리 내용으로 채택하고 있다.

　이상의 정보 통신 언어 윤리 관련 사이트들은 정보 통신 언어 윤리 교육의 기반이 어느 정도 구축되어 있음을 보여 준다. 그러나 다음과 같은 문제점이 드러난다.

　첫째, 국가 기관과 민간 기관(시민 단체)의 역할 분담이 제대로 이루어져 있지 않다. 정보 통신 언어 윤리와 관련된 업무를 수행하는 기관들이 여기저기 산재해 있어 정보 통신의 역기능 방지와 순기능 극대화에 역량을 모으기가 어렵다.

　둘째, 정보 통신 언어 윤리의 법률 행정 전담 기구, 예방 치료 전담 기구, 교육 전담 기구 등 각 기능별 역할이 기구마다 특화될 수 있도록 재편이 필요하다. 특히, 불법 사이트를 고발하려고 해도 경찰, 검찰, 정보통신위원회, 민간 단체 등 어느 곳에 신고해야 할지 막막하다.[8] 특히 민간 기구에는 심고해 보

---

8) 가령, 불법 복제품, 음란 사이트, 반사회적 사이트 등에 대한 고발을 할 때, 해당 기관을 찾는 데 어려움이 있다. 정보 통신 윤리 관련 기관이 여러 군데 분산되어 있어, 학생들이나 시민들은 선택에 직면하게 된다. '범죄 신고 112', '화재 신고 119'처럼 단일하고 강력한 고발 업무 기구가 필요하다.

아야 어느 정도 효력이 있는지 의문이다. 따라서 법적 조치를 전담하는 기구의 일원화가 필요하다. 또한, 신고 및 제보자에 대한 보호 장치도 마련되어야 한다. 지금 상태로서는 신고자 개인의 신상 정보만 노출되고 보호 장치가 마련되지 않아, 시민들이 신고를 꺼리고 있는 상태이다.

셋째, 국가 기구나 민간 기구의 정보 통신 언어의 윤리 교육이 학교 교육과 유기적으로 연계되어 있지 못하다. 국가나 민간 기구의 교육과 학교 교육이 별개 차원에서 이루어지는 것은 불가피하더라도 공공 기구나 학교가 상호 연계된 교육을 통하여 서로 보완 역할을 하여야 할 것이다.

넷째, 공공기구나 학교 교육의 내용이 '…을 하지 말라' 식의 금제(禁制) 교육 차원에 머물러 있어 오히려 통신 이용자들의 호기심을 자극하거나 반발만 일으켜 교육의 순기능의 극대화를 모색하는 정보 통신 언어의 윤리 교육이 되고 있지 못하고 있다. 대부분의 기관이나 사이트가 주로 정보 통신의 역기능 방지 및 홍보에만 치중하며 적극적인 의미의 정보 통신 언어의 윤리 교육을 하지 못하고 있다.

참고 문헌

강병준(2001), 인터넷 혁명과 정보보호, 삼각형프레스

강상현(1996), 정보 통신혁명과 한국사회, 한나래.

강진구(1997), PC통신 이용패턴과 개인적 특성간의 관련성에 대한 연구, 한양대 석사논문.

강호영(2000), 컴에서 샘과 겜 한 판!, 새국어소식 24호, 국립국어연구원

공성진·김왕배(1996), 정보 사회의 특성, 포럼 21, 제16호

교육부(1997), 제7차 초등학교 교육과정 해설 1-3, 대한교과서주식회사.

교육부(2001), 제7차 고등학교 교육과정 해설 2-4, 대한교과서주식회사.

국립국어연구원(2000), 어문 규범 준수 실태 조사-인터넷 홈페이지를 대상으로, 조사 자
료집.

기독교윤리실천운동본부·한국컴퓨터생활연구소(2000), 학교 컴퓨터 음란물 접촉 실태
조사 연구.

김기태(2000), 저작권법의 해석과 적용, 삼진기획.

김봉섭(1998), PC통신에서의 언어폭력에 관한 연구, 경희대 석사논문.

김성훈(1998), PC통신 토론방의 격화가 참가자의 내집단선호, 의견개진, 및 토론평가에
미치는 영향, 서울대 석사논문.

김숙현(1999), 아동의 전자게임 활동이 시각적 정보처리에 미치는 영향, 성균관대석사논문.

김영석(1997), 멀티미디어와 정보사회, 나남.

김왕수(1992), 정보화 사회의 특성과 사회 변화, 도시사회 제5호

김유정(1998), 컴퓨터 매개 커뮤니케이션, 커뮤니케이션북스

김일혁(1999), 정보화사회의 사회변화에 대한 PC통신 사용자의 지각 조사연구, 연세대
석사논문.

김현수 역(2000), 인터넷 중독증, 나눔의 집.

김형철(1996), 정보 사회의 윤리, 철학과 현실 30호

나낙균(2000), 정보화 사회의 미디어와 저작권, 진한도서.

리가도트 지음, 이득재 옮김(1996), 컴퓨터 혁명의 철학, 문예출판사.

마이클 하임 지음, 여명숙 옮김(1997), 가상현실의 철학적 의미, 책세상.

멀티미디어교육지원센터(1998), 정보교육과정 체계화 자료집.

문지훈(1999), 90년대 통신 유머 연구, 한양대 석사논문.

문화체육부(1995), 정보화사회에서의 건전 청소년문화 육성 방안, 문화체육부.

──────(1996~2000), 국어순화용어자료집.

박경자 외(2001), e-언어학습 이론과 실제, 박영사.

박상우(2000), 게임-세계를 혁명하는 힘, 씨앤씨 미디어.

박상환(1998), PC통신 이용 행태에 영향을 미치는 요인에 관한 연구— 이용동기패턴에
    따른 매체의 특성에 대한 평가를 중심으로, 동아대 석사논문.

박윤주(1997), 정보화사회에서의 책임의 윤리에 관한 연구, 한국교원대학교 석사 논문.

박인기(2000), 국어교육과 미디어 텍스트, 삼지원

박정아(1997), PC통신 매니어의 이용행태 및 특성에 관한 연구— 매니어와 비매니어와
    비교연구, 경희대 석사논문.

백광훈(2000), 해킹 범죄와 그 처벌법규 및 문제점, 제4회 해킹방지 워크샵 발표문.

변재옥(1998), 정보화사회의 프라이버시와 표현의 자유, 커뮤니케이션북스

서규환 외 역, J. Habermas 저(1995), 소통행위이론, 의암출판.

서울특별시 교육청(2001), 사이버 윤리 어떻게 가르칠까?, 서울시 교육청.

손봉호(1995), 정보와 윤리, 월간 정보화사회 91호

손성락(2001), 인터넷 쇼핑몰 관련 피해사례 분석 및 토의, 한국소비자보호원.

손형국(2001), 디지털 라이프, 황금가지.

송경아(1997), 통신 글쓰기의 여러 가지 모습, 오늘의 문예비평 1997년 여름호

신각철(2001), S/W 불법 복제 단속과 출판사들의 대응책, 출판문화 5월호

신동흔(1998), PC통신 유머방을 통해 본 현대 이야기문화의 단면, 민족문학사연구 13,
    민족문학사연구소

안동근(1998), 인터넷과 정보내용 등급제, 정보 통신윤리위원회 '98세미나 자료집.

어기준(1999), 학교 컴퓨터실의 음란물 접촉실태 조사연구, 한국컴퓨터생활연구소

에코리브르(2001), 인터넷 심리학(The Psychology of the Internet), 패트리샤 월리스

원우현(1995), 정보화사회와 문화, 최정호 외, 정보화사회와 우리, 소화.

유재택 외(2000), 교육기관 정보화 역기능 방지에 관한 연구, 한국교육학술정보원.

이만제(1997), 한국 PC통신 문화에 관한 연구— Pierre Bourdieu의 장, 아비투스, 문화
    실천 개념을 중심으로, 경희대 박사논문.

이무웅·우영제(1994), 정보화사회와 인간관계론, 백산출판사.

이선희(1996), 청소년들의 PC통신 이용실태 및 청소년들에게 미치는 영향에 관한 연구,
    영남대 석사논문.

이송선(2000), 청소년의 게임 중독과 정서적 특성과의 관계-초등학교 5, 6학년과 중학
    교 2학년을 중심으로, 서울여대 석사논문.

이시형 외(2000), 청소년의 인터넷 중독과 자녀교육, 삼성생명공익재단 사회정신건강연

구소 연구보고서 2000-1.

이어령(1996), 한국인과 정보 문화, 포럼21 제16호.

이영록(1999), 온라인 서비스제공자의 저작권 침해 책임, 저작권심의조정위원회.

이익섭(1994), 사회언어학, 민음사.

이익섭·채 완(1999), 국어문법론강의, 학연사.

이재현(2000), 인터넷과 사이버 사회, 커뮤니케이션북스.

이정복(1997), 컴퓨터 통신 분야의 외래어 및 약어 사용 실태와 순화 방안, 외래어 사용 실태와 국민 언어 순화 방안, 국어학회.

──(1998), 컴퓨터 통신 속의 우리말, 생활 속의 삼성컴퓨터 1, 2월호, 삼성전자주식회사.

──(1998), 컴퓨터 통신 분야의 외래어 사용, 새국어생활 8-2, 국립국어연구원.

──(1999), 컴퓨터 통신 속의 지역 방언, 새로운 세기의 언어와 문학, 국제어문학회 학술대회논문집.

──(2000), 바람직한 통신언어 확립을 위한 기초연구, 문화관광부.

──(2000), 통신 언어로서의 호칭어 '님'에 대한 분석, 대구대학교 교내연구비 연구 과제.

이태건·노병철 공역(2001), 사이버윤리, 인간사랑.

인천광역시교육청(2000), 인천광역시 초·중등학교 정보 통신기술 교육 운영지침.

인하대학교 국어국문학과(1997), 컴퓨터 통신어 연구─ 통신 대화실 Chatting어를 중심으로, 통신망 배포본.

임현경(1996), PC통신을 통한 가상공동체의 형성과 그 특성에 관한 연구─ 통신동호회 사례를 중심으로, 서울대 석사논문.

전길남(1997), 인터넷의 과거·현재·미래, 정보화저널 4-1.

전진오(1995), PC통신을 이용한 개인 커뮤니케이션의 행태 및 특성에 관한 연구, 고려대 석사논문.

정경수(1995), 정보 통신윤리 정립에 대한 이론적 고찰, 월간 정보화사회 19호.

정보사회학회 편(1998), 정보 사회의 이해, 나남.

정영숙(2000), 중학생의 컴퓨터 게임과 공격성 연구, 동아대학교 석사논문.

정 완(2000), 전자상거래와 시스템침해사고(해킹), http://user.chollian.net/~wanlaw/ccrf

──(2001), 수사기관의 해킹 행위는 적법한가?, 정보보호 21 2001년 7월호.

──(2001), 인터넷사기의 유형과 방지대책, 형사정책연구소식 3/4월호.

조영신(1998), '공적 영역'으로서의 PC통신 '토론방'에 관한 연구, 연세대 석사논문.

진교훈(1996), 정보화 사회의 윤리 문제, 과학사상 18호.

────(1997), 정보화 사회와 윤리학의 과제, 진교훈 외 공저, 윤리학과 윤리 교육, 경문사.

진교훈 외 역(1999), 현대윤리학 입문, 철학과 현실사.

채명기(1995), 저작권법상 저작물 이용의 한계, 저작권심의조정위원회.

최혜실 편(1999), 디지털 시대의 문화 예술, 문학과 지성사.

추병완(1997), 정보 통신윤리, 정보 통신윤리위원회.

────(1997), 컴퓨터 윤리 교육의 과제, 한국교육 24-1.

────(2000), 정보 윤리 교육의 내용 구성, 도덕과교육론, 교육과학사.

────(2000), 청소년을 위한 네티켓 교육의 방향, 초등도덕교육 6호.

────(2001), 정보 윤리 교육론, 울력.

추병완 외 공역(1997), 컴퓨터 윤리학, 한울.

추병완·류지한 공역(2000), 정보 윤리학의 기본 원리, 철학과 현실사.

통계청(2000), 어린이와 청소년 인터넷 이용 실태 및 학부모·교사의 불건전 정보 대응
　　　실태 조사.

통계청(2000), 2000년 사회통계조사결과 ― 정보와 통신 부문, 통계청.

편집부 편(1998), 초·중등학교 교육과정(제7차), 대한교과서주식회사.

프랜시스 케언크로스 지음, 홍석기 옮김(1999), 거리의 소멸ⓝ디디털 혁명, 세종서적.

한국언론학회·한국사회학회 엮음(1998), 정보화시대의 미디어와 문화, 세계사.

한세억·최두진(1995), 정보 사회의 규범과 윤리 정착 방안에 관한 연구, 한국정보문화
　　　센터 연구보고 95-01.

홍윤선(2000), 클릭 네티켓, 중앙 M&B.

황상민(2000), 사이버 공간에 또 다른 내가 있다, 김영사.

────(2000), 온라인 문화를 바라보는 청소년 및 부모의 시각차, 청소년의 올바른 정보
　　　이용을 위한 세미나

황순재(1996), 사이버공간에서의 환상적 글쓰기, 오늘의 문예비평 1996년 겨울호

Baird, R. M. & et. al.(Eds.)(2000), *Cyberethics*, New York: Prometheus Books.

Dane Joseph A., (1988), *Parody*, UOP.

Forester, T. & P. Morrison(1990), *Computer ethic*s, Cambridge: MIT Press

Johnson, D. G.(1994, 1997), *Computer ethics*. 2nd ed. Upper Saddle, NJ: Prentice
　　　Hall.

NCES[National Center for Education Statics](2001), *English Literacy and Language
　　　Minorities in the United States results from the National Adult Literacy
　　　Survey*(NCES 2001～464).

Spinello, R.(1997), *Case studies in information and computer ethics*, Upper Saddle River:

Prentice Hall.

Willard, N.(1997), *The cyberehics reader*, New York: McGraw-Hill.

Young, K. S.(1998), *Caught in the Net* : How to Recognize the Signs of Internet Addiction and a Winning Strategy for Recovery, New York: John Wiley & Sons, Inc.

1. 광고란 무엇인가

흔히 광고를 현대 자본주의 사회의 꽃이라고 표현한다. 대량 생산과 대량 소비 사회로 규정되는 현대 자본주의 사회에서 광고는 우리의 잠재된 욕망을 현실화해서 소비를 촉진시키고 이를 통해 자본주의 사회의 유지와 발전을 가능하게 한다.

조간신문을 펴는 순간 무수히 떨어지는 광고 전단, 신문 지면의 절반 이상을 점령하고 있는 광고물, 거리의 곳곳을 차지하고 있는 간판과 대형 전광판, 텔레비전과 라디오 프로그램 중간중간 울려 나오는 광고 방송, 아침에 일어나는 순간부터 잠자리에 들 때까지 광고의 홍수 속에 묻혀 산다고 해도 과언이 아닐 정도이다. 이렇듯 다양한 매체를 통해 우리가 원하든 원하지 않든 무차별적으로 우리에게 다가오는 광고는 우리가 인식하지 못하는 사이에 우리의 물질적, 그리고 정신적인 삶의 방식에 결정적인 영향력을 미치고 있다. 이러한 현상에 대해서 Twichell(2001)은 소비자인 우리가 물고기라면 광고는 물이라고 주장한다. 즉 물고기는 인식 능력은 지니고 있지만 자신이 살고 있는 물에 대해서는 인식하지 못하는 것처럼, 광고 속에서 살아가고 있는 우리는 광고에 대해 인식하지 못하고 그 속에 묻혀 살아가고 있다는 것이다.

그렇다면 광고는 현대 사회에서 어떤 기능을 하고 있을까? 현대 사회에서 광고의 기능에 대해 생각할 때 먼저 떠올리게 되는 것은 광고가 지니고 있는 경제적 기능이다. 즉 광고는 상품 판매를 촉진시킴으로써 현대 사회의 경제 운용에서 중요한 역할을 담당하고 있다. 이는 긍정적인 면에서는 소비를 창출해서 생산 및 유통 효율을 촉진시킴으로써 경제 성장에 기여하지만, 자본을 집중시키고 과잉 생산을 일반화시킴으로써 독점 자본주의 사회 체제를 유지 강화시킨다는 면에서 비판을 받기도 한다.

광고는 경제적 측면 외에도 언론 및 사회 문화적 측면에서 중요한 역할을 하고 있다. 언론과 관련해서 생각해 보면, 광고는 각종 언론사의 재정을 뒷받침함으로써 시민들이 적은 비용으로 다양한 정보를 얻고 오락을 손쉽게 즐길 수 있도록 하며, 정치 권력으로부터 언론의 독립을 지킬 수 있도록 한다. 그렇지만 이는 동시에 광고주의 언론에 대한 영향력이 강화됨으로써 광고주에 유리한 보도 관행이 만들어지고, 광고 유치에 적절하도록 오락성과 선정성이 강화되는 방식으로 매체 자체의 편성 방향이 정해진다는 문제점도 지닌다.

사회 문화적 측면에서 보면 광고는 소비자에게 각종 상품에 대한 정보를 제공해 주며, 문화적 취향을 공유하며 생활 속에서 즐거움을 느끼게 해 주는 기능을 한다. 그렇지만 이 과정에서 광고는 단순히 상품 자체에 대한 정보를 제공해 주는 데 그치는 것이 아니라 다양한 의미를 창출해 내고 있다. 즉 광고는 상품을 소비자에게 매력 있게 보이게 하기 위해서 다양한 의미를 만들어 내고 있는 것이다. 예를 들면 이유식 광고에서 이유식은 '엄마의 사랑'을, 휴대폰 광고에서 휴대폰은 '신세대의 사랑'을 나타내는 것을 볼 수 있다. 이를 통해서 광고는 자본주의 사회의 소비 이데올로기를 부추기고 가치를 획일화한다는 문제점도 지닌다.

　광고는 이렇게 우리의 일상 생활 속에 깊숙이 자리 잡고 있지만 그 개념을 정확하게 정의하기는 쉽지 않은데, 일반적으로 광고는 다음의 네 가지 특징을 지닌 것으로 규정해 볼 수 있다(강상현 외, 1993: 317~318). 첫째, 광고는 수용자가 어떤 특정한 반응을 일으키도록 하는 의도된 커뮤니케이션으로 일종의 설득 커뮤니케이션이다. 둘째, 광고는 신문, 텔레비전, 라디오, 잡지, 간판, 인터넷 등 대중 매체를 통해 전달되는 매스커뮤니케이션이다. 셋째, 광고는 메시지를 담아 전달하는 데 사용하는 매체에 대해 공식적으로 대가를 지불하는 유료 커뮤니케이션이다. 넷째, 광고는 시장 상황을 유리하게 변화시킴으로써 궁극적으로 상품 판매를 촉진·확대하여 이윤을 극대화하려는 마케팅 커뮤니케이션이다. 이들 요소를 종합해서 광고의 개념을 규정해 본다면, 광고란 설득을 목적으로 한 커뮤니케이션 활동인 동시에 광고주가 비용을 지불하는 판촉 전략으로서 대중 매체를 활용한 마케팅 커뮤니케이션이라고 할 수 있다.

　광고의 개념을 규정하는 요소 중 둘째와 셋째 요소는 광고의 매체적 특성에 관한 것이라면, 첫째와 넷째 요소는 광고의 목적을 보는 방식에 관한 것이다. 광고의 목적을 보는 관점 중 먼저 제시된 것은 마케팅적 관점으로, 이 중 가장 보편적으로 통용되는 정의는 미국마케팅 협회(AMA)에서 1948년 제정한 '광고란 명시된 광고주에 의한 아이디어, 상품 또는 서비스의 유상형식의 비인적 제시(nonpersonal presentation) 및 촉진(promotion)'이라는 정의이다. 그런데 이러한 정의는 광고주의 관점에서만 이루어진 것으로, 광고의 목적을 달성하기 위해 필요한 광고주와 수신자 사이의 관계를 인식하지 못하고 있다는 문제가 있다. 즉 제시와 촉진을 한다는 것은 단순히 광고물을 보여준다는 의미만을 드러내는 것인데 비해, 광고의 궁극적인 목표는 정보를 전달하고 나아가서 신념이나 행동의 변화가 나타나도록 수신자를 설득하는 데 있다. 설득 커뮤니케이션이라는 의사소통적 관점에서 광고를 정의하는 견해는 이러한 마케팅적 개념 정의 방식의 문제점을 인식하면서 제시되었다. 의사소통적 관점에서 광고를 보는 것은 광고란 광고물을 통한 생산자와 소비자 사이의 소통 과정이라는 측면에서 광고에 접근하는 것이다. 의사소통이라는 측면에서 광고에 대해 논의할 때에는 광고주와 광고의 소비자, 그리고 그 소통의 과정 속에서 일어나는 사회 문화적 영향을 종합적으로 고려하는 것이 필요하다. 의사소통의 목적이 수행된 위에서 광고는 마케팅적 목적을 수행할 수 있다는 점을 생각해 본다면 의사소통적 측면은 효과적 광고 전달의 전제를 이루는 것이다.

본 장에서는 효과적 의사소통을 이룩하기 위해서 광고 텍스트가 어떠한 모습을 지니고 있는지에 관해서 살펴보겠다. 이를 위해서 먼저 광고가 지니고 있는 텍스트로서의 특성을 살펴본 후, 광고 언어가 가지고 있는 표현적 특성을 고찰해 보겠다. 그리고 이러한 고찰을 토대로 광고 언어의 이용 방안에 관해 모색해 보겠다.

2. 광고의 텍스트적 특성

우리는 일반적으로 '언어'라는 말을 들을 때, 문어와 구어 즉 문자와 음성이라는 매체를 중심으로 생각하는 것이 일반적이다. 이러한 기존의 매체 중심적 접근 방식은 일종의 양분법적 특성을 지니고 있다. 즉 하나의 언어 구조체는 음성 언어가 아니면 문자 언어이고, 문자 언어가 아니면 음성 언어가 되는 것이다.

그런데 광고 텍스트는 이러한 접근 방식으로는 설명할 수 없는 복합적 특성을 보이고 있다. 인류의 역사에 있어서 소통 수단의 변화와 그 영향에 대해서 Ong(1995)은 구술 문화와 문자 문화, 그리고 이 양자의 바탕 위에 세워진 전자 문화로 나누어서 문화를 보면서, 이것이 단순히 소통 수단의 차이만이 아니라 정신 구조에 차이를 일으키는 것임을 설명하고 있다. 그는 구술성과 문자성의 차이를 설명하면서, 이를 통해 '2차적인 구술성'의 시대이기도 한 전자 시대를 이해할 것을 주장한다. 이러한 문화의 구분은 McLuhan(1997)이 소통 매체에 따라 인류의 역사를 구두 커뮤니케이션의 시대, 문자의 시대, 인쇄의 시대, 전자 매체의 시대로 나눈 것과 비교해 볼 수 있다. 전자 매체의 시대는 디지털 기술의 발달에 힘입어서 다양한 매체들이 기술적으로 통합된 멀티미디어 텍스트가 이루어지면서, 문자, 영상, 음향, 음성 등이 통합된 융합 텍스트를 그 특성으로 지닌다.

　이러한 문화의 구분에 비추어 생각해 보면, 자본주의의 꽃이라고 불리는 광고는 전자의 시대로 볼 수 있는 현대 사회를 가장 잘 드러내 주고 있다. 광고 텍스트는 전자 시대의 특성이라고 할 수 있는 융합 텍스트의 전형적인 모습을 보이고 있다. 영상 매체를 통한 광고 텍스트는 경우 ① 멘트나 대화의 형식으로 나타나는 음성언어 ② 자막의 형식으로 나타나는 문자 언어 ③ 모델을 통해 표현되는 몸짓 언어 ④ 효과음이나 음악에 의한 음향 언어 ⑤ 화면을 통해 드러나는 영상 언어가 융합되어서 이루어지는 것으로, 그 구성 요소는 카피(copy)와 비주얼(visual)로 크게 나누어 볼 수 있다. 융합 텍스트로서의 특성은 인쇄 광고나 라디오 광고의 경우도 마찬가지이다. 흔히 인쇄 광고의 경우 문자 언어를 중심으로 그 메시지가 효과를 발휘하기에 그림은 언어의 보조적 수단 정도의 역할만을 한다고 보는 경향이 있으나, 사람들이 의미 전달을 하는 수단으로 언어를 이용하는 비율은 7%에 불과하며 38%는 말의 비언어적 요소에 의해, 그리고 55%는 얼굴 표정을 통해서 의미를 전달하고 있다[1]는 커뮤니케이션 학자 Mehravian과 Ferris의 주장에서도 알 수 있듯이 광고에서 그림 이미지는 문자 언어가 전달하는 것 이상의 의미를 전달하고 있다. 광고는 이들 다양한 언어적 표현 방식이 총체적으로 기능하는 것이기에 광고의 한 부분, 즉 문자나 음성 표현만을 떼어내서 그 의미를 논하는 것은 문제가 있다.

　우리는 융합 텍스트의 모습을 지니고 있는 광고 텍스트를 통한 계속적인 의사소통의 과정 속에서 살아가고 있다. 본 장에서는 구조적 측면과 의사소통적 측면에서 광고의 텍스트적 특성에 관해 살펴보겠다. 구조적 측면에서는 먼저 광고 텍스트에서 몸짓이나 영상 등의 시각적 요소[2]가 어떤 기능을 하고 있는가에 대해 고찰해 보겠다. 다음으로 광고 텍스트에서 협의의 언어 즉 음성 언어와 문자 언어는 어떤 구조적 특성을 보이고 있는지를 음성 언어와 문자 언어가 함께 나타나는 텔레비전 광고를 중심으로 살펴보겠다. 의사소통적 측면에서는 광고텍스트를 통해 어떻게 의사소통이 이루어지는가에 관해 고찰해 보겠다.

---

1) 이현우(1998)에서 재인용.
2) 본 장에서는 이들 시각적 요소에 대해 '그림'이라는 용어를 사용하겠다.

2.1. 광고 텍스트와 그림

광고 텍스트에는 음성이나 문자 언어와 몸짓이나 영상과 같은 시각적 요소들이 융합되어 있는데, 이러한 다양한 요소 중 지금까지의 연구는 음성 언어나 문자 언어와 같은 좁은 의미에서의 언어에 집중되어 있다. 이는 음성 언어나 문자 언어 이외의 언어적 요소가 중요성을 지니지 않아서가 아니라, 연구의 난점 때문이라고 볼 수 있을 것이다. 광고 텍스트에서 몸짓이나 영상과 같은 시각적 요소는 좁은 의미의 언어에 못지 않은 부분을 차지하고 있으며, 많은 것을 전달하고 있다.

광고에서 그림이 많이 사용되는 이유는 몇 가지 측면에서 찾아볼 수 있다. 첫째로, 사람들은 그림은 진실을 말한다는 믿음을 지니고 있기 때문에 그림은 매우 설득력이 강한 전달 도구이다. 냉장고를 선전할 때 냉장고 속에 들어있는 생선이 얼마나 싱싱한지를 말로 하기보다는 싱싱한 상태로 보관되어 있는 생선의 모습을 보여주면 우리는 보다 잘 믿게 된다. 물론 광고에서 사용되는 생선의 모습은 실제의 생선에 비해서 훨씬 더 싱싱하지만 우리는 그것에 대해서 의심하지 않는다. 둘째로, 일반적으로 사람들은 음성이나 문자 언어를 통해서 자신을 설득하려는 경우에는 논리적으로 분석하고 부정적 반응을 보이지만, 그림에 대해서는 논리적 반응 과정 없이 그대로 받아들이는 경향이 있다. 예를 들어서 화장품 광고에서 '이 화장품을 쓰면 누구나 아름다워진다'고 하면 사람들은 '에이, 그런 거짓말이 어디 있어'하고 반응하지만, 아름다운 모델이 화장품을 사용하면서 웃고 있는 모습에는 부정적 반응을 보이지 않는다. 또한 그림은 음성이나 문자로 표현할 수 있는 것보다 훨씬 많은 부분을 표현할 수 있으며, 많은 경우 국경과 민족의 경계를 뛰어 넘어 범세계적인 전달의 수단이 될 수 있다는 이점이 있다.

광고는 표현 방식에 따라 언어 광고와 시각 광고로 나눌 수 있다. 시각 광고는 주로 시각 기호를 이용하여 브랜드의 이미지를 알리는 광고이며 언어 광고는 언어 기호를 이용하여 브랜드의 이미지를 알리는 광고이다(김치수 외, 1998). 물론 광고에는 시각적 기호와 언어적 기호가 함께 사용되지만, 그 중 어떤 것이 중심이 되는가에 따라 시각 광고와 언어 광고로 나누어 볼 수 있는 것이다.

　【그림 1】과 【그림 2】는 둘 다 화장품 광고이다. 그런데 【그림 1】에서는 제품명 외에는 카피가 사용되지 않았다. 그리고 그림에 등장하는 인물과 돌고래, 그리고 그들의 모습, 색채 이미지를 통해서 향수의 이미지를 느끼도록 하는 것이다. 반면 【그림 2】는 언어 광고의 예로, '눈부시게 빛나는 하얀 피부 이자녹스 화이트 포커스'라는 헤드 카피 밑에 '눈부시도록 하얀 피부는 모든 여성이 꿈꾸는 아름다움입니다. 신성분 피토클리어로 피부의 흑화를 초기 단계에서부터 억제해주는 새로운 미백 화장품, 화이트 포커스 — 필요한 곳에 선택적으로, 과도하게 침착된 부위는 더 집중적으로 가꿔주어, 기대했던 것보다 더 환하고 밝은 피부 톤을 실감하실 수 있습니다.'라는 카피가 덧붙어 있어서 이를 통해 광고하는 제품의 기능을 상세하게 설명해 주고 있다. 그리고 시각적 기호, 즉 하얀 피부의 여인의 모습은 이러한 언어 기호와 함께 있으면서 언어 기호의 내용을 보조해 주는 역할을 하고 있다.

【그림 1】 겐조 향수

【그림 2】 이자녹스 화이트 포커스

언어 기호는 그 해석이 한 가지 방향으로 고정되어 있지만, 시각 기호의 경우에는 함축적이면서 모호하다는 특성을 지닌다. 즉 시각 기호가 사용되었을 경우 보는 사람에 따라서 다양한 해석이 가능하며, 결과적으로 복합적인 의미를 동시에 전달할 수 있다. 【그림 1】에 제시된 겐조 항수 광고를 보면서 받는 느낌은 사람에 따라 다를 수 있을 것이다. 물론 이러한 시각 기호가 가진 특성이 항상 긍정적으로 작용하는 것은 아니다. 광고주가 의도한 의미와 소비자가 받아들이는 의미가 전혀 다르게 나타나서 광고에서 의도한 의미 작용이 나타니지 못할 위험을 항상 내포하고 있는 것이다.

그림이 범세계적인 전달의 수단이 된다고 했지만, 그렇다고 해서 광고에서의 그림이 단순한 사실의 시각적 재현은 아니다. 광고에서의 그림은 언어와 마찬가지로 상징적 체계를 지니고 있으며, 그 해석은 주어진 사회의 문화적 관습에 의해 결정되는 것이다. 예를 들면 다음 【그림 3】의 광고를 보았을 때 한국인이라면 굳이 문자 메시지를 보지 않더라도 이 광고의 그림이 무엇인지 쉽게 이해할 수 있으며, 이는 한국인으로서 우리가 익숙한 문화적 관습에 따른 것이다. 그렇기에 광고에서 그림을 사용할 때는 문화적 관습에 의거해서 창안을 하

고, 레이아웃의 원칙에 따라서 배열하고, 색채 이미지를 사용해서 전달하는 등
의 정교한 과정을 거치게 된다.

【그림 3】 풀무원 오월의 장맛

　　그렇다면 광고에서 문자와 그림은 어떤 관계를 맺고 있을까? 인쇄 광고의
경우를 예로 들어 살펴보면, 광고에서의 문자와 그림은 동일한 의미를 반복하
는 방식을 일반적으로 취한다. 즉 그림은 문자 언어의 내용을 보완하거나 강조
하는 기능을 취한다. 【그림 4】의 경우 문자와 그림이 보완적 관계를 맺고 있
음을 볼 수 있다. 이 광고는 '유토의 혜택이 길어집니다'라는 카피의 내용에
맞추어서 코끼리의 코를 보여주고 있다. 길다고 할 때 흔히 떠올리곤 하는 코
끼리 코의 모습을 통해 광고에서 말하려고 하는 길어진 유토의 혜택이라는 특
징을 보다 잘 드러내 주고 있다.

【그림 4】 SK 텔레콤 UTO

그렇지만 앞에서도 살펴본 바와 같이 흔히 이미지 광고라고 불리는 시각 광고는 그림만으로 이루어져 있다. 이런 경우에는 그림이 문자를 대체하는 기능을 하는 것이다. 다음 【그림 5】의 경우 그림만으로 광고가 이루어져 있다. 그런데 이 광고가 정확하게 전달하고자 하는 의미는 도대체 무엇일까? 이 광고의 그림이 전달하고자 하는 의미는 수용자에 따라서 상당히 다양하게 나타날 수 있으며, 어떤 경우 그 해석이 매우 난해하기도 하다. 이러한 광고는 특히 패션 광고에서 많이 나타나는데, 어쩌면 의도적으로 해석을 회피하고 있다는 느낌도 준다. 문자나 음성을 배제한 광고는 인쇄 광고뿐만 아니

【그림 5】 구찌

라 영상 광고에서도 나타나고 있는데, 최근의 TTL 광고를 예로 들 수 있다.

또 어떤 경우에는 광고의 문자 메시지와 그림이 모순되는 경우도 볼 수 있다. 【그림 6】의 경우가 그 예이다. 이 광고의 그림은 '저는 크리에이터로서 너무 늙도록 일했으므로 이제 그만 물러나겠습니다.'라고 쓰여진 사직서를 담고 있는데, 광고의 카피는 '그러나 올해 예순 여섯의 카피라이터 김태형 선생은 퀠콤에서 여전히 젊은 카피를 쓰고 있습니다'라는 것이다. 이 광고는 2001년도 대한민국 광고 대상 인쇄 부분의 우수상을 수상한 퀠콤의 사원 모집 광고로, 이렇게 모순된 방식을 사용함으로써 극적 효과를 주면서 '평생 광고인으로 살아갈 분을 찾습니다.'라는 메시지에 대한 보다 강한 긍정의 효과를 추구하고 있다.

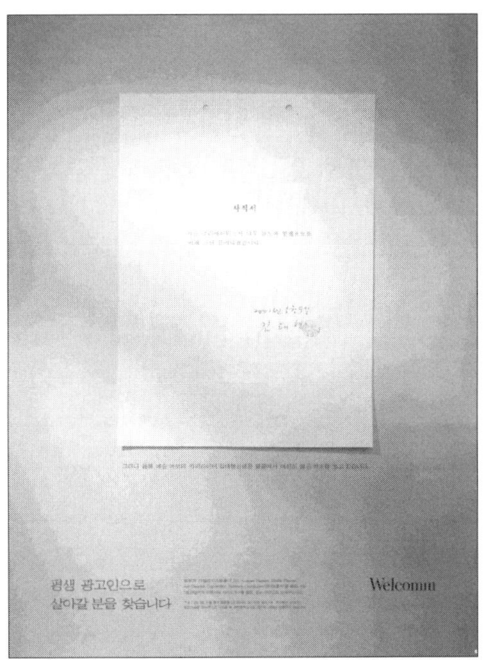

【그림 6】 퀠콤 사원 모집 광고

인쇄 광고에서는 그림과 문자 언어가 상호 관계를 맺으면서 텍스트를 구성하고 있는데, 어떤 경우에는 문자 언어 자체가 시각적 효과를 지니고 있기도 하다.

예를 들면 문자의 색채나 크기를 조절하거나 문자의 일부를 그림으로 바꾸어 넣는 방식 등을 통해 마치 그림이 주는 것과 같은 효과를 얻는 것을 볼 수 있다.

2.2. 광고 텍스트의 구조적 특성

좁은 의미의 언어 즉 음성 언어와 문자 언어에 한정해서 살펴보더라도 광고에서의 언어 사용은 매우 다양한 방식으로 나타남을 알 수 있다. 문자 언어와 음성 언어가 함께 나타나는 텔레비전 광고의 경우를 보면, 음성 언어는 모델의 입을 통해서, 또는 모델이 나타나지 않고 단순한 음성 멘트만으로, 또는 이 둘의 조합으로 나타나는 것을 볼 수 있다. 또한 자막의 형식으로 나타나는 문자 언어의 경우에도 그것들이 고정적으로 나타나는 경우도 있지만, 일시적으로 나타났다가 사라지는 경우도 있다. 음성 언어와 문자 언어만을 대상으로 했을 때 광고의 언어적 구조는 다음【그림 7】과 같이 도식화해 볼 수 있는데, 광고 언어를 이루고 있는 이들 구성 요소들은 상호 작용을 하면서 광고의 전체적 언어 구조를 이룬다[3]. 물론 이 도식의 구성 요소들이 하나의 광고 텍스트에 모두 나타나야 하는 것은 아니다. 실제 광고 텍스트는 이들 모두를 지닐 수도 있지만, 이 중 일부 요소만을 지니고 나타날 수도 있다.

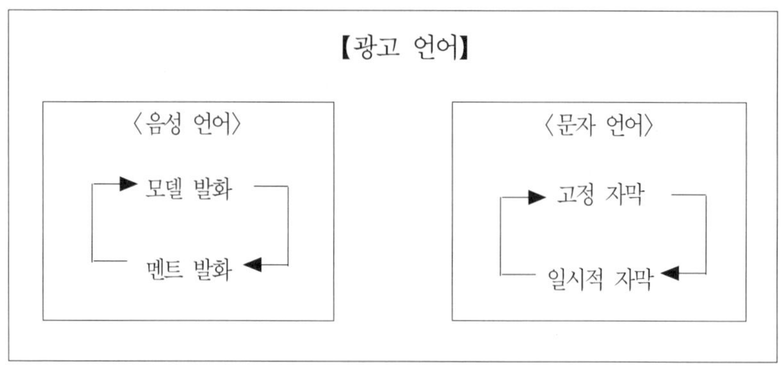

【 그림 7 】 광고의 언어적 구조

---

3) 모델이 화면에 등장해서 하는 발화를 모델 발화로, 모델이 나타나지 않고 목소리만 나오는 발화를 멘트 발화라는 용어로 칭하겠다.

2.3. 광고 텍스트의 의사소통적 특성

의사소통적 측면에서 볼 때 우리는 광고라는 텍스트를 매체로 해서 의사소통을 하게 된다. 일반적인 언어적 의사소통 상황을 생각해 보면, 화자와 청자 또는 필자와 독자 사이에서 텍스트를 매개로 해서 소통이 일어나는데, 광고의 경우에도 이는 마찬가지이다. 광고의 경우 광고라는 텍스트를 통해 표현된 화자의 의견에 대한 시청자 또는 독자는 바로 우리가 될 것이다.

이러한 특성은 인쇄 광고의 경우에는 명확히 드러난다. 즉 광고는 독자인 나에게 이야기를 하고 있는 것이 분명해 보인다. 그런데 텔레비전 광고의 경우 광고 속에 두 사람 이상의 모델이 등장해서 자기들끼리 이야기를 주고받는 상황을 볼 수 있다. 이런 경우 청자는 누가 되어야 할까? 이 경우 텔레비전 광고 안에 화자와 청자가 존재하고 시청자인 우리는 마치 청자가 아닌, 밖에 있는 관찰자인 듯이 생각하게 된다. 텔레비전 광고의 경우 화자와 청자는 다양한 모습으로 나타날 수 있다. 그렇지만 어떤 경우에도 시청자는 또 하나의 청자로 기능한다는 점에는 변화가 없다. 광고란 바로 시청자인 우리에게 하는 말이기 때문이다. 광고 텍스트에 화자만 등장하고 청자는 등장하지 않은 경우 시청자가 일차적 청자가 되지만, 광고 텍스트 자체에 화자와 청자가 함께 등장할 경우 시청자는 이차적인 청자로 작용하게 된다. 텔레비전 광고 텍스트에서의 소통상황은 다음 【그림 8】과 같이 유형화해 볼 수 있다.

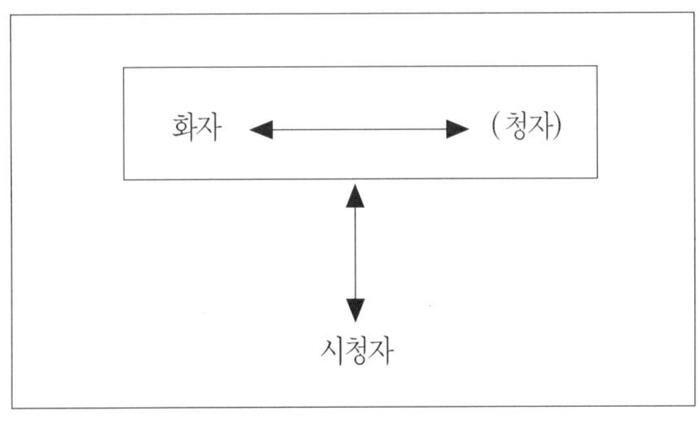

【 그림 8 】 광고 텍스트의 소통상황

　　광고 속에 청자가 없는 경우 광고 속의 화자는 시청자에게 직접 말하는 형식을 띠게 된다. 광고 속에 여러 명의 화자가 등장하더라도 이들이 서로 대화를 하지 않고 모두 시청자에게 말하는 모습을 광고에서 흔히 보게 된다. 예문 (1)에서는 한 명의 화자가 시청자에게 이야기하는 형식인 반면, (2)는 남자와 여자 화자가 교대로 시청자에게 이야기하는 형식을 보이고 있다.

> (1) 아직도 세월의 흔적을 걱정하세요?
> 　　전 아니에요. 로레알 연구소가 개발한 새로운 차원의 레틴올 엣센스
> 　　레틴올 성분이 피부 속으로
> 　　전 믿어요.. 그리고 나이를 잊어버리죠
> 　　새로운 차원의 로레알 레틴올 엣센스
> 　　로레알을 써요. 전 소중하니까요..(로레알)

> (2) 남　　: 피자헛 15주년 선물 대축제
> 　　여　　: 지금 피자헛에서 맛있는 피자를 드시면
> 　　남　　: 선물아 나와라 얍.
> 　　여　　: 모든 분께 푸짐한 선물을 드립니다.
> 　　남　　: 클럽메드 해외여행도 열다섯쌍이나
> 　　노래 : 함께 즐겨요 피자헛(피자헛)

　　광고 속에 화자와 청자가 함께 있는 경우도 있는데, 이 경우 광고 속의 화자와 청자는 다양한 방식으로 시청자에게 작용한다. 예문 (3)에서는 처음에는 광고 속의 화자와 광고 속의 청자가 대화를 나누다가, 다음에는 여자 화자가 광고 속의 남자가 아닌, 시청자를 대상으로 말하는 모습을 보이고 있다. (4)에서는 광고 속의 화자와 청자가 대화를 주고받다가 나중에는 광고 속의 모든 등장 인물이 동시에 시청자에게 말하는 모습을 보인다.

> (3) 남　　: 매일 커피향 속에서 눈뜨게 해줄게. 당신은 여왕처럼 마시는 거구.
> 　　여　　: 알아요? 여왕은 부드러운 커피만 드시는 거.
> 　　멘트 : 맥심 모카 골드
> 　　여　　: 사랑하면 부드러워져요..(동서식품 맥심)

  (4) 여　　: 사장님 국제 전화예요.
      남 1 : 여보세요. 어 브라운.
      남 2 : 야, 우리 사장님 컴퓨터에 영어까지.
      남 1 : 아니 이 사람아 그건 필수지 더 중요한 건 건강이야.
      모두 : 자 활기차게.(일양약품 원비디)

경우에 따라 시청자에게 말을 하지 않고 광고 속의 등장 인물들간의 대화만으로 이루어지는 광고도 있다. 예문 (5)는 시청자는 배제된 채, 광고 속에 있는 화자와 청자 사이에서만 대화가 이루어지는 모습을 보인다. 그렇지만 실제로는 이러한 광고에서도 시청자를 궁극적인 청자로 삼고 있음은 마찬가지이다.

  (5) 남　　: 나, 남삿갓, 그 어떤 케익에도 흔들리지 않으리라.
      여　　: 세느맛은 보셨는지요?
      남　　: 잉?
      여　　: 부드러운 치즈크림 케익, 롯데 세느
      남　　: 천하에 이런 케익이 있었다니.
      노래 : 세느—
      남　　: 세느가 날 녹이는 구나.(롯데 세느)

3. 광고 언어의 표현적 특성

요즘 우리는 광고에 묻혀서 살아간다. 하루에도 수천 개의 광고물이 우리 주변에 쏟아져 들어오는 상황이다. 광고의 수용 과정에 대해서 차배근 외(1992)에서는 '① 주의 → ② 지각 → ③ 이해 → ④ 학습(또는 정보 습득) → ⑤ 태도 변용 → ⑥ 파지 → ⑦ 외적 행동'의 일곱 단계로 나누고 있으며, Lavidge 와 Steiner는 '① 인지 → ② 지식 → ③ 호감 → ④ 선호 → ⑤ 확신 → ⑥ 구매'의 여섯 단계로 나누었다. 광고의 궁극적 목적은 수용자들이 인지적(cognitive) 태도 변화, 정서적(affective) 태도 변화를 거쳐서 행동적(conative) 태도 변화 즉 구매 행동을 나타내는 데 있다. 그런데 이러한 변화를 일으키기 위해서는 먼저 소비자의 관심을 끄는 것이 필요하다. 정보 이론에 따르면 인간이 가지고 있는 주의 능력은 제한되어 있기에 수많은 광고 중에서 소비자의 주의를 끄는 것은 일종의 선택 행위를 거쳐야 하는 일이다.

이를 위해서 광고는 다양한 언어적 기법을 사용하고 있다. 이 장에서는 광고에서 사용하고 있는 다양한 언어적 기법에 대해서 고찰해 보겠다.

3.1. 운율적 효과의 사용

(1) 두운

두운이란 연속되는 단어나 문장의 첫 부분에서 동일한 음이나 음의 무리가 반복되는 현상을 의미한다. 두운은 광고 슬로건에서 가장 많이 사용되는 언어적 기법의 하나로, 슬로건과 상표명 사이에서 함께 사용되는 유형과 슬로건에서만 사용되는 유형으로 나눌 수 있다.

① 두운이 슬로건과 상표명 사이에서 함께 사용된 경우

  (6) 걸면 걸리는 걸리버(현대 전자)
  (7) 룰루하면! 룰루룰루(웅진 룰루비데)
  (8) 우리는 우리증권에 투자합니다.(우리 증권)
  (9) 시린이엔 시린메드(부광 시린메드)

② 두운이 슬로건에서만 사용된 경우

  (10) 교실도 꿈을 꿀까?(하나은행)
  (11) 그의 골은 꽃입니다.(소망화장품 ESSOR)
  (12) 세상이 보인다, 세계가 놀란다.(KT)

(2) 모운

모운은 연속되는 단어나 문장에서 모음이 반복되는 현상을 뜻한다. 단어 중간에 사용될 경우 모운은 주의를 기울이지 않으면 두운에 비해서 눈치채기가 쉽지 않다. 그렇지만 단어의 첫머리에 사용된 경우에는 비교적 쉽게 그 효과가 나타난다.

(13) 이젠, 이중언어 시대!(금성출판사 크니크니)
(14) 어린이들은 어바이스를 통해 FIFA를 만납니다.(AVAYA)

(3) 각운

각운은 연속되거나 가까이 위치한 단어나 리듬군의 마지막 음이 반복되는 현상을 의미한다. 각운의 경우에도 두운과 마찬가지로 슬로건 안에서만 사용되는 경우와 슬로건과 상품명 사이에서 함께 사용하는 경우가 나타난다.

(15) 소화제＝베아제(대웅제약 베아제)
(16) 자연도 best! 생활도 best!(명지토건)
(17) 우승은 그의 것! 즐거움은 나의 것!(신세계)
(18) 대표팀은 체력! 자동차는 출력!(불스원)
(19) 바른다, 빠르다, 편하다.(신풍제약 로시덴겔)

3.2. 형태적 일탈 현상의 사용

우리는 아주 낯익은 것보다는 낯선 것을 접했을 때 보다 많은 관심을 보이게 되며, 이것은 결과적으로 우리에게 보다 잘 기억된다. 광고에서는 이러한 효과를 거두기 위해서 기존의 언어 형태와는 다른 모습을 사용해서 우리의 관심을 사려한다.

(1) 맞춤법의 파괴

광고에서는 맞춤법을 의도적으로 왜곡하거나 단순화시킴으로써 소비자의 주의를 끌려고 하는 경우가 많다. 이는 다양한 모습으로 나타나고 있는데, (20)에서는 침구를 의미하는 '이부자리'를 '이브자리'로 표기하고 있으며, (21)~(24)에서는 의도적으로 맞춤법을 파괴함으로써 흥미를 끌고 있다. (21)에서는 '가라'를 '가랏'으로, '재미있다'를 '재밌다'로 표기하고 있으며, (22)에서는 '주세요'를 '주세용'으로 표기하고 있으며, (23)에서는 '나도'와 '살걸'을 '나두'와 '살껼'로 표기하고 있으며4), (24)에서는 '반가워'를 '방가워'로 표기하고 있다. 이러한 맞춤법 파괴 현상은 외래어 표기에서도 나타나고 있는데, (25)에서는 'e-mail'이라는 단어에서 mail을 '멜'로 표기하고 있다.

> (20) 이브자리(침구 브랜드)
> (21) 채팅? 게임? 가랏!! eSense가 더 재밌다.(메일 에듀넷)
> (22) 아저씨~ 저도 AMD 주세용~(AMD 애슬론 XP)
> (23) 우띠!!! 나두 AMD 살껼!(AMD 애슬론 XP)
> (24) 방가워~ 홀맨폰!(LG 텔레콤 카이 홀맨폰)
> (25) 내 피부가 신호를 보냈다. 내 피부로 멜이 왔다. 피부와의 커뮤니케이션 멜
> (나드리 화장품 멜)

(2) 고유어와 외래어의 혼용

광고에서는 고유어와 외래어를 혼용함으로써 우리의 관심을 끌려고 하는 겸우가 많이 있다. 예문 (26)과 (27)에서는 알파벳과 국어 표기의 혼용이 나타나 있으며, (28)에서는 허시파피라는 브랜드명을 한자로 표기하고 있다.

> (26) e 비즈니스, 어떤 꿈을 꾸십니까?(IBM)
> (27) I-프랜드(현주 컴퓨터)
> (28) 許試波避 合格祈願(허시파피)

---

4) 맞춤법 파괴 현상이 나타나는 곳에서는 비표준어의 사용, 특히 비속어나 은어의 사용도 흔히 나타나고 있다. 이 예에서는 '우띠'라는 비속어가 나타나고 있다.

(3) 신조어의 사용

광고에서는 신조어를 사용함으로써 사람들의 주의를 끌려고 한다. 신조어를 만드는 방식은 다양하게 나타나는데, 고유어만이 아닌 한자어나 영어를 사용해서 신조어를 만드는 방식도 흔히 사용되곤 한다. (29)에서는 '즐겁게 리얼딕 세이라는 전자 사전을 사용하자.'는 의미로 '즐딕'이라는 새로운 단어를 만들어서 사용하고 있으며, (30)에서는 이리저리 사방으로 통한다는 의미의 한자성어인 '四通八達'이나 '四通五達'에서 새로운 단어인 '오통팔달'을 만들어 사용하고 있다. (31)과 (32)에서는 한자와 영어를 함께 사용해서 새로운 단어를 만들어 내고 있는데, (31)에서는 영어 '하이'와 한자어 '모'를 합성해서 새로운 단어 만들어 사용하고 있으며, (32)에서는 한자어 '모'와 영어 'more'를 합성해서 새로운 단어 만들어 내었다. 특히 (32)의 '모앤모아'는 '毛 & more'라고도 표기되는 것을 볼 수 있다.

> (29) 즐거운 사전 리얼딕 세이로 즐딕하자!(리얼딕 세이)
> (30) 五通八達(두산 엔싸이버디럭스)
> (31) 심는 가발 하이모(하이모)
> (32) 특허받은 기술 LG 모앤모아가 탈모 방지는 물론 모발 성장까지 책임집니다.
> (LG 생활건강)

3.3. 다양한 문장 구조의 사용

우리말의 문장 구조는 문법적으로 평서문, 의문문, 명령문, 청유문, 감탄문의 다섯 가지 유형으로 나눌 수 있다. 이러한 문장 구조는 말하는 사람의 심리적 태도를 표시하는 서법(mood)의 기능을 지니고 있기에, 광고에서 어떤 문장 구조를 사용했는가는 중요한 의미를 지닌다. 광고는 궁극적으로 소비자를 설득하는 데 목적을 두고, 그 의도를 효과적으로 달성할 수 있는 문장을 구성하기 위해 노력한다.

그리고 광고에는 표면적으로 드러나지 않은, 숨겨진 가정과 목적이 다양한 문장 구조를 통해 표현되고 있다. 이러한 숨겨진 가정을 잘 파악한다면 광고 생산자가 의도한 바가 무엇인지를 정확하게 이해할 수 있을 것이다. 숨겨진 가정에 주의를 기울이면서 광고에 사용된 다양한 문장 구조를 살펴보겠다.

(1) 평서문

평서문은 서법상으로 볼 때 말하는 사람의 주관적 태도가 가장 적게 개입된 무표적인 문장이라고 할 수 있다. 광고에서는 평서문의 사용을 통해 감정의 개입을 피하면서 대상에 대해 사실적으로 표현하거나 자신의 생각을 정확하게 드러내는 효과를 기대할 수 있다.

광고는 본질적으로 광고 속의 화자와 청자로서의 소비자의 대화라고 할 수 있기 때문에 대화의 상태에 따라서 다양한 상대 높임법 형태가 사용되고 있다. (33)에서는 격식체의 '-습니다' 형태가 사용되고 있으며, (34)에서는 비격식체의 '-요' 형태가 사용되고 있다. 특히 '-요' 형태는 친밀감과 부드러움을 주기 위해서 여성 모델이 화자로 등장하거나, 여성 소비자를 소구 대상으로 하는 제품에서 주로 쓰이고 있다. 그런데 (35)의 경우에서처럼 소비자와의 대화 상황이 아닌 광고 속 화자의 독백적인 장면을 설정한 경우에는 '-는다' 형태가 쓰이기도 한다. 광고의 화자와 청자의 관계에서 변화가 일어나기도 하는데, 이는 상대높임법 형태를 통해 드러난다. (36)에서는 상대 높임법의 어미가 '-는다'에서부터 높임의 형태로 변화했음을 볼 수 있는데, 이를 통해 화자와 청자와 관계가 처음에는 화자의 독백적 장면이었는데 점차 소비자와의 대화 상황으로 변화했음을 알 수 있다.

(33) 아이들은 졸업하지만 우리는 졸업하지 않습니다. 아이들의 재능을 키우는 일이 미래를 키우는 일이기에 스스로교육은 멈출 수 없습니다.(재능교육)

(34) 하기스 골드가 더 좋아졌어요. 허리가 편안한 매직 벨트에 알로에와 바세린 로션 성분이 첨가된 피부 보호막까지. 훨씬 편안해요.(하기스)

(35) 내가 잠들어도 비타민 씨는 잠들지 않아. 밤에 만나는 비타민 씨 엔시아 나이트 리페어. 아침이 기다려진다.(코리아나 엔시아)

(36) 계란을 한 바구니에 담지 말라. 싱싱한 계란만 골라서 따로 담아야 한다. 제일투자신탁증권이 안전하게 골라 드립니다.(제일투자신탁증권)

(2) 의문문

의문문은 광고에서 흔히 사용되는 문장의 형태이다. 의문문은 (37)의 경우에서처럼 화자들 사이에서 일어나는 경우도 있지만, 일반적으로 화자와 청자인 소비자 사이에서 사용된다. 때때로 광고에서의 의문문은 (38)의 '무슨 간장이냐구요? 오복이요. 오복.'의 경우에서처럼 청자인 소비자가 실제로 하지 않은 질문을 한 듯이 가정을 해서 되묻고 이에 대한 답을 제공하는 방식으로 사용되기도 한다. 광고에서 의문문이 사용되는 경우 광고 속 화자와 소비자간의 직접적인 대화를 통한 상호작용이 가능하게 됨으로써 소비자가 광고의 내용에 보다 많이 관심을 가지게 하는 효과를 거둘 수 있다.

또 광고에서 의문문은 질문을 한 내용을 기정 사실로 만들어 버리는 효과를 거둘 수 있다. (40)에서 '티슈보다 길이가 짧은 일부 화장지 때문에 속상하시죠?'라는 질문을 했는데, 이 질문을 통해서 '일부 화장지는 티슈보다 길이가 짧고 그것 때문에 속이 상하다.'는 내용을 이미 기정 사실로 만들어 버렸다. 그리고 이 질문에 대한 '뽀삐플러스라면 마음놓으세요.'라는 답을 통해서 '뽀삐플러스는 티슈보다 길이가 짧지 않고 따라서 당신을 속상하지 않게 할 것이다.'는 내용을 전달하고 있다. (41)에서는 '비트니까 다르죠?'라는 질문을 했는데, 이 질문 속에는 '소비자는 이미 비트를 사용해 보았고, 비트로 빨래를 했을 경우 다른 세제와는 달리 빨래가 누래지지 않고 언제나 새것같이 깨끗하다.'는 내용이 함축되어 있다.

> (37) 여 : 승우씨 어떤 색이 유행일까? 이 색?
> 　　　 남 : 삼성몰이 추천하는 건 어때?(삼성몰)
> (38) 살다 보니 별일 다 있죠 간장이 특허를 받았데요 오염물질을 깨끗하게 제거해서 받은 특허래요 무슨 간장이냐구요? 오복이요 오복.(오복간장)
> (39) 티슈보다 길이가 짧은 일부 화장지 때문에 속상하시죠? 뽀삐플러스라면 마음놓으세요(유한 킴벌리)
> (40) 빨래도 나이가 드나봐요 빨수록 누래지는 게. 비트로 한 번 빨아보세요 비트니까 다르죠?(제일제당 비트)

(3) 명령문

광고에서 명령문은 의문문과 마찬가지로 화자와 청자인 시청자 사이에서 직접적인 상호작용이 일어나는 듯한 효과를 주기에 적절한 문장의 형태이다. 광고에서 명령문이 사용되는 경우 주어가 생략된 경우가 많은데, 이 경우 생략된 주어는 시청자인 것이 일반적이다. (41)에서는 '디지털 금융으로 앞서가는 삼성증권과 함께 하십시오.'라는 명령문이, (42)에서는 '이제 2000년 봄을 풍부한 구리빛 칼라로 염색하세요.'라는 명령문이 사용되었는데 이 두 문장에서는 모두 주어가 생략되어 있다. 이 두 경우 모두 생략된 주어는 시청자로 볼 수 있다.

광고의 목적을 생각해 보면 광고에서 명령문의 사용이 많이 나타나는 이유를 쉽게 짐작할 수 있다. 광고는 그 목적이 소비자의 태도나 행동을 변화시키는 데 있는 설득적 커뮤니케이션이기에 명령문의 사용을 통해 소비자에게 직접적으로 변화를 촉구하도록 하는 데 적합하다.

> (41) 디지털, 이 한 마디에 우리 금융의 미래가 걸려 있습니다. 디지털 금융으로 앞서가는 삼성증권과 함께 하십시오.(삼성증권)
> (42) 로레알로 염색하면서 둘 다 잡았어요. 보호 성분이 강화된 새로워진 엑살렝스 크림. 이제 2000년 봄을 풍부한 구리빛 칼라로 염색하세요.(로레알)

(4) 청유문

청유문은 화자와 청자기 함께 이떤 행동을 힐 것을 요칭하는 형식의 문장으로, 명령문에 비해서는 보다 부드러운 느낌을 준다. 청유문의 형태는 (43)이나 (44)에서와 같이 '-자' 형태가 사용된 경우와 (45)에서와 같이 '-ㅂ 시다' 형태가 사용된 경우가 함께 보인다. '-자' 형태가 사용된 경우에는 화자 스스로가 다짐하는 형식을 취하고 있는데 이러한 형태를 통해 청자에게 보다 간접적으로 권유를 하고 있음을 알 수 있다. '-ㅂ 시다'의 형태는 청자와의 직접적인 대화 상황에서 청자와 화자의 동시적 행동을 촉발하는 형식으로 나타나고 있다.

(43) 빨강은 빨강으로 파랑은 파랑으로 초록도 노랑도 제 색깔을 드러내자.
   (후지 필름)

(44) 나를 사랑하자.(아모레 라네즈)

(45) 깨끗한 세상에서 부드럽게 살고 싶습니다. 부드러운 나라 기분 좋은 나라. 새
   천년은 깨끗한 나라를 만듭시다.(대한펄프 깨끗한 나라)

(5) 감탄문

감탄문은 화자와 청자의 대화 상황에서가 아니라 청자를 구경꾼의 입장에
둔 채 화자가 자신의 감정을 토로하기 위한 방식으로 사용하는 문장의 형태이
다. 광고문에 감탄문이 쓰인 경우 시청자에게 직접적인 강요를 하는 대신 화자
의 표현을 통해 화자의 감정에 공감을 느끼도록 하기 위해 사용한 것이다. 따
라서 감탄문이 효율적으로 사용되었을 경우 시청자는 거부감을 덜 느끼고 자
연스럽게 화자의 의도에 따르도록 하는 효과를 기대할 수 있다.

(46) 수동보다 기름이 덜 먹는 자동차, 마티즈! 마술이다, 마술!(마티즈)

(47) 음, 실력이 날로 하늘을 찌르는구나!(웅진 씽크빅)

3.4. 다양한 수사학적 표현의 사용

우리 주변에 쏟아지는 광고의 홍수 속에서 광고 제작자들은 자신이 만든 광
고가 소비자의 관심을 끌고 오래 기억되도록 하기 위해서 다양한 수사학적 표
현을 사용하고 있다. 수사학적 표현이란 문자 그대로 해석해서는 정확하게 의
미가 전달되지 않는 종류의 언어 표현을 의미한다.

원래 수사학적 표현은 시의 언어에서 많이 사용되어 왔지만 오늘날에는 광
고에서도 사용이 늘어가고 있다. 이렇게 광고에서 수사학적 표현의 사용이 늘
어가는 이유는 다음의 세 가지로 요약해서 생각할 수 있다(McQuarrie & Mick,
1996; 이현우, 1998). 첫째 수사학적 표현은 본질적으로 언어의 문자적 의미에서
의 파격을 의미하는데, 이러한 예술적 파격은 소비자에게 숨겨진 의미를 찾게
하는 동기 부여의 역할을 하여 정보의 홍수에 지친 소비자들의 주의를 끌 수

있다. 둘째 수사학적 기법을 사용하고 있는 광고언어의 독특한 표현은 소비자들을 긍정적으로 자극시켜 광고에 대해 우호적 태도와 반응을 일으키게 할 수 있다. 셋째 수사학적 표현은 본질적으로 의미의 불완전성을 띠고 있기에 소비자들은 광고 언어의 의미를 스스로 완성하는 일을 수행해야 한다. 이 과정에서 소비자들은 인지적 노력을 사용하게 되는데 이는 결과적으로 광고에 대한 기억을 촉진시키게 된다. 본 장에서는 광고에서 이러한 효과를 기하기 위해 수사학적 표현을 어떻게 사용하고 있는지를 실제 광고 자료를 중심으로 고찰해 보겠다.

(1) 반복법

운율적 효과의 사용 부분에서 살펴본 바와 같이 반복은 운율적 차원에서 이용될 수도 있지만, 구나 문장 구조 사이에서도 사용될 수 있다. 반복 표현은 문장의 처음과 끝 등 문장의 여러 부분에서 나타날 수 있으며, 문장 구조 자체가 반복되는 경우도 있다.

> (48) 깐깐한 물, 깐깐한 서비스(웅진 코웨이 정수기)
>
> (49) 예쁘게 바뀌었어요, 카렌스 멋지게 바뀌었어요, 카렌스 편안하게 바뀌었어요, 카렌스(기아 자동차 카렌스)
>
> (50) 인터넷을 가장 잘 아는 기업, 사이버 세상을 이끌어 가는 기업.(한국통신)
>
> (51) 나는 열여덟살이다. 나는 018이다. 나는 만팔천원이다.(018)
>
> (52) "차는 오래 타도 싫증나지 않아야 한다" SM5의 생각입니다!
> '마리 이야기' 작곡가·기타리스트 이병우씨도 SM5의 생각에 동의하셨습니다.(삼성르노 자동차 SM5)
>
> (53) "차는 오래 타도 싫증나지 않아야 한다" SM5의 생각입니다!
> 서양화가 정용근씨도 SM5의 생각에 동의하셨습니다.(삼성르노 자동차 SM5)

(48)에서는 '깐깐한'이라는 표현이 문장의 첫 부분에서 반복적으로 나타남으로써 웅진 코웨이 정수기의 특성을 각인시키고 있다. (49)에서는 '바뀌었어요'라는 표현이 문장의 끝 부분에서 반복적으로 나타남으로써 기아 카렌스 자동

차가 변화했다는 특성을 강조하고 있다. (50)과 (51)은 문장 구조가 반복된 경우인데, 이를 대구법이라고도 한다. (50)에서는 '-을 -는 기업'이라는 문장 구조가 반복되었으며, (51)에서는 '나는 -이다'라는 문장 구조가 반복적으로 사용되었다. (52)와 (53)은 동일한 자동차의 시리즈 광고이다. 이 광고 자체는 반복법이 사용되지 않았지만 시리즈 전체에 걸쳐서 동일한 문장 구조와 동일한 유형의 인물 즉 사회적으로 성공한 사람을 실음으로써 반복적 효과를 얻고 있다.

(2) 대조법

광고에서는 서로 대조되는 의미를 지닌 단어를 함께 배열함으로써 극적인 반전 효과를 일으키려고 한다. 이러한 수사법을 대조법이라고 할 수 있는데, 실제 광고 자료를 살펴보면 대구적인 문장 구조 속에 함께 나타나는 경우가 많음을 볼 수 있다.

> (54) 내가 잠들어도 비타민 C는 잠들지 않아.(코리아나 엔시아)
> (55) 난, 사치는 모른다. 그러나 가치는 안다.(CEFINO)
> (56) 밖은 황사 바람, 안은 청정 바람(웅진 케어스)
> (57) 꽃다발은 하루면 시들지만 마음은 시들지 않습니다. 꽃다발은 버릴 수 있지만
> 마음은 버릴 수가 없습니다. 마음을 전하세요(음성녹음 전화번호 700-5425)

(3) 생략법

광고에서는 특정 부분을 의도적으로 빠뜨림으로써 소비자가 직접 그 부분을 채워넣게 하는 생략법을 흔히 사용한다. 광고에 수사적 표현이 사용되는 이유에서 살펴본 바와 같이, 생략법의 사용은 소비자의 관여 정도를 높임으로써 흥미를 주고, 그 해결을 위해 인지적 노력을 기울이게 함으로써 기억을 높여준다는 데서 효과를 찾아볼 수 있다. 생략법은 생략되는 요소가 단어, 구, 절 등으로 다양하게 나타날 수 있으며, 생략된 요소가 무엇인지를 찾을 수 있는 방식, 즉 그 회복 가능성을 중심으로 볼 때 문맥적 생략, 소통상황적 생략, 개념적 생략으로 나타난다. 문맥적 생략은 언어적 문맥에서 생략된 요소를 회복할 수

있는 생략이며, 소통상황적 생략은 의사소통의 상황 요인에 의해서 생략이 일어나는 것을 의미하며, 개념적 생략은 생략된 내용의 지시 대상을 화자 또는 청자의 선행 지식 체계에서 찾을 수 있는 것이다.

(58) 자막 : 코닥 맥스 400필름 기준시
    남   : 필름 하나로 언제나 멋진 사진을 찍고 싶으세요?
        새로 나온 코닥 맥스라면 가능합니다.
        맑은 날도 흐린 날도 움직여도 서 있어도 코닥 맥스 하나로 충분합니다.
        (코닥 필름)
(59) 여   : 아직도 가구에 맞춰 사세요?
        전 제게 맞춰요
    남 : 맞춤 가구 리바트 붙박이 장.
    여 : 이사 걱정요?
        리바트가 알아서 해 드려요
    남 : 리바트
    여 : 맞추세요
        (리바트 가구)
(60) 여   : 사장님, 국제 전화예요
    남 1 : 여보세요, 어, 브라운.
    남 2 : 아! 우리 사장님 컴퓨터에 영어까지.
    남 1 : 아니, 이 사람아. 그건 필수지. 더 중요한 건 건강이야.
    함께 : 자 활기차게.
        (일양약품 원비디)

(58)에서 나타나는 '새로 나온 코닥 맥스라면 가능합니다.'에는 주어가 생략되어 있으며, '맑은 날도 흐린 날도 움직여도 서 있어도 코닥 맥스 하나로 충분합니다.'에는 부사어가 생략되어 있는데, 이는 선행 발화를 통해 회복 가능하다. 광고에서는 소통상황적 측면에서 보충될 수 있는 요소, 즉 화자 또는 청자에 관련된 요인이 흔히 생략되어 나타난다. 그런데 광고 텍스트에는 화면에 제시된 화자와 청자 외에 시청자가 또 다른 청자로 개입하면서 소통상황이 이중적 구조를 이루고 있다. 모델이 시청자와 대화를 하는 식으로 구성되어 있는

(59)의 '아직도 가구에 맞춰 사세요?'라는 발화에서는 주어가 생략되어 있는데, 그 주어는 청자인 시청자이다. (60)에 나타나는 '우리 사장님 컴퓨터에 영어까지'라는 발화에는 서술어가 생략되어 있는데, 이 서술어는 언어 사용자의 선행지식을 통해 회복이 가능하다. 또 '자 활기차게'라는 발화에는 주어와 서술어가 생략되어 있는데, 주어는 의사소통의 상황맥락을 통해서, 서술어는 언어 사용자의 선행지식을 통해 개념적으로 회복이 가능하다. 그리고 '더 중요한 건 건강이야.'라는 발화에는 비교의 대상이 되는 부사어가 필요한데 이것 역시 언어 사용자의 선행 지식에서 회복이 가능하다.

(4) 직유법과 은유법

광고에서는 기업의 이미지나 제품의 속성을 보다 잘 드러내기 위해 직유법이나 은유법과 같은 수사적 기법을 많이 사용하고 있다. 직유법은 '같이'나 '처럼'과 같은 연결어를 사용하여 직접 두 개의 대상을 비교하는 수사법으로, 사람들이 잘 알고 있는 대상에 빗대어 표현함으로써 제품이나 기업의 이미지를 보다 강력하게 전달할 수 있다는 이점이 있다. 직유법을 사용한 광고 중 아모레 화장품 광고에 사용되었던 '산소같은 여자'라는 표현은 광고 모델의 이미지와 결합되면서 마몽드라는 브랜드의 이미지를 강력하게 부각시켰다.

> (61) 매일 커피향 속에서 눈뜨게 해줄게. 당신은 여왕처럼 마시는 거구.
> (동서식품 맥심)
> (62) 내 차가 새 차처럼 젊어진다.(한국 크로락스 아머올, STP)

커피 광고인 (61)에서는 '당신은 여왕처럼 마시는 거구'라는 직유법을 사용한 표현을 통해서 광고 모델인 심은하, 그리고 나아가서 소비자가 맥심 커피를 마실 때 여왕처럼 품위 있고 부드러운 모습이 된다는 점을 보여주고 있다. 그리고 차량 세정제인 아머올 STP 광고에서는 '내 차가 새 차처럼 젊어진다'라는 직유법을 사용했는데, 이를 통해서 이 상품을 사용하면 몇 년을 타도 내 차가 새 차처럼 광택이 살아 있고 생생한 차가 된다는 점을 직접적으로 드러내고 있다.

은유법은 직유법처럼 직접적인 연결어 없이 'A는 B이다'의 형식을 통해 두 대상의 공통점을 유추하게 하는 기능을 하는 수사법이다. 은유법은 직유법처럼 직접적인 연결어가 사용되지 않았기 때문에 의미 파악이 보다 힘들 수도 있지만, 간결한 형식 속에 풍부한 의미를 담아 낼 수 있다는 이점이 있다. '침대는 가구가 아닙니다. 과학입니다.'라는 은유를 이용한 에이스 가구의 광고는 유행어가 되면서 초등학생들은 '다음 중 가구가 아닌 것은?'이라는 시험 문제에서 '침대'라는 답을 골라낸다는 우스개 소리까지 나오게 되었다.

> (63) 휴가는 또 하나의 외출이다.(현대백화점)
> (64) 돈은 사람입니다.(미래에셋 투신운용)

'휴가는 또 하나의 외출이다'에서는 은유법을 통해 '휴가'를 '또 하나의 외출'로 표현했다. 그리고 그 의미에 대해서 '휴가는 삶에서 벗어나는 것이 아니다. 내 삶을 화려하게 즐기는 또 하나의 외출. 그것이 그들과 다른 나만의 휴가이다. 나의 외출이 시작되는 곳-현대 백화점.'이라는 설명을 제시하였다. 즉 휴가를 일상적인 탈출의 의미에서가 아닌 화려한 외출로 보고 그 준비를 백화점에서 시작할 것을 권고하고 있는 것이다. '돈은 사람입니다'라는 광고는 투신운용사의 사원 모집 광고인데 여기서는 역시 은유법을 통해 '돈'과 '사람'을 연결시키고 있다. 이러한 은유적 표현의 의미에 대해서 이 광고에서는 '바르게 키워서 바르게 쓸 때 돈은 사람처럼 가치 있습니다.'라고 설명을 제시하고 있다.

(5) 과장법과 반어법

사실보다 크거나 혹은 작게 표현하는 수사적 기법을 과장법이라고 한다. 수많은 상품들이 쏟아져 나오는 현 상황에서 자신의 상품을 부각시키고 소비자들의 관심을 끌기 위해서 과장법이 사용된다고 볼 수 있는데, 너무 심한 과장법이 사용된 경우 소비자들을 오도할 위험이 있다.

   (65) 미술학원에 다니지 않아도 미술에 소질이 없어도 김충원의 그림교실은 이렇게
       멋진 그림을 그릴 수 있게 해 줍니다.(유니키드 김충원의 그림교실)
   (66) 꼼짝 않던 등수가 단순에 정상으로(대양이엔씨 엠씨스퀘어)
   (67) 이 맛이 진짜다!(하이트 프라임 맥주)
   (68) 차별하자 오렌지 쥬스의 순수함(매일유업 썬업리치)

   예 (65)와 (66)을 보면, 미술학원에 다니지 않아도 미술에 소질이 없어도 김충원의 그림 교실만 다니면 멋진 그림을 그릴 수 있으며 엠씨스퀘어만 사용하면 꼼짝 않던 등수가 정상권으로 올라 갈 수 있다는 과장된 내용이 나타나 있다. 우리나라 학부모들의 교육열을 생각해 보면 이러한 광고가 가져올 효과는 쉽게 짐작할 수 있다. (67)과 (68)은 음료 및 주류 광고인데, 하이트 프라임 맥주만이 진짜 맥주 맛을 내고 있으며, 썬업리치만이 다른 오렌지 쥬스와는 차별된 순수한 오렌지 쥬스라는 과장된 내용을 담고 있다.

   단어나 문장이 원래 지니고 있는 의미와 반대로 사용된 경우를 반어법이라고 한다. 반어법이 사용된 경우 소비자가 지니고 있던 해석의 방향에 위배됨으로 인해 보다 많은 관심을 끌 수 있다는 이점이 있다.

   (69) 미국에는 컴퓨터가 없다.(샤프전자 리얼딕)
   (70) TV님 죄송합니다.(KT프리텔)

   (69)와 (70)에는 반어적 표현이 나타나 있다. '미국에는 컴퓨터가 없다'라는 카피는 '어떻게 그런 일이 있을 수 있지?'하고 고개를 갸웃하게 만든다. 그런데 그 뒤에 "'컴퓨터'가 아니라 '컴퓨러' 이것이 진짜 미국 발음. 정통 미국식 발음 Tru Voice™를 국내 유일하게 채택한 샤프 전자 사전 — 미국 본토 발음 그대로 태어났습니다."라는 서브카피가 제시되어 있다. 이를 통해 볼 때 이 광고에서 담고 있는 것은 미국의 발음에 관한 것이며 이를 통해 자기 제품의 우수성을 강조하고 있는 것이다. 'TV님 죄송합니다'라는 광고에서는 웃는 얼굴로 핸드폰을 손에 든 채 TV에 인사하고 있는 모델의 모습이 나타나 있으며 '무선 인터넷 magic-n에 푹 빠져서 단신과 내가 더욱 멀어지게 생겼네요.'라는 서브카피가 나타나 있다. 모델의 표정으로 볼 때 이것은 미안해하는 모습으로

볼 수 없으며, 오히려 무선 인터넷의 사용으로 인해 즐거워하는 모습으로 해석할 수 있을 것이다.

4. 광고 언어의 이용 방향

현대 사회에서 우리는 자신이 원하든 원하지 않든 상관없이 끝없이 광고에 노출되어 있다. 그리고 그 속에서 우리는 광고를 매체로 이루어지는 계속적인 의사소통 과정을 경험하고 있다. 누군가 나에게 광고를 통해서 자신이 하고 싶은 이야기를 하고 있는데, 이것을 어떻게 이해하고 받아들이는지는 우리의 삶의 방식에 결정적 영향을 미치게 될 것이다.

우리는 과연 광고를 어떻게 받아들여야 할까? 이해라는 측면에서 광고에 접근할 때 먼저 생각할 수 있는 점은 광고가 지니고 있는 여러 가지 특성들을 정확하게 판단하는 비판적 이해 활동을 수행할 수 있어야 한다는 것이다. 예를 들어보면, 앞에서도 논의해 본 바와 같이 광고에는 소비자들의 주의를 끌기 위해서 다양한 언어적 일탈 현상이 나타나 있으며, 이데올로기적 측면에서 지배 계층 또는 특정 집단의 가치관이 나타나 있는 것을 볼 수 있다. 극단적으로 표현하면, 광고는 문화적으로는 이데올로기의 전파자로서 현대 자본주의의 지배적 이념을 전파하는 기능을 지닌 것으로, 목적을 위해서는 언어 규범에서 벗어난 언어적 표현을 의도적으로 사용해서 언어의 규범을 파괴하고 국어를 오염시키는 역할을 하고 있다는 비판이 가능하다. 이러한 현상을 찾아서 이를 정확하게 비판적으로 이해할 수 있는 것이 광고를 이해하는 첫 단계라고 할 수 있다.

광고가 만들어지는 사회적 구조와 그 기능에 대해 생각해 보면 이러한 비판적 이해 활동이 왜 중요한지를 알 수 있다. 광고 생산자는 광고 소비자가 인지적, 정서적, 행동적 태도를 변화할 수 있도록 다양한 전략을 사용해서 광고텍스트를 구성한다. 우리가 접하는 결과로서의 광고물만이 아닌 전체적인 광고의 구성 과정 속에서 광고물을 바라보면 광고가 지닌 이러한 특성을 보다 정확하게 이해할 수 있다. 우리는 광고라고 하면 흔히 신문이나 방송에 나오는 광고물을 생각하기 쉽지만 이는 광고 구성 과정의 최종 산물로, 광고는 조사, 전략적 계획, 전술적 결정, 최종적인 메시지의 형성·배치 등과 관련된 공식적·비공식적 의사결정 과정의 산물이라고 할 수 있으며, 이러한 결정의 과정에는 사회 구조의 다양한 요소가 관련되어 있다. McQuail은 사회적 힘의 관계에서 미디어 조직을 논의했는데, 이에 따르면 기술적인 요소를 수반한 전문인들의 집합체로서의 미디어는 다양한 경제적 요소, 사회적 및 정치적 요소, 사회에서 발생하는 사건, 그리고 수용자들과 상호 작용을 하는 것으로 볼 수 있다[5].

그렇다면 광고를 통한 의사소통 과정에서 우리는 어떠한 역할을 할 수 있을까? 일상 생활에서 하나의 광고를 보고 친구들과 그 광고에 대해 이야기해 볼 때, 같은 광고를 전혀 다른 의미로 해석하는 경우를 경험해 본 경우가 있을 것이다. 이러한 현상은 광고의 의미는 광고를 받아들이는 사람의 인지적, 정의적 특성과 분리되어서 존재할 수 없다는 것을 보여준다. 광고 생산자가 광고텍스트를 통해서 어떤 의미를 수용자에게 전달하려고 할지라도 생산자가 의도한 대로 수용자에게 설득적 효과가 나타나지는 않는다. 물론 그 이유는 광고텍스트의 구성이 잘못 되었거나 전달하는 매체가 잘못 선정되어서일 수도 있다. 그렇지만 동일한 매체를 통해 동일한 광고텍스트가 제시되었다고 해도 수용자가 일으키는 반응은 각기 다르다. 즉 우리는 하나의 광고를 보면서 동일한 반응을 일으키지는 않으며, 그 원인은 수용자의 인지적, 정의적 상태에 있는 것이다.

Kotler[6]는 광고 이해에 영향을 미치는 수용자 관련 요인을 20가지 이상 열거하면서, 그것을 크게 ① 사회경제적 요인(연령, 성별, 교육정도, 수입정도, 직업, 종교, 가족관계, 사회계층, 소속집단, 준거집단, 종족, 국적 및 문화적 요인 등), ② 지리적 요인(거주지역, 그 지역의 크기와 인구밀도, 기후 등), ③ 심리적 요인(동기, 성격, 피설득 성향, 태도, 가치관, 흥미) 및 ④ 기타 요인(독서 습관, 방송 시청 습관, 메시지에의 노출 경험 등)의 네 가지 유형으로 나누었다. 이렇게 본다면 광고 수용자는 선택적 노출(selective exposure), 선택적 주목(selective attention), 선택적 지각

---

5) 김홍규 역(1996) 참조
6) 차배근 외(1992) 참조

(selective perception), 선택적 기억(selective retention)의 과정을 거쳐서 광고를 받아들이며, 이 과정에는 수용자는 능동적인 역할을 하고 있는 것이다. 이러한 수용자가 가진 능동성을 인정한다면 광고를 이해하는 데 있어서 수용자에 따른 이해의 다양성이 열려 있다는 점을 알 수 있다.

광고 언어에 대해서 비판적 이해가 필요하다고 했는데, 그렇다면 우리는 모든 광고를 이러한 비판적 이해의 시각에서만 보아야 할까? 광고를 보면서 즐겁다 또는 재미있다는 생각을 해 본 경험이 있을 것이다. 그렇다면 이는 광고를 볼 때 피해야 할 태도일까? 우리가 언어 자료를 볼 때에는 인지적 측면에서 그것을 이해하는 데 목적을 두기도 하지만 한 편으로는 정의적인 측면에 목적을 두는 경우도 있다. 이는 광고텍스트에 있어서도 마찬가지이다. 이렇게 본다면 광고를 받아들일 때 우리는 두 가지 시각을 함께 가지는 것이 필요하다.

첫째는 앞에서도 논의한 바와 같이 인지적 이해의 대상으로 광고를 보는 것으로, 이러한 관점에 섰을 때 우리는 이데올로기의 생산자라는 관점에서 광고를 보면서 어떻게 광고가 이데올로기를 전달하며 어떻게 수용자는 여기서 자유로울 수 있는가를 살피는 것이다. 즉 광고 생산자는 광고를 통해 수용자에게 심리적 변용 과정을 의도하는데, 수용자는 광고 기호를 수동적으로 수용하는 것이 아니라, 광고 생산자의 의도가 어떻게 기호적으로 표현되어 있는가를 정확하게 해석하고 이해해야 한다. 이러한 측면에서는 수용자에게 있어서 가장 필요한 부분은 정확하게 광고의 의도를 해석하고 이를 자신의 시각에 따라 이해하는 것이다.

둘째는 정서적 반응의 대상으로 광고를 보는 것으로, 여기에서는 광고를 하나의 흥미있는 언어 자료로서 보면서 언어 사용자들이 광고를 생활 속에서 즐기면서 접근할 수 있는 대상으로 보는 것이다. 지금까지 광고텍스트의 이해를 바라볼 때는 인지적 이해의 대상으로 보는 관점이 주를 이루어 왔지만, 우리는 광고를 바라볼 때 광고는 생활의 한 부분을 이루고 있는 즐거운 활동이라는 또 하나의 중요한 측면을 간과해서는 안 된다. 많은 경우 우리는 심각하게 의식하지 않은 채 광고를 통해 광범위한 감성적인 자극을 받으며 편안하고 즐거운 느낌을 받게 된다. 즉 우리는 광고를 하나의 언어 자료로서 즐기는 것이다. 이러한 특성은 젊은 세대에게 더 많이 나타난다. 그들은 TV를 보다가 광고가 나오면 채널을 돌리지 않고 광고 자체를 또 하나의 영상 자극으로 즐기곤 한다.

우리는 흔히 광고가 지닌 다양한 기능 중 경제적 기능, 그리고 그 중에서도 마케팅의 측면을 중심으로 광고를 보면서 그 부정적인 영향을 이야기하곤 한다. 그렇지만 광고에서의 수용자는 수동적인 수용자만이 아니라, 능동적인 역할을 수행하는 주체이며, 광고는 다양한 즐거움과 흥미를 제공해 주고, 이를 통해서 사회의 문화적 구조를 인식하게 하고 나아가 이를 변화하게 하는 문화적 기능을 수행한다. 따라서 광고를 볼 때는 한 면만이 아니라, 이러한 의사소통의 다양한 측면에서 광고가 지닌 총체성을 고려한 접근이 필요하다. 광고에 대해 의사소통이라는 측면에서 생각할 때 우리는 주로 이해라는 측면에 중점을 두고 사고를 전개해 왔다. 그런데 모든 의사소통의 과정에는 발신자와 수신자라는 두 유형의 참여자가 있으며, 이는 광고의 경우에도 마찬가지이다. 즉 우리는 광고를 통해 이를 이해하는 과정과 이를 생산해 가는 생산자의 입장에 함께 놓여 있는 것이다. 광고를 볼 때 지금까지 수용의 대상, 즉 이해의 대상으로서 광고를 보는 것이 주류를 이루어 온 이유는 광고텍스트가 속한 대중 커뮤니케이션을 다른 커뮤니케이션과는 상이한 관점에서 바라본 데서 찾을 수 있다.

의사소통을 수준(level)에 따라 나누어 보면, 한 개인이 혼자 말하고 생각하는 대내적 의사소통(intrapersonal communication), 개인과 개인 사이에 이루어지는 대인적 의사소통(interpersonal communication), 소규모 집단 또는 조직에서 일어나는 집단 또는 조직 의사소통(group/organizational communication), 공중을 대상으로 하며 대중 매체의 중재에 의한 대중 의사소통(mass communication)으로 나눌 수 있다. 대중 의사소통은 다른 수준의 의사소통과 비교해 볼 때, 사회적 차원에서 대중 매체를 매개로 해서 이루어지며, 수신자의 규모가 크며, 발신자는 전문 제작자 집단 또는 조직화된 언론 기업이 된다는 특징을 보인다. 그런데 대중 의사소통이 이러한 특징을 지니지만, 그렇다고 해서 다른 수준의 의사소통과 본질적으로 다른 것은 아니다. 각 수준의 의사소통은 각각의 상황에 따른 특징들을 지니고 있지만 이들 모두는 의사소통으로서의 근본적인 개념과 과정들을 공유하고 있다.

지금까지 수용의 측면만을 강조하면서 광고텍스트를 보아온 데는 대중 의사소통이 지니는 특성인 발신자는 전문 제작자 집단 또는 조직화된 언론 기업이 된다는 것을 이유로 지적할 수 있다. 광고 발신자를 이렇게 본다면, 생산의 측면에서 광고를 접근하는 것은 광고 생산을 직업으로 하는 사람 또는 집단에 해당되는 일로, 일반인과는 관계가 없는 것이었다.

그렇지만 현대 사회에서 매체 환경이 변하면서 이제는 개인의 차원에서 대중 매체를 통한 의사소통의 생산자가 될 기회가 많아졌다. 새로운 유형의 대중 매체로 자리를 잡은 인터넷으로 인해 개인의 매체 활용 기회가 늘어나고 따라서 개인이 수용자로서의 기능 외에 광고 생산자로서의 기능을 수행하는 것이 가능했으며, 이러한 가능성은 매체의 발달에 따라 보다 증가하고 있다. 그리고 매체 이용 방식도 과거의 일방적 전달 중심에서 벗어나 쌍방향적 방식으로 발전해 가고 있기에 기존의 올드 미디어(old media)[7]에 대해서도 수용자의 참여가 가능해지고 있다. 이렇게 볼 때 앞으로 개인의 생산자로서의 기능은 보다 강화될 것임을 예견할 수 있다. 이런 점에서 본다면 광고에 대해서 지금까지 지녀왔던 수용이라는 한 방향만의 시각에서 벗어나서, 광고를 즐기고 스스로 광고의 아이디어를 만들고 표현해 보는 데 이르기까지의 다양한 방식으로 광고를 통한 의사소통 과정에 참여하는 방식으로 광고 언어를 보는 것이 필요할 것이다.

---

7) 뉴미디어와 올드미디어의 구별은 상대적인 것이다. 전파 매체가 발달됨으로써 신문과 같은 인쇄 매체가 올드미디어가 되었지만, 이제는 인터넷의 확산으로 전파 매체가 뉴미디어의 자리를 내어 놓고 올드미디어가 되고 있다.

참고 문헌

강상현·채백(1993), 대중매체의 이해와 활용, 한나래.

김선희(2000), "광고 언어의 다양한 쓰임과 그 특성", 한글 248.

김원수(1991), 광고학개론, 경문사.

김치수·김환희·김명숙·최은희(1998), "한국 상품 광고의 기호학적 분석", 기호학연구 4.

김혜숙(1999), "광고의 언어 표현 행위에 나타난 사회언어학적 특성", 사회언어학 7-2.

김혜숙(2000), "광고 언어의 국어교육적 수용 방안과 실제", 2000 한국국어교육연구회 가을 학술발표대회 논문집.

박수자(2000), "의사소통 매체와 언어표현의 특징", 국어교육학연구 10.

박인기 외(2000), 국어 교육과 미디어 텍스트, 삼지원.

신명선(2000), "광고 텍스트의 문화적 의미와 국어 교육", 국어교육 103.

신선경(1999), "TV 광고의 텍스트 언어학적 특성", 텍스트언어학 7.

안정임·전경란(1999), 미디어 교육의 이해, 한나래.

이광호(2001), "융합 텍스트의 분석을 위한 접근", 한국 텍스트과학의 제과제, 역락.

이은희(2000), "광고 언어의 생략 현상", 국어교육 103.

이은희(2002), "국어교육과 광고텍스트", 이중언어학 20.

이종철(1998), "대중 매체의 언어 메시지 교육 연구", 국어교육학연구 8.

이현우(1996), 광고와 언어, 커뮤니케이션북스

전병용(1999), 디지털 시대의 광고와 언어, 글로벌.

차배근 외(1992), 설득 커뮤니케이션 개론, 나남출판.

최미숙(1999), "정보화 시대의 국어 교과서 개발 방향: '매체(media)를 중심으로", 국어교육학연구 10.

최창섭(1994), "언론 매체와 교육", 언론학원론, 한국언론학회 편, 범우사.

한국언론정보학회 편(2000), 현대 사회와 매스 커뮤니케이션, 한울아카데미.

Craggs, C.E.(1992), *Media Education in the Primary School*, London: Routledge.

Croteau, D. & W. Hoynes, 전석호 역(2001), 미디어 소사이어티, 사계절.

Littlejohn, S.W., 김흥규 역(1996), 커뮤니케이션 이론, 나남출판.

McLuhan, M., 박정규 역(1997), 미디어의 이해, 커뮤니케이션북스

Ong, W. J., 이기우·임명진 역(1995), 구술문화와 문자문화, 문예출판사.

Renkema, J., 이원표 역(1997), 담화연구의 기초, 한국문화사.

Severin, W.J. & J.W.Tankard,Jr., 김흥규 외 역(1999), 현대 매스 커뮤니케이션 개론, 나남출판.

Twichell, J. B., 김철호 역(2001), 욕망, 광고, 소비의 문화사, 청년사.

인터넷의 글쓰기

1. 인터넷을 중심으로 한 글쓰기 문화의 변화

인터넷이란 컴퓨터와 컴퓨터가 서로 통신을 할 수 있도록 연결시켜 놓은 거대한 망이다. 인터넷을 중심으로 인류의 정보 교환은 비약적으로 발전했다. 만인이 만인에게 정보를 전달하고 만인으로부터 정보를 획득할 수 있는 정보 자유 시대가 열린 것이다. 인터넷의 발전은 글쓰기에 대한 근본 개념을 바꾸어 놓았다. 이러한 변화 상황을 크게 세 가지로 나누어 생각하여 보자.

① 글쓰기의 계층이 넓어지고 정보의 양이 폭발적으로 증가하면서 언어 표현이 간략해 졌다.
② 문어와 구어 사이의 구별을 넘어서 음성언어와 문자언어가 더욱 밀착되었다.

③ 글쓰기에 그림과 소리가 어울어지면서 문장 표현의 기능 변화가 시작되었다.

첫 번째 변화는 인터넷을 통해 시공간의 제약 없이 만인에게 공개되는 글쓰기가 가능해 지면서 많은 사람들이 정말로 많은 글들을 내놓게 되었다는 것에서 출발한다. 글쓰기는 인류의 오랜 관습이다. 인간은 글을 씀으로 끊임없이 자신을 객관화해 왔다. 고대의 사람들은 문자를 읽고 쓰는 능력이 매우 특별한 것이라고 생각하였다. 당시의 상형문자나 표어문자는 글을 쓰는 방법이 무척 어려웠기 때문에, 글을 안다는 것은 곧 독점적으로 정보를 생산하고 관리할 수 있다는 것을 의미했다. 그러나 알파벳과 같은 음소 문자의 출현, 구텐베르크의 인쇄 혁명 등의 역사적 변화는 글쓰기의 계층을 넓히는 계기가 되었다.

인터넷을 통해 대량의 정보가 유통되는 오늘날은 인쇄 혁명에 비할 수 없는 많은 문서들이 생산되고 있으며, 이에 따라 한 개인이 가질 수 있는 글쓰기의 범위도 넓어지게 되었다. 정보의 양이 방대해졌기 때문에 글쓰기의 형태는 점점 요약하고 핵심만 보여주는 방식으로 전환하게 되었다. 많은 산업체에서 문서 저작도구로 워드프로세서 대신 프레젠테이션 도구를 선호하고 있는 것은, 이전의 글쓰기와 같이 읽히기 위한 방식이 아니라 보여주기 위한 글쓰기를 지향하는 새로운 경향을 반영하고 있다.

이러한 경향으로 인해 간결한 문체와 두괄식 논리 전개가 글쓰기의 주류를 이루게 되었다. 앞서 언급한 대로 프리젠테이션 도구는 말 그대로 보여지기 위한 문서 저작 도구이다. 읽혀지기 위한 문서가 아니라 보여지기 위한 문서를 구성한다는 데에 이 도구의 특징이 있다. 이 도구로 저작된 문서는 한 페이지에는 길어야 10줄 정두를 채우는 것이 적당하다 대표적인 프리젠테이션 도구인 파워포인트는 얼마 전까지만 해도 소수의 사용자들만이 사용했으나, 이제는 거의 모든 기업 활동이 파워포인트 문서로 이루어지고 있다고 해도 과언이 아닐 만큼 보편화된 문서 저작 도구이다. 왜 파워포인트가 기업 활동에서 힘을 발휘하고 있는 것일까? 파워포인트는 과거 궤도 브리핑의 디지털화를 의미하기도 하지만, 이제까지 논의한 디지털 글쓰기의 특징을 잘 보여주기 때문이다. 프리젠테이션 도구는 짧은 글쓰기를 유도한다. 한 페이지의 문장 분량만 적을 뿐 아니라, 문서 전체에서 문장이 차지하는 분량도 적어지게 되었다. 한 문장도 될 수 있는 한 간결하게 표현하며, 이에 따라 명사문의 활용도가 점점 높아지게 되었다.

인터넷에서는 쪽지글도 빈번히 생산되는데, 특히 무선 인터넷에서 수행되는 쪽지글격인 문자 메세지는 간단한 문장 표현을 더욱 절실하게 요구하는 전형을 보여준다. 핵심적인 전달 사항만을 요약하려는 노력은 복잡한 감정을 단순한 그림으로 대체하여 표현하려는 요구로 발전하고 있다. 이전에는 전화나 대면을 통해 이루어질 수 있는 대화가 메신저를 이용한 채팅이나 간단한 이메일을 통해 이루어지고 있다는 것은 단순히 표현의 간략함을 넘어서 글쓰기의 폭이 넓어지고 있는 인터넷 시대의 특징을 잘 드러내 준다.

두 번째 변화는 음성 언어와 문자 언어의 구분이 모호해짐으로써 음성언어의 특징이 글쓰기에 간섭하게 되었다는 사실이다. 인터넷 채팅은 바로 음성 언어로 전달되는 정보가 문자 언어로 보여 지는 공간이다. ‘안녕하세요?’를 ‘안냐세여?’로 표현하는 따위가 그것이다. 채팅에서 등재어 행세를 하는 어구 표현들은 일상적인 글쓰기에서도 여과 없이 나타나는 경향마저 보이고 있는 것이다. 이 문제에 대해서는 다음 절에서 자세히 다루기로 하고 인터넷을 통한 글쓰기의 변화의 한 양상을 지적하는 것으로 그치겠다.

세 번째 변화는 글쓰기에서 글자와 그림, 혹은 음악이 조화되는 특징을 가진다는 것이다. 원고지에 글을 쓰는 것과 같은 아날로그 글쓰기에서는 할 수 없었던 여러 가지 효과가 인터넷을 통한 글쓰기에서는 얼마든지 가능하기 때문이다. 이메일을 통해 크리스마스카드를 보내는 것들이 전형적인 예가 될 것이다. 채팅을 주로 하는 신세대들은 이모티콘을 문장 사이에 삽입하여 의사소통의 효과적인 도구로 삼고 있다. 글쓰기에서 그것들은 이미 하나의 단어이며, 문장이다. 이런 점에서 한자나 기타 다른 외국 문자들도 글쓰기에서 비슷한 대우를 받는 기호 체계를 구성할 수 있다.

활판 인쇄 문명은 긴 글쓰기를 촉진하였다. 소설이라는 장르도 인쇄술의 발전으로 번성하게 되었을 것이다. 반면에 인터넷 글쓰기는 짧은 글쓰기를 촉진하고, 이로 인해 새로운 장르의 문학이나 예술 행위가 번성할 것이 예측된다. 짧은 호흡의 문체와 그림(기호)과 글자와 소리가 잘 조화되는 새로운 유형의 예술이 탄생하는 것도 기대할 수 있다. 원시 종합 예술의 특징은 노래하고 춤추는 일이 한 공간에서 진행된다는 것이다. 여기에는 문학, 미술, 음악 등의 모든 예술 장르가 망라되어 있다. 이런 관점에서 글과 그림과 음악이 어울어진 디지털 종합 예술도 생각해 봄직하다. 요즘 흔히 보는 뮤직 비디오를 보면, 이것이 확실히 디지털 종합 예술의 한 축을 이미 담당하고 있다고 볼 수 있다. 짧은 화면, 노래하고 춤추는 연기자와 가수, 그리고 노래에는 거의 주절거리는 랩이 있는 장르. 그래서 서정과 서사가 한 시공에서 표현되는 노랫말들이 쏟아져 나오고 있는 것이다.

앞서 언급한 프리젠테이션 도구에도 그림이나 음향의 삽입이 용이하다. 이를 통해 문장이나 단어를 여러 가지 방법으로 강조할 수 있게 되었다. 문장만으로 전달하는 것이 아니라, 시청각적 전 감각에 호소하는 방법을 더욱 더 찾게 된다. 글을 쓴다기 보다는 생각을 보여주는 도구인 셈이다. 이를 통하여 자신이 전달하려는 내용을 핵심만 전하려는 두괄식 논리 구조로 표현하는 글쓰기 방법이 강조되고 있음은 이미 지적한 대로이다.

글쓰기만으로 모든 것을 전달하려는 아날로그 글쓰기에서는 각종 수사법이 발전하게 되고, 자신의 생각을 충분히 전달하기 위한 여러 가지 표현법이 등장하지만, 디지털 도구에서는 일관된 문장 표현으로 자신의 생각이 여러 가지 굴절을 거치지 않고 즉자적으로 전달되도록 하는 것이 중요하다. 은유보다는 직설적 표현이 효과적이다. 아날로그에서 은유가 담당했던 요소들은 이제 그림과 배경음이 그 기능을 대신하고 있다. 은유는 표현을 극대화시키기도 하지만, 불필요한 오해를 불러일으키기도 한다. 아날로그 값에는 필연적으로 잡음이 있게 마련이기 때문이다. 그러나 디지털 정보에는 잡음이 없다. 손으로 쓴 글에는 그 필적에 쓴 사람의 성격과 글을 쓸 때의 마음 상태가 드러나지만, 인터넷 시대의 글쓰기에는 이러한 잡음이 없다. 대신에 짧은 문장에 많은 정보를 담으려는 노력이 강조된다.

인터넷에서의 글쓰기는 어쩌면 글쓰기의 인간적 향취를 앗아가는 역할을 수행하게 될 지도 모른다. 그러나 인간은 어떤 환경에서도 자신을 폭 넓게 표현하면서 의사소통을 효율적으로 전개하는 방법을 발전시켜 왔다. 그 발전 방향을 올바르게 조망해 보기 위해 현재 인터넷 글쓰기의 큰 문제로 대두되고 있는 문제점들을 이 절에서 살핀 변화 특성과 연결하여 살피기로 한다.

2. 인터넷 글쓰기와 언어파괴 문제

　인터넷의 확산과 더불어 글쓰기 문화도 상당 부분 달라졌다. 앞 절에서 살핀 것과 같이 글쓰기의 기회가 많아지고 표현의 영역이 확대되었다는 것이 글쓰기 문화의 긍정적인 면이라고 한다면, 정규적이고 문어적인 언어 규범이 파괴되면서 비정규적이고 구어적인 표현들이 글쓰기의 전면에 부각되었다는 점은 부정적인 측면이라고 할 수 있다. 역사의 발전이 결국 이러한 밝고 어두운 면들이 조화되어 이루어지는 것이라면, 현재 인터넷 글쓰기에서 논란이 되고 있는 언어 파괴에 대한 이런저런 문제들은 그저 찻잔 속의 폭풍에 지나지 않는다고 해도 좋을 것이다. 그러나 인터넷 글쓰기 문화를 보다 바람직한 진보로 이끌기 위해서는 현재 진행되고 있는 새로운 글쓰기의 방법이나 유형에 대해 좀더 진지하게 현상과 대안에 대해 논의할 필요가 있겠다.

　PC 통신을 매개로 한 인터넷 시대 초기의 글쓰기에서는 이른바 통신 언어라는 것이 사회적 관심이 되었다. 요즘에는 외계어라는 이름의 이해하기 어려운 표기법이 10대를 중심으로 통용됨으로써 인터넷 글쓰기의 어두운 면들이 더욱더 부각시키고 있는 것 같다. 여기에 '아햏햏'류의 어휘군까지 가세하여 네티즌들은 가히 디지털 시대의 표현 자유를 만끽하고 있는 셈이다. 먼저 이들에 대한 기본적인 개념들을 정리해 보자.

2.1 통신 언어

　통신 언어는 초기에는 주로 시간과 타수를 절약하기 위한 방법에서 출발하였지만, 현재는 새로운 어휘들을 창조하는 방법으로 발전하고 있다. "안녕하세요>안냐세여" "반가워요>방가방가" 등과 같이 표기하는 방법이다. 통신 언어는 한마디로 문자 기호로 구어 대화를 나누어야 한다는 비정상적인 상황을 타개하기 위한 고육책으로부터 발생하였다고 보면 좋을 것이다. 우리의 음성 대화에는 말하는 사람의 감정이나 몸의 상태가 기본적인 언어 정보에 얹혀서 전달되는 것이 일반이기 때문에, 네티즌들은 타이핑 된 글자에 음성 정보를 대체할 요소를 더 첨가하고 싶은 것이다. 만약 이러한 기본적 표현 욕구를 제한하게 된다면 우리 시대 문화의 한 발랄함이 깨질 수도 있다고 생각한다. 문제는 이러한 표현이 정규적인 문어체의 글쓰기 공간을 위협하고 있다는 점이다. 학생들이 심지어 대입논술고사 답안에서 "참 안좋은 일이라고 생각해여~^^"와 같은 표현을 별 생각없이 사용한다면 공식적인 글쓰기 문화의 효용성이나 글을 통한 세대간의 의사소통에 많은 지장을 줄 수 있기 때문이다.

이러한 문제들을 한글 사랑과 같은 다소 국수주의적이고, 감각적인 부분에 호소하여 해결하려는 것은 어제오늘의 일이 아니다. 정규적인 글쓰기 문화가 자리 잡지 못하기 때문에 생기는 사회적 손실은 일부 세대의 통신 언어가 범람하여 생기는 피해보다 더욱 크다. 공문서에조차 "해당 사항 업슴"과 같이 표현하는 등 정규적인 글쓰기가 실종된 현실에서, 디지털 세대의 통신 언어가 한글 사용의 전통을 파괴한다는 관념은 그야말로 아날로그 세대의 선입견에서 비롯된 것이라고 할 수 있다. 우리가 정규적인 글쓰기를 선호해야 하는 까닭은 세종대왕을 조상으로 두었기 때문이 아니라, 현재 우리 문화 발전과 국력 신장을 위해 꼭 필요한 사회적 합의이기 때문이다. 표준말을 사용하고 맞춤법에 맞는 글을 쓰는 것은 공식적이고 광범위한 언어 전달을 위한 통신 프로토콜을 맞추는 그 이상의 일도 이하의 일도 아니다.

2.2 인터넷 외계어

최근들어 10대들은 통신 언어의 한계를 넘어 상상하기 어려운 종류의 기호들을 생산해 내고 있다. '어릭 탸콰극∞뎌웅 칭九들乙 ㉯드극 셜륵 家흑∞'. 이와 같은 표기를 '우리 착하고 좋은 친구들을 놔두고 서울로 가요'와 같이 읽을 수 있는 어른은 아마 거의 없을 것이다. 이 정도로 언어와 표기가 변개 되어서야 의사소통의 범위는 상당히 제한적일 수밖에 없다. 이 표기를 사용하는 집단이 원하는 것은 바로 제한적인 의사소통이기 때문에 그들은 이러한 표기를 사용함으로써 상당한 만족감을 얻고 있다고 보여 진다. 문제의 심각성은 사실 구어에서 일반화된 은어가 인터넷이라는 공간을 통해 시각적이면서 공개적으로 드러났기 때문에 발생하여 사회적인 파문이 되었다고 본다.

언어 전달의 목적은 사회적 협약에 의한 원만한 의사소통에 있다. 한국 사람이면 누구나 "살려달라"는 말을 들으면 누군가 위험에 빠졌다고 생각하고 상황을 살펴볼 것이다. 그러나 "SOS"와 같은 기호 협약은 이보다는 제한적이며, "메이데이"와 같은 협약은 더 제한적으로 통용된다. 몇몇의 학생들이 우리는 "수르수르"라는 말로 위급함을 표시하자고 하면 이 말은 그들끼리만 통용하는 말이 되는 것이다. 그런데 이 말에 너무 익숙한 나머지 그들 중 한 사람이 정말 위급한 상황에서 다른 사람에게 "수르수르"라는 말을 하게 된다면 그는 사회적 언어 협약을 벗어난 대가를 톡톡히 치르게 될 것이다.

다행스럽게도 인터넷 외계어는 그 특성상 전반적인 사회 현상으로 번지고 있지는 않은 것으로 보인다. 앞서 언급한 통신 언어는 정도의 차이는 있지만, 50대 이하에서는 거의 모든 연령에 걸쳐 고르게 사용되고 있지만, 외계어는 주로 초등학교 고학년이나 중학생 정도의 연령층 일부에서 사용되고 있는 것으로 조사되어 있다. 물론 이 추세가 점점 전 연령층으로 확산될 것이 우려되기도 하지만, 외계어의 속성에 비추어 볼 때 그리 걱정할 필요는 없다고 본다.

그러나 외계어에 심취한 학생들이 정상적인 글쓰기 장애를 가질 가능성은 짚어볼 필요가 있다. 그들이 제한적 의사소통에 전심하고 있다면 그 자체로도 그 집단의 심리 상태에 관심을 기울여야 할 것이다. 또 그들의 일상적인 글쓰기 행태를 정밀 조사함으로써 야기될 수 있는 각종 문제들을 사전에 예방하는 것이 좋겠다.

2.3 아햏햏 문화

'아햏햏'은 최근 포탈 사이트에서 검색어 1위를 차지할 정도로 사회적 관심을 끌고 있는 어휘이다. 통신 언어의 대부분이 기존 어휘들의 음성적 변개를 이용한 것이라면, '아햏햏'류의 어휘들은 신조어를 통한 의미 전달의 혼란을 즐기는 경우이다. 20세기 초에 유행했던 다다이즘의 화신처럼 이상의 어투를 흉내낸 문체와 기호의 표상과 의미를 덧없이 연계시키는 글쓰기가 인기를 끌고 있는 것이다. 이러한 사회 현상은 단순히 언어 파괴의 문제가 아니다. 사회적으로 네티즌의 계급화를 상징하는 단초가 될 수도 있겠다. 네티즌의 계급화라는 말이 좀 어색하기는 하지만, 일반 인터넷 사용자와 달리 인터넷 매체를 통해 자기주장을 적극적으로 알리는 일에 심취하는 사람들이 불연속적인 의식 공간을 주장한다고나 할까? 하여튼 '아햏햏'류의 글쓰기는 글쓰기 자체의 문제라기보다는 사회문화적 혹은 심리학적 현상으로 점검해 보아야 할 사항이라고 본다. 인간은 내부의 욕구를 어떤 식으로든지 표현해야 하기 때문에 자신의 의식을 '아햏햏'류가 대신한다고 보고 네티즌들이 여기에 열광하는 것이다. 다만 이 현상이 한 때의 신기루처럼 사라질 지 아니면, 지속적으로 자기조직화 할지는 시간이 좀 더 흐른 뒤에 분명해 질 것이다.

　이상에서 현재 인터넷에 통용되는 글쓰기에서 문제되는 현상들을 유형별로 점검해 보았다. 인터넷의 글쓰기는 한마디로 인터넷 공간의 표현 방법을 다양화하고 개성화하는 연속적인 노력을 반영하고 있다. 단지 텍스트 상태로 전송되는 문자열에 음성 언어의 친근한 정보를 덧입히고 싶은 욕구가 통신 언어나 이모티콘의 사용으로 발전되고, 공개적인 글쓰기 광장에서 집단 결속의 은어적 표현 행위가 이른바 외계어식 표현을 산출했다고 보는 것이다.

　이러한 언어 왜곡 현상들이 단순히 언어 파괴와 같은 일률적인 잣대로 논의되지 않았으면 좋겠다. 표준말과 맞춤법에 어긋나는 표현들은 정규적이고 원활한 의사소통의 장애가 된다는 점에서 모두 비판받아야 한다. 올바른 맞춤법 사용을 경시하는 우리 사회에 만연된 전체적인 글쓰기 의식이 오히려 문제되는 것이지, 비정규적 글쓰기로 또래의 의식을 대변하는 변칙적 글쓰기만을 새삼 문제 삼을 수는 없다는 것이다.

　그러나 학생들이 비정규적 글쓰기를 정규적 글쓰기에 아무런 의식 없이 적용하는 문제들은 교육 현장에서 철저하게 제어되어야 한다 이를 위하여 무엇보다도 선행되어야 하는 것은 정규적인 글쓰기 규범을 누구나 다 소중히 여기고 지켜야 한다는 것이다. 아날로그 세대들이 표준말과 맞춤법의 소중함을 자각할 때 비로소 디지털 세대와 의사소통의 채널이 열리게 될 것이다. 정규적 글쓰기는 한 세대의 전유물도 아니고, 특정 계층의 의사소통을 위한 것도 아니다. 오직 표준말과 맞춤법에 맞는 글쓰기가 세대 간 단절과 계층적, 지역적 갈등을 완화하는 유일한 의사 전달 방법이다.

　디지털 세대의 변칙적인 글쓰기는 그들만의 한 문화이며, 그것들 중 일부는 이미 우리 시대의 전문화적 코드로 자리 잡고 있다. 이러한 변칙적인 글쓰기는 비정규적이며 구어적인 글쓰기의 반영일 뿐이다. 그동안 음성 언어로 횡횡했던 비정규적 언어 행위가 다만 글쓰기의 행태로 공개되었기 때문에 언어 파괴나 전통 파괴의 우려가 확산되고 있는 것이다. 물론 이미 지적한 바 있지만, 가장 우려해야 할 점은 디지털 세대들이 비정규적 글쓰기를 정규적 글쓰기와 혼동한다거나 비정규적 글쓰기에 몰입한 나머지 정상적인 의사소통에 장애를 주는 것으로 발전해서는 안 된다는 것이다. 이를 막기 위해서는 "한글을 사랑하자." 등의 구호성의 접근보다는 비정규적 글쓰기를 하나의 인터넷 문화로 인정하면서 정규적 글쓰기 훈련을 더욱 엄격히 시행하는 방법을 모색하는 것이 좋을 것이다. 모든 사람들이 정규적 글쓰기의 중요성을 자각할 때 디지털 세대도 자연스럽게 정규적 글쓰기 방법을 익힐 수 있을 것이다.

인터넷 글쓰기에 나타나는 언어 왜곡 현상의 면밀한 조사는 일탈적 심리 상태에 있는 청소년들의 행동을 관찰하고 이에 대한 대응을 수립하는 기초적 연구로 중요하다. 이에 대한 연구가 다방면의 전문가들을 통해 체계적이고 연차적으로 이루어질 필요가 있다. 단순히 그들이 언어를 어떻게 왜곡하고 있는가에 대한 피상적인 관찰을 넘어서, 그들이 인터넷 글쓰기를 통해 표현하고자 하는 내용이 무엇인지, 그들을 결속하는 주요 지표가 무엇인지에 대한 내용 분석이 심도 있게 이루어지도록 해야 한다. 또한 정규적 글쓰기에 적응하지 못하는 학생들을 빨리 파악하여 그들이 왜곡된 글쓰기에 함몰되지 않도록 제도화하는 노력이 필요한 것이다.

우리는 자랑스러운 한글문화의 전통을 가지고 있다. 한글 자체만으로도 세계적인 문화유산이 되겠지만, 전반적인 한글 사용이 가져온 고도의 산업 성장은 20세기에 이룩한 자랑스러운 한글문화의 전통이 되었다. 이제 한글에 기반한 컴퓨터와 인터넷 사용으로 디지털 강국의 초석을 다지고 있는 오늘, 21세기 한글문화의 자랑스러운 전통을 이어가는 역사의 한 장을 넘기는 순간이 되고 있다. 글쓰기의 다양화를 통해 표현 영역을 넓히는 일과 인터넷 환경에 알맞은 디지털 시대의 표준적인 글쓰기 확립은 이 시대의 주역이 이뤄내야 하는 역사적 책무이다.

3. 인터넷 글쓰기의 발전방향

3.1 글쓰기의 특성과 관련된 발전 방향

인터넷 글쓰기는 결국 매체를 활용하는 글쓰기이다. 이러한 매체는 단순히 연결망을 통한 글쓰기를 의미한다기 보다는 디지털 시대의 풍부한 저작 도구를 활용하는 총체적인 글쓰기를 의미한다. 즉 적절한 도구 활용이야말로 인터넷 글쓰기에서 필수적인 상황이 되고 있는 것이다. 이러한 도구 활용은 붓글씨를 쓰는 시대의 운필법과도 다를 뿐 아니라, 단순한 타이핑 능력에 좌우되는 것도 아니다. 그것은 어쩌면 종합적인 감성과 예술적 능력을 동시에 요구하는 일이다. 하나의 글에서 글의 배치나 글자체나 크기의 선택이 글의 가치에 영향을 끼칠 뿐 아니라, 어떤 배색이나 그림과 어울리어 표현하고 싶은 내용을 적절하게 표현하는 가도 관건이다.

이를 위하여 어렸을 때부터 감성적이며 공감각적인 능력을 배양하는 일이 필요하다. 글쓰기가 이미 쓰기의 영역을 벗어나는 시대가 되었기 때문이다. 그러나 앞서 언급한 바와 같이 무엇보다 중요한 것은 두괄식의 짧은 표현과 비유보다는 직설적 표현이 효과적이라는 사실이다. 비유는 대상을 생생하게 전하게 하기 위한 글쓰기의 한 방법이다. 인터넷 시대에는 보여 지는 이미지가 글을 앞서 사람의 시선을 끌기 때문에 비유의 표현보다는 보여 지는 것을 설명하는 일이 빈번해 진다. 이러한 설명은 간결하고 핵심을 찌르는 것이 된다. 광고의 카피나 신문의 헤드라인도 이러한 추세를 그대로 따르고 있다. 우리는 그 글을 보기 전에 그 환경을 먼저 보는 것이다. 이미 배경으로부터 추론되고 있는 사실을 글이 증언하는 형식인 것이다.

게시판이나 메일을 쓸 때 한 화면의 제한이라는 심리적 환경도 글쓰기를 짧게 가져가는 한 요인이다. 더구나 많은 네티즌들은 인터넷 커뮤니티를 스치듯 지나가면서 짧고 날카로운 글 남기기를 즐긴다, 그것이 글쓰기의 한 문화라면 우리는 시적 어구의 산문적 활용이라는 새로운 글쓰기의 형식을 정립해 볼 수도 있겠다. 그러나 시적 언어가 널리 유포되는 것은 그리 바람직한 일은 아닐 것이다. 그것은 논리적 설명이나 추론을 생략하고 비약과 환상의 세계만을 추구하는 현상으로 귀결될 수 있기 때문이다. 촌철살인이 아닌 선문답이 오가는 글쓰기는 한 때는 멋들어지게 보일지 모르지만, 오직 선문답만이 횡횡하는 글쓰기의 무대는 말 그대로 지식과 정보가 황량한 벌판이 될 수 있기 때문이다.

인터넷 시대는 만인의 자유로운 정보 교환을 보장한다는 의미에서 가히 글쓰기의 황금시대라고 칭할만 하다. 그러나 이 시대의 글은 문자기호 자체에 의지하기보다는 그림과 소리가 종합된 글이다. 이러한 점에서 문장이 주는 본연의 중요성은 점차 시들어지는 시대라는 역설도 가능하다, 그러나 어떤 매체로도 대신할 수 없는 글의 기능은 결국 이러한 특성을 이용하여 새로운 문체와 역동적인 글들을 생산해 낼 것이 기대된다. 이전에 보였던 긴 서술형의 문장들보다는 간결하고 운치 있으며, 핵심을 파고드는 글을 중심으로 인간의 언어 행위 자체도 근본적인 변화를 모색할 것이다.

3.2 언어 예절의 발전 방향

아날로그 시대에서는 대자보라는 매체가 수행하는 역할을 이제는 인터넷 게시판이 충실히 수행하고 있다. 그 기능은 점점 심화되어 가고 있으며, 날로 그 중요성이 더해지고 있다. 인터넷의 요체는 한마디로 개인과 개인이 대량으로 연결되어 있다는 것이다. 익명의 개인들이 표현의 제약을 거의 받지 않고 의사소통을 수행하고 있다. 이러한 새로운 의사소통 방식에는 필연적으로 새로운 의사소통 예절이 필요하다. 따라서 이 새로운 의사소통을 위한 부드럽고 예절바른 문장 작법과 논리적 설명을 부가하는 방법에 대한 교육이 절실하다.

익명을 무기로 언어폭력이 난무하고, 비논리적 언설로 앵무새처럼 자신의 주장을 되뇌이기만 하는 게시판 글들을 자주 목도하게 된다. 이는 디지털형의 양치는 소년 우화이다. 양치는 소년 우화에서 중요한 것은 거짓이 계속적으로 유포된다면 어떤 결과를 얻게 되는가에 대한 교훈이다. 인터넷 게시판에 떠도는 익명의 언어유희와 폭력은 진실성이라고 하는 것이 무엇인가를 숙고하게 한다. 장터의 민주주의가 진실을 담보할 수 없듯이, 언어 예절 없는 인터넷은 사회의 새로운 불안을 이미 잉태하고 있다. 과연 이를 제어할 만한 힘을 아날로그 세대는 갖고 있는 것일까? 새로운 세대는 새로운 매체를 이미 부여받고 왕성한 의사소통을 이미 시작하고 있다. 새 세대들의 이러한 왕성한 의사소통 속에서 기왕에 통용된 언어예절이 강조되기가 수월하지 않은 것도 사실이다.

그러나 이를 그냥 두고 방관만 하다가는 전체의 언어예절이 심각한 위기를 초래할 지도 모른다. 일상적인 언어생활에서 비속한 말을 입에 달고 사람들은 공식적인 자리에서 점잖은 발언하기가 쉽지 않은 것이다. 마찬가지로 난무하는 언어폭력에 익숙한 사람들은 정규적인 글쓰기가 힘에 겨울 것이다. 보다 심각한 문제는 정상적인 어투로 글을 쓰려는 사람들이 이러한 세력들에게 강압되어 그들의 의사소통 공간이 본의 아니게 좁아질 위험마저 있다는 것이다. 이를 방지하려면 무엇보다 실명의 글쓰기 공간이 확산되어야 한다고 본다. 인터넷이 익명의 무대이기 때문에 아무런 말이나 여과 없이 행할 수 있다는 자신감은 자신의 인격을 파탄하는 행위에 다름이 아니기 때문에 교육 현장에 언어예절에 대한 교육이 보다 강화될 필요가 있다.

인터넷 글쓰기에서는 효과적인 언어전달을 위한 새로운 언어예절이나 규범을 요구한다, 메일이나 게시판에서는 문단 나누기를 어떻게 표현해야 할까? 들여쓰기는 왜 필요한가? 문장 부호는 어떤 표준을 따라야 하는가? 아날로그 시대에서 별로 중요하지 않았던 문제들이 시각 효과를 중요시하는 디지털 글쓰기에서는 좀 더 중요한 문제가 될 수 있다. 띄어쓰기 문제도 종이 매체에서는 생각할 수 없었던 다른 효과가 나타날 수 있기 때문에 새로운 관점에서 언어규범을 재조정할 필요가 있다.

기존의 맞춤법 문제는 새로 개발된 워드프로세서의 자동 맞춤법 기능 때문에 많은 부분 개선된 효과가 있기도 하다. 그러나 기계적 제어의 한계 때문에 원하지 않는 교정이 발생하는 경우가 있는 데, 이런 일들이 축적되다 보면 자연스럽게 맞춤법 규정이 변모하게 되는 일이 예상된다. 언어정책을 주도하시는 분들이 인터넷 언어 발전을 능동적으로 대처할 수 있어야 하겠다.

인터넷은 우리에게 많은 변모를 주었지만, 글쓰기 문화의 변모도 그 중 큰 비중을 차지하는 것이다. 인터넷을 중심으로 한 글쓰기 문화의 변모는 이제까지의 역사 발전이 그러했듯이 인류 문화의 새로운 전기에 상당한 영향을 끼칠 것이 예상된다, 이러한 변화 속에서 아날로그 세대와 디지털 세대간의 의사소통이 더 어려워지는 것은 안타까운 일이다. 그러나 멀티미디어를 이용한 간결한 문체의 글쓰기가 번성하고 글쓰기를 통한 의사소통의 저변이 넓어졌다는 사실은 매우 고무적인 일이 아닐 수 없다. 인터넷 환경의 글쓰기는 우리에게 또한 새로운 언어예절 혹은 글쓰기 규범을 요구하고 있음도 확인해 보았다. 인터넷 글쓰기가 더욱 일반화되면서 관련된 문제들은 더욱 부각되기도 하고, 많은 부분 해소되기도 할 것이다. 인터넷 글쓰기의 확산을 통해 우리의 글쓰기 문화도 따라서 풍부해 질 것은 확실하다.

참고 문헌

가우어(1995), 문자의 역사, 강동일 옮김, 새날.
고창수(1999), 한국어와 인공지능, 태학사.
김정수(1990), 한글의 역사와 미래, 열화당.
세계문자연구회(1997), 세계의 문자, 김승일 옮김, 범우사.
이석주 외(1996), 신문 방송 기사 문장, 한국언론연구원.
이석주·이주행(1994), 국어학 개론, 대한교과서주식회사.
이인식(1992), 사람과 컴퓨터, 까치.
이주행 외(2002), 화법, 금성출판사.
장국원(1996), 고대 근동 문자와 성경, 기독교문서선교회.

찾아보기

【ㅂ】

바이넘(Bynum) 168
바이러스 177, 190
반복법 222
반복성 39
반어법 226
반점(,)와 가운뎃점(·) 115
벽보 101
변칙적인 글쓰기 243
보관성 39
보충 사항 53
복문(複文) 61
본문 73
봉사 정신 102
부사격 조사 75
비속어 216
비어 94
비정규적 글쓰기 242
비주얼 203
비판적 이해 230
비평 기사 43, 51
비표준어 25, 29, 34

【ㅅ】

사무관리규정 101
사이버 공간 166, 168, 177, 178, 179
사이버 범죄 153, 162
사이버 사회 168
사이버 중독 160
사이시옷 109
상대 높임법 218
상형문자 236

색채 이미지 207
생략법 223
서법 217
선택적 기억 230
선택적 노출 229
선택적 주목 229
선택적 지각 229
설득 커뮤니케이션 201
설형문자(楔形文字) 12
세련성(洗鍊性) 34
세부 사항 53
소통상황적 생략 223
속보성 40
속어 94
수사학적 표현 221
수용자 201
순정성(純正性) 34
순화된 용어 103
스트레이트 기사 43
시각 광고 204
시각 기호 206
시각적 요소 203
시의성(timeliness) 55
신매체(新媒體) 15
신문 15, 16, 17, 18, 20, 39, 40
신문 기사문 64, 65
신속성 146, 151, 152
신조어 176, 217
쌍방 매체 31
쓰레기(스팸) 메일 154

【ㅇ】

아날로그 글쓰기 237

【ㅈ】

■ **이석주**(李奭周)
University of London(SOAS) 연구교수 역임
한국국어교육연구학회 회장 역임
현재 한성대학교 인문대학 한국어문학부 교수

저서
국어 형태론 / 의미론(공역) 국어사(공저) /
국어학개론(공저) / 국어의미론(공저) / 방송
화법의 이론과 실제(공저) / 신문기사의 문체
(공저) / 신문 방송 기사문장(공저) 외 다수

■ **이주행**(李周行)
중국 북경 소재 중앙민족대학 객좌 교수 역임
현재 중앙대학교 문과대학 국어국문학과 교수
한국화법학회 회장
KBS 한국어 연구회 자문위원

저서
화법의 원리와 실제 / 화법 교수·학습론 / 방
송 화법 / 한국어 의존명사의 통시적 연구 /
현대 국어 문법론 / 한국어 문법 연구 / 한국
어 문법의 이해 / 국어학 개론 / 방송 화법의
이론과 실제(공저) / 표준 한국어 발음 사전
(공저) / 신문 기사의 문체(공저) / 신문 방송
기사 문장(공저) / 국어의미론(공저) 외 다수

■ **박경현**(朴景賢)
한국교육개발원 연구원
관동대학교 국어교육과 교수 역임
현재 경찰대학 교수

저서
국어표현론 / 현대국어 공간개념어연구 /
리더의 화법 / 국어의미론(공저) / 국어학개
론(공저) / 국어문체론(공저) 외 다수

■ **민현식**(閔賢植)
강릉대학교, 숙명여자대학교 국어국문학과 교수
역임
현재 서울대학교 사범대학 국어교육과 교수

저서
국어의 時相과 時間副詞 / 중세 국어 강독 /
국어 정서법 연구 / 국어 문법 연구 / 글을 어떻
게 쓸 것인가(공역) / 비교역사언어학(공역) / 국
어문법론의 이해(공저) / 무슨 말을 어떻게 할 것
인가(공저) / 방송 화법의 이론과 실제(공저)

■ **이은희**(李恩義)
현재 한성대학교 인문대학 한국어문학부 부교수

저서
텍스트언어학과 국어교육

■ **고창수**(高暢洙)
현재 한성대학교 인문대학 한국어문학부 부교수
문화관광부 국어심의회 국어정보화분과 위원

저서
한국어와 인공지능 / 자질연산문법이론 / 장
벽이후의 생성문법(공편)

대중 매체와 언어

인 쇄	2002년 12월 20일
발 행	2002년 12월 27일
저 자	이석주·이주행·박경현
	민현식·이은희·고창수
펴낸이	이 대 현
편 집	이은희·조유미·안현진
펴낸곳	도서출판 **역락** / 서울 성동구 성수2가 3동 301-80
	(주)지시코 별관 3층(우133-835)

Tel 대표·영업 3409-2058 편집부 3409-2060 FAX 3409-2059

E-mail yk3888@kornet.net / youkrack@hanmail.net

등 록 1999년 4월 19일 제2-2803호

정가 10.000

ISBN 89-5556-181-4-93700

*잘못된 책은 교환해 드립니다.